定位中国

认清我们的时代和时代中的我们

童大焕 著

人民东方出版传媒

东方出版社

目录 contents

自 序　不能只有梦想没有路　　　　　　　　　　/ 001
　　　　——兼谈我心目中的大学教育

第一讲　从"限"字成年度汉字看道与德之关系
　　　　宏观调控变成了微观管理，牵一发而动全身　/ 003
　　　　巧妇难为无米之炊的保障房　/ 007
　　　　商品房是保障房的奶妈　/ 008
　　　　为什么房价物价会那么高？　/ 009
　　　　道为德之母　/ 011
　　　　课后作业　/ 012

第二讲　人口、资源与环境
　　　　人是世界上最宝贵的资源和财富　/ 013
　　　　制度和文化是第一生产力　/ 017
　　　　战争思维和阴谋论是贫穷落后的根源　/ 023
　　　　中国的人口红利已消失殆尽　/ 024
　　　　中国人明天的养老在哪里？　/ 025
　　　　"人口是负担"的观念亟待转变　/ 027
　　　　课后阅读　/ 028

第三讲　土地政策与三农问题

中国农民收入到底有多低？　　/ 030

土地是农民的社会保障？　　/ 033

谁来养活中国？　　/ 035

谁来保护耕地？　　/ 038

土地制度已成中国品牌的掣肘　　/ 039

我们欠农民一个底线公平　　/ 041

德·索托指引穷人富强路　　/ 042

谁的故乡不沦陷？　　/ 046

课后阅读　　/ 048

第四讲　市场经济与民主政治

韩寒柳传志"突然转身"？　　/ 049

我们正处在两极分化的节骨眼上　　/ 050

中国的现实威胁是权力与民粹合流　　/ 052

民主必须以自由市场经济打底　　/ 056

不怕利益集团，只怕利益集团不稳定　　/ 057

权力不能私有，财产不能公有　　/ 059

有没有"乌坎模式"？　　/ 065

一人一票，看上去很美　　/ 068

美国中产阶级为什么不投票　　/ 070

告别主义，回到问题和程序　　/ 072

第五讲　城市房价与中国发展模式转型

货币超发与物价房价　　/ 074

地价与房价的关系　　/ 078

土地财政和投资型政府真相　　/ 079

现有土地和政府发展模式下拆迁难题无解　　/ 081

土地储备与货币超发互相作用　　/ 083

土地集体所有和小产权房为什么不敢放开　　/ 084

过于天真的张五常　　/ 086

楼市调控代价：经济硬着陆和风险后延 　/ 087

越调控，中国经济对房地产依赖越深 　/ 094

"缩工保价"同样刺激房价上涨 　/ 095

是房价等工资还是工资追房价？ 　/ 097

本轮楼市调控已近结束并且正在回调 　/ 099

课后作业 　/ 101

第六讲　中国城市化的歧路与正途

这是人类最后的迁徙 　/ 102

"富饶的废墟"之不该重建的汶川 　/ 104

"富饶的废墟"之回光返照的乡村 　/ 107

中国城市化的陷阱 　/ 109

从"逃离北上广"到"逃回北上广" 　/ 118

大城市人口承载力是个伪命题 　/ 122

控制中国城市化的神秘左右手 　/ 128

　　　左手：自然地理线——不可逾越的胡焕庸线

　　　右手：人文社会线——神秘的百万人口线

城市化背景下农业怎么办？ 　/ 133

63 年来，我们一直和城市化规律较劲 　/ 135

课后作业 　/ 139

第七讲　中国经济转型的可能路径

奇迹的黄昏：经济下行，房价上涨 　/ 140

投资刺激是饮鸩止渴的慢性毒药 　/ 146

哪些经济学家和学者反对经济刺激 　/ 149

以后谁还敢当县长？ 　/ 156

房价上涨 VS 投资刺激：谁是经济崩溃的元凶？ 　/ 158

彻底告别凯恩斯主义和"三驾马车"理论 　/ 162

对外告别经济民族主义 　/ 164

对内告别经济民粹主义 　/ 168

中国现代化之路箭在弦上 　/ 171

第八讲　世上没有"中国模式"

　　昙花一现的"中国模式"　　／175

　　中国已落入拉美式"中等收入陷阱"　　／176

　　世上没有"中国模式"　　／178

　　"中国模式"的显著特点是政府竞争代替了市场竞争　　／180

　　中国模式的发展陷阱　　／182

　　沉湎于"中国模式"将使中国被甩出第三次世界工业革命　　／189

　　以自由看中国发展　　／193

　　告别"中国模式"，融入世界潮流　　／195

第九讲　展望"十八大"后的中国改革

　　中共"十八大"透露的改革玄机　　／197

　　社会变革的三种力量　　／205

　　三代中央领导组合　　／213

　　中央和地方关系　　／215

　　普通民众的权力幻觉　　／219

　　历史的节点：以大赦换自由民主　　／222

　　期末作业　　／227

附　录　大城市化与青年未来

　　寻找自己的时代坐标　　／228

　　爱国和天下一家其实很具体　　／230

　　"人口与资源矛盾论"是当代中国最大的理论和决策失误　　／231

　　拼爹时代，自由的价值高于一切　　／234

　　做理性的建设者还是感性的威胁者？　　／237

自序
不能只有梦想没有路
——兼谈我心目中的大学教育

题 记

百年中国，曲折回环，一步三回首，幽怨且彷徨。

1911 年，辛亥革命，宪政共和梦却渐行渐远；1919 年，五四运动，自由、民主、科学梦似近在眼前，却又远在天边。

1949 年，中华人民共和国成立。转眼，又是一个甲子过去。前 30 年，勒紧腰带干革命，思想和物质一样贫乏，国人既没有上半身也没有下半身。后 30 多年，改革开放，下半身渐渐满足，上半身依旧阙如。虽然 GDP 跃居世界第二，但人均依然落后，且止不住的腐败、贫富分化、物价高涨、环境高强度污染和破坏、人心分崩法治离析……不仅危及当代，而且祸延子孙。今天的中国，一边做着强国复兴梦，一边走得太快太急，一时忘了出发的目的，一时看不清脚下的路，更看不到未来的方向。

百年中国，我们一直在梦中，旧梦破碎做新梦。可为什么总是理想很辉煌、现实很骨感？为什么我们每每在生死攸关的转折关头做了最坏的选择？乃至于直到今天，我们仍然不得不继续百年前未竟的事业，继续百年前的思索与追寻？

因为我们一直没有真正认识自己，一直没有找到自己的路，一直没有看清脚下坚实的泥土，一直不知道富民强国真正立足的根基在哪里！所以每每在历史转折的关键当口，选择了错误的方向和道路；或者，总是陷入

"前途是光明的，道路是没有的"这个自我走不出的逻辑和陷阱。都知道梦想很好，但同样的目标，不同的方法、手段和路径，抵达的彼岸会完全不同，甚至南辕北辙！百年中国唯胡适先生最透彻这一点。自由、私权、程序正义这三样东西没能深入人心，民主蜕变为威权和多数人暴政，几乎是不可避免的事。

今天的我们，同样面临类似历史关键时刻的选择问题。每个人都有自己的"中国梦"，崇拜力量的富强派和崇拜自由的宪政派几乎在每个问题上都争得不可开交、你死我活，不论在柴米油盐的房价物价上，还是在形而上的民主宪政问题上，都是如此。

但社会历史发展总有它自己的规律和逻辑，不以任何人的意志为转移。人类进步的台阶，总是一步一个脚印奠定，慢不得更急不得。百年中国，是一只从未醒来、从未真正认识自己的睡狮！身在浮躁、迷茫的历史转折年代，我们有必要暂时放慢脚步，仔细解剖一下这只狮子。中国这只睡狮，为什么一直沉睡，一直在迷乱和动荡中徘徊？它需要重新认识，重新定位，重新出发，重新找到脚踏实地、积跬步以致千万里的路。

醒醒吧，中国！

2011年10月，我的《世纪大迁徙：决定中国命运的大城市化》一书出版。当年12月，重庆邮电大学移通学院尹邦满副院长通过该书责任编辑找到我，他说这本书他读了两遍，觉得我的思维方式很独特，希望我去给他们学生讲课。从此，我走上了重庆邮电大学移通学院和山西农大信息学院讲坛，为本科生做起了名副其实的兼职教授。在老师和同学们的支持、鼓励下，我的课堂成了最受欢迎的课堂之一。

十多年的时事评论生涯，使我具备了"跨界思考"的能力，在时政、教育、城市化、法律、财经诸领域都有独到的研究。因此，我的课主要讲公共政策分析。我不想在政策或"民意"的后面亦步亦趋。我决定抛开一切束缚，对当下中国的国情国策做一个全面、系统、独立的梳理与分析，这是当代教育所格外稀缺的，也是认识当下中国所格外稀缺的。这便是促使我把课讲下去，并且一定要讲好的动力，也是这本书的由来。

早在大学时代，我就牢记普列汉诺夫的一句名言："一个人要想对社会有所贡献，必须使他的才能比别人更适合时代的需要。"这句话一直陪伴我到现在，而且看样子会陪伴我终生。我相信这本书，是转型中国所需要的，也是当代大学生了解基本的国情国策、进行自我人生定位所需要的。

今天的中国，是盲目乐观主义、盲目仇恨主义、盲目悲观主义、大国牛逼主义等等各种主义和情绪并存的混成时代，浮躁和盲目像幽灵一样笼罩在中国上空，却较少人愿意真正冷静下来，思考一下中国最基础的根基、秩序和逻辑在哪里。大家仿佛都在梦游，浮萍一样没有根基。因此，首先我们需要清醒地站在坚实的大地上，然后才能仰望星空，并坚守心中的道德律！

普列汉诺夫的那句话很简单，却处处体现了"定位"的重要！"时代"和"社会"的定位在哪里？在这个时代和社会里，"你"的定位在哪里？只有清楚地知道了这一切，你才能知己知彼，你才能知道"你"和"时代"的方向在哪里？

这和目前很火的市场定位理论有相同点，也有不同点。

市场定位理论是市场经济的基本理论。最初是由美国著名营销专家 A. 里斯和 J. 屈特于 20 世纪 70 年代早期提出来的。里斯和屈特认为："市场定位是你对未来的潜在顾客的心智所下的工夫，也就是把产品定位在你未来潜在顾客的心中。"菲利普·科特勒对市场定位的定义是：所谓市场定位就是对公司的产品进行设计，从而使其能在目标顾客心中占有一个独特的、有价值的位置的行动。市场定位的实质是使本企业和其他企业严格区分开来，并且通过市场定位使顾客明显地感觉和认知到这种差别，从而在顾客心中留下特殊的印象。市场定位的目的在于影响顾客的认知心理，增强企业及其产品的竞争力，扩大产品的知名度，增加产品的销售量，从而提高企业的经济效益。

按照艾尔·列斯与杰克·特罗的观点，定位，是从产品开始，可以是一件商品，一项服务，一家公司，一个机构，甚至于是一个人，也可能是你自己。定位是你对产品在潜在顾客的脑海里确定一个合理的位置，也就是把产品定位在你未来顾客的心目中。杰克·特劳特认为，所谓定位，就是令你的企业和产品与众不同，形成核心竞争力；对受众而言，即鲜明地建立品牌。

个人在社会、历史、时代中的自我定位跟市场定位有相同之处，就是可以根据时代和社会的需要，在天赋和兴趣基础上进行自我设计，以便"使自己的才能比别人更适合时代的需要"，从而达到个人价值与社会价值最大限度的共振与重合，实现个人和社会价值的最大化。

比起个人、产品、服务和机构的自我定位，"社会"和"国家"的"定位"要艰难得多！因为"社会"、"国家"和"时代"是一个极其复杂的社会系统，是制度、经济、文化各种因素共同作用的复杂有机体，受各种现实和规律的共同制约，任何人、任何机构都很难甚至几乎完全不可能对它进行"理想设计"，甚至要认清它在时间（历史）和空间（全球）中的现状都很难！你定位或不定位，它都在那里！你设计或不设计，它都在发展运动。

因此，这里所谓"定位中国"，不是不自量力地试图去"设计"中国，而是努力拨开信息的种种迷雾，试图用时间的经度和空间的纬度，去测量一下它在世界历史中的具体位置，将今天的中国放在更长远的世界历史长河中去考察、去分析、去研究，从而更清晰地知道自己的位置，进而找到自己更明晰的方向。

就像一个人在莽莽大山中，要确定自己的位置和方向并不容易，他要跳出这个大山之外，借助导航仪、指南针、卫星定位系统的力量，才能清楚地知道自己所处的具体位置，以及哪个方向不是悬崖、哪个方向不会越走越远。

定位自己，也是同样的道理。只看眼前是永远看不清楚自己和时代的。新浪微博用户"影像厦门"说得好："一样东西，如果你太想要，就会把它看得很大，甚至大到成为整个世界，占据了你的全部心思。我的劝告是，最后无论你是否如愿以偿，都要及时从中跳出来，如实地看清它在整个世界中的真实位置，亦即它在无限时空中的微不足道。这样，你得到了不会忘乎所以，没有得到也不会痛不欲生。"看人看己看国家看时代，坐标和定位至关重要。很多人把眼前看得太大太重要了，鼠目寸光、一叶障目者比比皆是。

本书一共九讲，基本上把我认为当代大学生应该了解的基本国情和自我定位都囊括了，是一本系统深入国情的国情书。本来还有一讲单独谈国有企业的，由于书中部分内容已有所涉及，加之《2020我们会不会变得更穷》一书已有专门章节分析，暂时放弃。还有一讲特别重要，《改造中国人的思维方式》，由于写作极其艰难，而且，它和我正在"腾讯·大家"

的"中国，你把灵魂丢了"系列专栏文章结合在一起更为系统，是思维方式的全面颠覆与梳理，所以这一课留在以后讲，文章也等将来与"灵魂"系列一起结集。

一年的大学讲台生涯，加上图书《穷思维富思维》中的思考，再加上现在写作的"灵魂"和思维方式系列，我始终在想一个问题：大学教育乃至教育的本质是什么？是正确的知识和真理的传播吗？似是而非。如果说中小学要培养基本的公民素养和进行各种知识铺垫，那么大学最重要的功能应该是教会学生如何思考。

在课堂上，我一直跟同学们强调一个问题：任何结论都可能不是唯一正确的，都是可以质疑的，老师只不过是提供一种可能的思考方法和路径。

窃以为，大学首要的任务，或者推而广之，教育的首要任务，是养成人们良好的、正确的思考习惯和方法，而不仅仅是知识与结论的传播与灌输。教育是平等、自由、开放的探讨，不是单向度的简单灌溉与培养。

养成思考的习惯和正确方法比读书和听课更重要，过程比结果更重要，方法比结论更重要。结论会因时、因地而变，但正确的方法却万古如新，所向无敌。

1976 年，政治教育家齐聚德国博特斯巴赫镇，达成了政治教育的最低共识——《博特斯巴赫共识》。该共识包含三个原则：禁止灌输原则，即教师不得向学生灌输某种或某几种特定的政治理论，以避免妨碍学生形成独立的判断力；保持争论原则。教师在政治教育中必须保持中立，除了提供自己赞同的政治观点外，也应该提供相反的政治观点以供学生参考；促进分析原则。政治教育的目的在于促进学生在基于个人利益的基础上对政治进行有效的分析，培养学生的分析能力与维护个体利益的能力。

不仅政治教育如此，其他学科和领域的教育何尝不应该如此？事实上，教育的旨趣也在这里，和学生一起思考、一起探讨、一起成长，乃是教育教学的最高境界，教学相长，三人行必有我师焉，弟子不必不如师，师不必贤于弟子。

这和中国古人"授人以鱼，不如授人以渔"的观点如出一辙，只不过我们始终没有将其落实为教育的制度性行为规范，最多将其作为一项个人的道德追求而已。

大学是什么？大学就是"大家一起学"，以独立之人格、自由之心灵、平等之态度，一起探讨，一起学习。不论师生，每个人的心灵都像天空和玫瑰一样尽情绽放，无拘无束。大学要予人开放的视野，而非狭隘的心胸；大学要教会人以爱，而不是仇恨；大学要让人们一起摸索方法和路径，而不是只有一个个硬邦邦的结论。

教育的任务是贩运和探索真理，探索比贩运更重要。所谓真理，就是真正的道和理。道者，万事万物的本质和规律也；理者，万事万物的肌理、纹路、脉络也！

我的一位朋友、财经作家苏小和说："自从学了古典经济学之后，很多过去文学界的好朋友，如今在我的眼里，都变成了一群只有荷尔蒙但不懂得自发秩序的傻X。为此我很惭愧，想说一声对不起。"我没读过古典经济学，很多文艺人甚至很多人文科学社会科学学者，在我眼里也一样，不管他们名声多大，在很多问题上都是只有荷尔蒙的白痴。不是价值观问题，而是方法论问题。

有时我在想，毁掉一个国家、毁掉一个人，其实是再容易不过的事，每天进行打鸡血式的荷尔蒙灌输，而不是理性与智慧的教育，不出三年，这个国家、这个人就残废了。而且是人的"中枢神经系统"残废，比其他一切残废都可怕可怜可气可恨。尤其关键的是，这样的人，自己残废了还不知道，还以为天下正常思维的人才是残废。

爱自己，爱家人，爱社会，爱国家，都不能只靠荷尔蒙，不能只靠勇气、情怀、信心和价值观，而要靠智慧和理性，靠方法论。要清醒地知道自己国家所处的时代在历史长河和整个人类世界中的位置和坐标，才能看清自己和自己所在国家应该努力的方向。

互联网极大地改变了人类知识和信息的传播方式。2013年1月24日的最新消息称，美国40所公立大学正计划将学校所有课程搬上网。学生可免试听课，以攻读学位，学费则是"看着给"。该计划希望让人们看到网络课程的价值，并让有继续学习愿望的成年人在无财务负担的基础上圆梦。这个计划被称为"与学位挂钩的公众在线公开课"（MOOC2Degree）。

这是一个好现象。热爱学习的穷孩子们有福了！信息越来越平，世界越来越平，知识会变得越来越平等，知识和教育的平等又会极大地促进社会的平等。

当然，知识可以言传，全球免费共享；但人格的养成却离不开身教，面对面的学习、沟通、传道授业解惑，仍然是教育的根本。思维方式，需要点滴渗透；思想结点与拐点，需要一点一点地"解扣"，才能不断抵达豁然开朗的新境界。这是全日制大学和各类形式的面授长盛不衰的秘密所在。所以薛涌《美国大学原来是这样的》一书，特别强调了美国寄宿制大学——师生日夜在一起的重要。而教育的最终成果，是人格，是思维方法。

昨日之日不可追，未来之日犹可期。未来，不管是以教育、培训，还是文章、图书等形式，我将一如既往，独立地思考和表达，在这个中国大转型大变革的时代，贡献自己的思想和头脑风暴。

2013 年 3 月 18 日，于北京兰心斋

自序　不能只有梦想没有路

第一讲
从"限"字成年度汉字看道与德之关系

同学们好!

首先,非常感谢山西农大信息学院的领导、老师们给我这个机会,感谢尹院长千里迢迢从重庆赶到山西,感谢傅永林副院长的热情。我将在未来一年的时间里,每月一次站在这个讲台,和大家一起思考和学习。兼职教授的路有多远? 我希望是永远。还记得六年前我到湖南长沙的岳麓书院,感慨万千,觉得若能办一份杂志、招几个学生,共同切磋精进,此生足矣。想不到愿望这么快来到眼前。我会和同学们一起努力,在这个中国转型的时代贡献自己的思考。我希望每一次课都能在与同学们的互相启迪中实现思想的激荡,享受思考和辩论的乐趣,希望每一次课都是一次令人回味的头脑风暴。我们的课堂将不是比激情,比分贝,而是比逻辑、理性、视角和方法。希望和同学们一道,让自己的思想跟上乃至适当超前于时代的步伐,为转型中国提供智慧和方法。

今天的你我,正处在一个剧烈变革的伟大时代,这个时代是什么样子呢? 我把当代中国自 1949 年以来的百年历史乐观地分为三个时代。从人文角度,第一个 30 年是既没有上半身也没有下半身的工具人时代;第二个 30 多年至今是一个只有下半身的过度追求物欲的时代;第三个 30 年也就是我们期许的未来 30 年,是追求精神与物质双丰收、灵与肉完整统一的思想和灵魂的时代,也可以称为上半身时代。以经济学角度来划分,第一个 30 年是完全的计划经济时代,走了 30 年走不下去了,于是有了改革开放以来的权力主导的市场经济或者说是投资型政府、国家资本主义时代，这个时代眼看也要走到尽头了，我们要向真正的市场经济时代迈进。

这个时代的中国转型还伴随着互联网带来的全球信息扁平化，以及史无前例的中国城市化运动带来的安哥拉瀑布式的空间发展落差。我们要在这个急剧变化的时代找到自己的坐标，找到自己的逻辑、定势和方法。这是我们在这里互相学习的根本目的。

讲课是一个教学相长、互相学习的过程，在我讲解的过程中，同学们有任何问题，或者认为我有什么讲得不对的地方，可以当场举手发言，不必拘束。

我们的课程，大主题是中国公共政策分析，将以《世纪大迁徙——决定中国命运的大城市化》和《2020 我们会不会变得更穷》为主要蓝本。作为开场，今天先讲一个和同学们的利益都很贴近的问题，就从"限制"的"限"成为年度词语说起，看看道与德究竟是怎样一种关系。

正式开讲前，先说一件事。2011 年 12 月 22 日，在凤凰博报颁奖晚会后，广东信孚教育集团董事长信力建先生提了一个问题，问袁隆平是不是骗子？袁隆平先生可能在座的同学们无人不知无人不晓，他是中国杂交水稻第一人。人们都说他的技术成果富裕了农民，也保障了中国粮食安全问题。但这会儿信力建先生却提出了这么一个尖锐的问题，袁隆平先生的成果真的只有好处而没有副作用吗？一位专门研究农业问题的朋友、广东《潮州日报》的洪巧俊先生说：杂交水稻比传统的水稻产量高这是肯定的，但杂交稻越多越存在着粮食安全问题。种杂交稻农民必须买种子，由于杂交稻根须丰富，用肥量大，造成土壤板结等，田地越来越瘦，成本越来越高，当农民亏本太大时，不种杂交稻，又找不到种子，荒芜就是无疑的。

资深传媒人赵世龙 2011 年 12 月 28 日在新浪微博中写道："2002 年在缅甸佤邦农林部，负责人非常不屑袁隆平的杂交水稻，隆重向我推荐他们搞的野生水稻杂交，说这个口感与产量都超过袁隆平的那个东东，东南亚没人用袁的杂交水稻，就是袁在中国的低水平欺世盗名。也许，当某些人控制了一切，就成了学阀学霸。如隆平高科的种子就投诉不断。联系采访从来都不理。"

同学们可能会很不理解，产量越高粮食安全越无忧才是，怎么可能反过来危及粮食安全呢？这就是我们要说的路径依赖问题。人类的每一种选择都是有成本的，只不过有的成本隐性存在，有的成本显而易见。而可能导致粮食危机的,恰恰是传统人们认为要由"国家"来垄断性掌控的战略物资——种子和化肥!种子、化肥和农药的垄断,导致这方面的价格奇高,反过来危及粮食生产。

2011 年,我们搞了一次超大规模的乌托邦实验,同样付出了巨大的成本和代价。这个实验的关键字就是"限"。这个字已经成为 2011 年的年度汉字。12 月 20 日下午,全球最大中文百科网站互动百科,在国家图书馆举办了"2011 互联网十大热词、年度汉字发布会"。2011 年互联网十大热词榜单排名依次是:HOLD 住、乔布斯、高铁、地沟油、校车、郭美美、伤不起、PM2.5、谣盐、占领华尔街。

2011 年年度汉字:限。一个"限"字,横贯全年,惊心动魄。"限"包括,国内楼市"限"价、"限"购;汽车"限"号"限"行;电视"限"播"限"娱。

与国外普遍限制政府预算等不同,内地更多着眼于限制公民权利。这种深度干预微观经济、社会运行乃至文化生活的做法,姑且不论与"服务型政府"以及市场经济的要求相悖,我们只说它愿望很美好,但结果却可能很不妙。

宏观调控变成了微观管理,牵一发动而全身

有一个说法,改革开放 30 多年来,全国人民最想揍的人是开发商,开发商被视为全中国最不道德的商人群体。2011 年,通过媒体的怒吼,全国人民借着史上最严厉的行政调控之手,狠狠地"揍"了开发商一顿。国家总理除了呼吁开发商身上要流着道德的血液,同时用各种经济和行政手段,不遗余力,坚决要把房价过快上涨的势头打压下去。除了不断提高银行准备金率,不断加息,还采取了限购、限贷、限价等种种行政手段。

转眼一年过去,我们看到的结果是:A. 房价局部回落,整体依旧上涨;房租上涨;刚性需求的购房成本和租房成本都上升;B. 中小企业资金链危机,高利贷盛行,企业遭遇跑路潮,部分资金链断裂的企业主被迫以跳楼结束生命来践行自己的责任与承诺;C. 房地产上下游几十个关联行业日子难过,关门的关门,歇业的歇业;D. 政府地方债遭遇前所未有的危机。我一一分开说。

A. 房价局部回落，整体依旧上涨；房租上涨；刚性需求的购房成本和租房成本都上升。我在2011年2月11日发表在FT中文网的《限购恐将催涨三四线城市房价》一文中就对此作出了提前预判：

二手房主的惜售现象则会更加明显，一是很多拥有多套房的房主一旦卖房将买不回来，二是汹涌澎湃的进城大军和观望中的刚需将明显推高租房需求，房租上涨指日可待，再加上，加息、房产税等等都可能被转嫁到房租上来。而在资金量方面，2011年还有M2增量16%在屁股后面追。因此，在短期内，房价未必能够明显下滑，在房地产后市依旧长期看好的当下，本次调控不会改变买卖市场供不应求的总体局面，但会加剧租赁市场上供不应求的局面。北京师范大学房地产研究中心主任董藩甚至断言，3月份开始租金将会上涨，今年租客的负担将增加两三成。

人往何处去？钱往何处去？始终是我们首要关注的背景问题。就像户籍控制、上学和高考歧视都阻挡不了千军万马奔向大中城市的脚步一样，严厉的住房限购政策同样改变不了人口的流向。但是，它有可能极大地改变大中城市出租屋的供应结构。在北京、上海这样的一线城市，每年净增加外来人口高达60万以上，在限购政策下，这些人必须租房居住，房租飙升将不言而喻。

同时，社会上充足的流动性资金仍然在一刻不停地寻找投资渠道。原本城市化速度较快、也是房价较高的全国72座城市如果都实行严厉限购政策，那么市场的需求和价格信号会被行政手段所屏蔽。这将带来另一个巨大弊端，那就是可能助长三四线城市的房价泡沫，使在自然情况下城市化需求并不高的三四线城市，成为资金追逐的新热点。这些城市的楼盘规模总体较小，不需要多大的资金量就可以推高房价；高房价会进一步刺激资金进入，催生真实的泡沫。

我们应该警惕的是，市场价格信号一旦被非市场力量屏蔽，其造成的社会矛盾和国民损失，相比于遵从真实的价值规律（哪怕这意味着残酷的高房价），从个人到社会到自然界，代价都要高得多。

事实完全证明了我的判断。首先，本轮楼市限购虽为史上最严厉调控政策，但只能称为局部调控，只在全国72个城市限购（虽然其他地方也有房贷、税收、税率等调控）。结果是限了少数大中城市，涨了多数中小城市；少数大中城市的购房者得利，多数中小城市的购房者遭殃。还给了投资者抄底和推涨机会。我掌握的一手数据：辽宁丹东过去一年房价翻番；我的故乡小县城，去年10月房价才四五千元每平方米，现在已经全面越过六七千元；一位武汉朋友说他的老家县城，一年半时间，房价被抬高一倍。

B. 中小企业资金链危机，高利贷盛行，企业遭遇跑路潮，部分资金链断裂的企业主被迫以跳楼结束生命来践行自己的责任与承诺。

2011年，物价、房租全面走高、经济下行压力却陡然增大。全国多地爆发民间高息借贷资金链危机，中小企业生存危机加剧。《三联生活周刊》2011年11月封面文章《温州钱史——国家金融体系里的小角色》披露，中小企业因转型而需要发展资金，国家金融先是为了救市，前所未有地慷慨劝贷；后又不顾投资需要周期，不顾一切地紧缩银根。大政府小企业，正是这种"过山车"似的金融导向改变，导致了民间借贷资金链断裂的危机全面爆发。

C. 房地产上下游几十个关联行业日子难过，关门的关门，歇业的歇业。《东方早报》2011年10月25日报道：《楼市调控逼退钢材贸易投机者　国内钢价罕见暴跌》，24日国内钢材市场报价为4 320元/吨，较10月初下挫260元/吨。整个"金九银十"阶段钢价的跌幅将超500元/吨，势头直逼2008年末。上周上海建筑钢市出现"去年下半年以来最大一波周跌幅"。之前的9月，多家钢厂订单环比跌10%—20%。这一切还只是开始。如果调控持续，不出半年，房地产上下游五六十个关联企业都会被波及！最新消息是，很多行业开始预减产，鞍钢、沙钢、马钢，开始关闭高炉；水泥厂开始关闭窑炉；家电销售商开始清空库存，一看全是房地产上下游相关产业，而且多是容纳就业人口较多的劳动密集型产业。有人说房地产不是实体经济，与其相关的那么多产业是不是实体经济呢？

D. 政府地方债遭遇前所未有的危机。这几年，政府投资大跃进积累了多少地方债，是一个谁也摸不清的大数字。这些债务直接连着银行，而债务的偿还只有两个途径：卖地和收税。如果地卖不了或者卖不出好价钱，税也收不够，最后就只能由中央政府印钞票还，引发新的通胀。

这个债务有多少？看看全国人大财政经济委员会副主任尹中卿怎么说。尹中卿日前呼吁，必须在形势尚未失控前，尽快对财税体制进行通盘检讨。他在上海《21世纪经济报道》主办的论坛发表演说时表示，审计署今年 6 月底公布，至 2010 年底，全国省市县三级地方政府的债务余额为人民币 10.7 万亿元。尹中卿说，这只是最基本的"底数"，而非"实数"。因为审计署公布的是"被审计出来"的债务，但不是所有地方债务都已经被查出来。此外，乡级政府债务并未包含在审计署的数字之中，至于村级政府债务究竟有多少，现在也没有人说得清楚。尹中卿表示，即便只是10.7 万亿元，都是惊人的债务负担，但官方迄今未提出解决地方政府债务的有效措施，不久前甚至宣布，允许地方融资平台可以为保障性住房建设继续举债。同时在预算法尚未修改前，又允许上海、浙江、广东、深圳自主发债。尹中卿说，更令人担忧的是中央债务。近三年中央财政赤字总额达人民币 2.25 兆元，这三年中央还代地方政府累计发行人民币 6 000 亿元的地方债。至 2011 年第三季，国债余额已超过人民币 7 兆元。此外，中国三家政策性银行（国家开发银行、进出口银行、农业发展银行）至去年底合计负债达人民币 7.3 万亿元，四家国有商银（工、农、中、建）当年改制时遗留的人民币 14 万亿元不良资产迄今也还未处理完毕，这些债务最终还是要由中央政府买单。尹中卿表示，中国的政府债务不像欧美采取直接发行债券，多数是透过投融资平台向金融机构借贷，因此政府的债务问题非常容易转化成银行的金融风险。

但是现在，地方政府却在为卖地难着急上火。限购之下，大地产商纷纷捂紧钱袋子"过冬"。新华网记者调查显示，调控之下，地产大鳄的生存术是：缩减开工，放缓供应，减少拿地。截至三季度末，万科控制货币资金高达 339 亿元，比调控严厉的 2008 年三季度末多出 140 亿元；保利地产拥有货币资金 220 亿元，比年初增加近 30 亿元；招商地产、金地集团的货币现金均比年初增加了 20% 以上。万科在三季报中表示，在目前的市场局面下，坚持"宁可错过、不可拿错"的审慎拿地原则。恒大地产今年 7月开始实行"低价跑量"策略，截至今年 10 月底，恒大地产完成全年销售目标的 111.2%，成为首个完成销售任务的房企。尽管"财大气粗"，恒大地产集团董事局主席许家印还是表示，今年形势比之前更严峻，年前坚决不买地。2008 年恒大地产差点因资金链断裂死在黎明前，2009 年因政府救市、恒大上市等一系列原因，许家印一跃成为当年内地新首富。限购之下，现金为王，生存比发展更重要，这已成为各大地产商的共同选择。只是这样一来，政府财政和未来几年的房地产供应就要紧张了。

2012 年可能是改革开放 30 多年以来最艰难的一年。著名经济学家韩志国曾在微博上预言,中国经济将进入最寒冷冬季:1. 人口红利、外贸红利、土地红利消失,体制瓶颈、发展瓶颈、资源瓶颈、环境瓶颈出现。2. 投资、消费、外贸——拉动中国经济的"三驾马车"同时陷入泥潭,中国经济的国际环境全面恶化并进入被动的危机转型期。3. 宏观政策六神无主并方寸大乱,重大失误会接二连三。

未来拉动经济增长还得靠房地产!不管你认为房地产有多可怕、中央的表态有多坚决,在当前外贸不由我做主,消费短期无法提升的前提下,唯有投资靠谱,但公路铁路都在放缓,仅靠保障房投资解决不了问题,唯有理顺房地产,给市场一个清晰的预期,中国经济才有可能实现平稳发展!

巧妇难为无米之炊的保障房

从刚才的分析我们已经看出,房地产已经成为中国经济不折不扣的支柱产业。于是有很多人说,没关系啊,我用保障房取代商品房市场,一样不改房地产的支柱地位!2011年,我们就做了一次这样的乌托邦实验。实验结果证明,乌托邦作为想象是美好的,作为强制性的实验,反而弊大于利。

2011年3月,国务院提出2011年我国要新建1000万套保障性住房。5月底,全国保障性住房开工340万套,但4个月后,全国保障房已开工986万套,完成年度计划的98%,这突然多出来的600多万套保障房从何而来?《南方周末》的报道说,河北保定的例子或许可以给出解释。2011年8月底,保定市保障房开工率即达115%,其速度之快,在河北省名列前茅。但当记者历时数天调查后发现,保定市所称在建的3.4万套保障房(这个数字是过去两年里保定市总竣工保障房套数的9倍),多数为企事业单位集资建房及城市危旧房改造,甚至有商品房被贴上"保障房"标签。从北京到保定发展的房地产商王志强曾一度感到不适应:"我真没有见过这么玩的。你看有能力做集资建房企业的职工,谁没有几套房子?"政策执行最为严厉的北京也不例外,早在2011年1月,北京市住建委新闻发言人秦海翔就表示,北京将鼓励机关及企事业单位、高校、科研院所等社会单位建公租房,鼓励产业园区建公租房,鼓励农村集体组织建公租房。

名为公租房，最后其实都要卖，因为单位和地方政府都拿不出建房的钱。最后结果，是越靠近权力中心和垄断行业，越有机会得到廉价房；而不是收入低者得到保障房。

另一边，真正面向中低收入群体的保障房偷工减料，质量低劣。有大风一吹几十栋楼房的窗户玻璃全落下的，有上面整层楼板塌下来的，还有顶楼楼顶一脚就可以踩个窟窿的。人家说商品房要钱，保障房要命。

广东省恩平县22名低保户居然联名上书，拒绝住进政府提供的廉租房。记者实地调查，发现这批廉租房是利用工厂的旧宿舍改建的，改建时的设计十分不合理。廉租房是利用隔墙将原来的一个单间或者套间改建成新的一房、一厅、一卫（卫生间和厨房连在一起），但是，因为所有的隔墙都没有砌到顶，导致如果有人上厕所，臭味可以通过上方自由自在地传送到其他任何地方。

"十二五"开局第一年1 000万套、5年3 600万套保障房的压力太大，地方没钱没地，巧妇难为无米之炊，于是，虚报浮夸者有之，偷工减料者有之，偷梁换柱者亦有之。其中最坏的结果，就是原本就不缺房不缺钱的有房权贵阶层，借保障房大跃进之机，再一次让单位福利房、集资房死灰复燃。

11月11日住建部在舆论压力下终于承认1/3保障房是挖地待建，剩下的2/3是什么各位同学知道吗？基本上是动迁房、国企的福利房，甚至还包括一些小户型商品房。由于缺乏经费，真正给社会大众住的一千万套保障房计划已基本停工。统计局是直接造假数据，住建部则是偷换概念。谁是受益者？谁又为此买单？

商品房是保障房的奶妈

任志强的数据显示："每年农田占用的总量中房地产开发用地仅占5%左右，纯商品住宅约只占1.5%。大量的土地占用并非是商品住宅所占用。2010年2.7万亿元的土地出让收入中，由开发商购买的土地仅为不到1万亿元，另1.7万亿元出让的土地并不是商品房。而开发商购买的土地中仅70%是住宅用地，其中还包括20%—30%的保障房，纯商品住房所占的比例就更低了。"换句话说，只占1.5%的商品住宅开发用地，却承担了37%

的总地价！这其中，还得"内部消化"20%—30%的保障房成本！2010年东部地区土地供应完成得较好，跟其商品房补贴工业用地较少大有关系。

2010年4月，财政部首次公布了2009年全国土地出让支出情况。数据显示，2009年全国土地出让收入为14 239.7亿元，支出总额为12 327.1亿元，收支结余1 912.6亿元，按规定结转下年继续使用。在支出结构上，其中用于征地和拆迁补偿、城市建设以及土地开发分别占比40.4%、27.1%和10.7%，三项合计占比总支出的78.2%。公开数据也显示，以2009年为例，在土地出让金用于廉租住房支出比例方面，无论是财政部公布的1.5%，还是北京的7.8%，显然都没有达标。即使各地方政府严格遵守土地出让净收益中提取廉租住房保障资金的比例不得低于10%的规定，2010年土地出让金额达到2.7万亿元，2011年由于严厉的限购政策，土地出让金势必减少，以2万亿估算，也只能拿出2 000亿元建设保障房，而1 000万套保障房的建设资金估算连征地至少需要1.4万亿元，缺口1.2万亿。

为什么房价物价会那么高？

一直有两种理论，一种认为应该是涨工资来适应高房价；另一种则认为应该通过打压高房价来等工资。如果不考虑现实约束条件，这两种理论都对。反正效果是一样的。但是一旦考虑现实约束条件和路径依赖，就一定会有对错之分。

其实只要我们把视野放宽点，不仅仅局限于房价，就会发现，相对于大多数普通老百姓的收入而言，中国大陆哪一样东西是便宜的？从垄断行业的石油价、电价、水价、燃气价、电信资费价、教育价格、医疗价格，到非垄断行业的车价，乃至百姓日常生活需要的粮油食品、蔬菜肉类等价格，哪一样不是比发达国家高出几倍甚至几十倍（按货币收入的相对购买力而言）?! 不从根子上解决物价高的原因，单单打压房价无法解决任何问题。

至于政府能不能决定涨工资，能不能决定跌房价？我是这样看的：政府还真能决定涨工资！只要立即停止投资型政府、打破行政垄断、推行自由公正的市场经济，则物价不变而民众工资涨4倍没问题。政府还真不能决定降房价！因为十几万亿元甚至更高额的地方债和上下游几十个实业全依赖于它。今天中国就剩房地产一个唯一产能没有过剩的行业了！

当然，政府也可以不管不顾失业问题，像一些论者所说的经过"必要的阵痛"，坚决阻止房屋市场，让人家买不了也卖不了，逼迫房价下降；但姑且不论政府在缺乏失业保障的情况下根本不能无视就业民生，就是能够对中小企业倒闭和大量失业视而不见，还有政府自己高额的地方债在那儿摆着！当然，鉴于大部分国有银行也是政府所有，政府自然也可以宣布一笔勾销银行的地方债。但如何勾销？想来想去，除了打劫，我看也只有印钞票一途。那样，不但使房价物价更高，而且是在大量民众失业的情况下让房价物价变得更高！

可以说，不努力从根源上解决问题而只试图逞一时之快打压房地产，走的是一条同归于尽的死亡之路；相反，从源头做起，虽然异常艰难，但却是绝地求生之路。这些普通老百姓只需动动脑子、运用一下小学数学就能算明白想清楚的问题，我们大量的所谓经济学博士，居然想不清楚看不明白？真的不知道是真傻还是装傻？

答案是腐败、通胀、两极分化已经成为中国头顶的"新三座大山"。

最高检官员日前对记者表示：部分项目三分之一工程款被用于行贿。最高检官员披露的数据，是已经查处的数据，包括貌似合法的层层转包部分，还有大量在招投标过程中以高科技、新技术等名义大幅度抬高造价，从而导致无法查处的部分，我估计政府采购政府投资等都像药品集中招标采购一样，80%费用耗在腐败的中间环节。

这就是投资型政府、国企和管制过多必然导致腐败盛行、通货膨胀、贫富两极迅速分化的根本原因。经济学家弗里德曼有一句名言："花自己的钱办自己的事，既讲节约，又讲效果；花自己的钱，办人家的事，只讲节约，不讲效果；花人家的钱，办自己的事，只讲效果，不讲节约；花人家的钱办人家的事，既不讲效果，又不讲节约。"准确生动地描述了委托代理过程中碰到的各种问题。

最典型的例子就是高铁大跃进。高铁大跃进之后，铁道部到今天为止负债高达2万亿元。2010年应该还本付息超1 500亿元，税后利润仅1 500万元，只占应付款的万分之一。而其营业额却高达6 857亿元，相当于1 000万元的大买卖，只赚218元钱。消息说，铁老大、铁道部前部长刘志军贪得无厌，锒铛入狱，副总工、"高铁第一人"张曙光月薪才8 000元，却在美国和瑞士银行坐拥巨款。铁道部抓的贪官，哪个赚的也比整个铁道部赚的多。而铁道部还不了的钱，谁来买单？还不是全民买单，要么多收税，要么多印钞票。

在这里我要哀其不幸，怒其不争。当今中国最穿越的事，莫过于大量标榜民主、自由、宪政派的知识分子、时评人、经济学者，对着空气时声嘶力竭地高喊民主自由，一遇具体问题又马上呼吁强化政府权力和管制。结果，政府一边享受权力寻租之快感，一边享受众人皆醉我独醒的飘飘欲仙。

道为德之母

分析了上面那么多东西，似乎一直没有回到正题，道与德到底是什么一种关系？其实我们刚才的分析主要说明一个问题：良好的愿望不一定能够收获美好的果实。良好的愿望只有在尊重事实、尊重规则、尊重规律的基础上，才能达到好的目的和效果。这就是所谓道和德的关系。

"道"字从首，从走，望文生义，或解释为"首先必须要走的道路、方法、路径"；"德"字从双人，从心，两个人以上就有了评判标准，放之四海而皆准。现代人习惯于把"道"和"德"两个字合并成"道德"来说，形容一个社会的主流意识形态，或者个人的人品，已经离原有的"道"越来越远了！在这个世界上，自以为占据道德制高点就拥有真理的人太多，真正耐住寂寞甚至"虽千万人吾往矣"的求道之人太少。后者常常招来骂名，前者则常常收获"振臂一呼、应者云集"的鲜花与掌声。而道之不存，德将焉附哉？偏离了"道"来讲"德"，常常会陷入尴尬甚至危险的境地，不仅是个人，还有社会，沦丧的不仅有世道，还有人心。考察古今中外的历史，那些不遵从社会历史发展的自然规律，过分相信自由意志和理想主义的实践，哪一次不是遭遇失败就是成为人类的悲剧？背离了"道"，道德理想主义与激进主义、现实虚无主义乃于专权奴役就只有薄薄的一纸之隔。

很多时候，如果一个自以为占据了道德制高点就以为掌握了真理的理想主义者设置或被设置了一个背离常识和规律的高目标，结果往往会与初衷背道而驰甚至相差十万八千里。所以，我们要追根溯源，回到以包容、理性、建设之姿态的求道、问道、论道的本源上来，寻找正确的规律、方法和路径。社会、人心的毁坏太容易了，构建却需要以"道"为基础，一砖一瓦，千年万年。有道未必有德，但有德必须有道。世有道，则德自生；世无道，则德不存。

想当年，老子的《道德经》开篇就说："道可道，非常（恒）道；名可名，非常（恒）名。"古时"道"与"天"字相通，一般是指自然运行法则。"道"是代表抽象的自然法则、社会运行规律，以及实际的规矩、路径和方法等，恰如老子说的"道法自然"。"可道"，意思是可以（应当）遵循、效法，引为"道路"。"非常（恒）道"，即"道"不是永恒不变的，而是像今天的经济学、物理学和化学等要研究各种变量的关系，环境和变量改变了，规律也就发生了变化。孔子的《论语·里仁第四》说"朝闻道，夕死可矣。"道之要义，正在于此。

胡适先生说："如果人人讲规则而不是谈道德，最终会变成一个有人味儿的正常国家，道德自然会逐渐回归；如果人人都不讲规则却大谈道德，谈高尚，天天没事儿就谈道德规范，人人大公无私，最终这个国家会堕落成为一个伪君子遍布的肮脏国家。"信然。

课后作业

1. 张五常先生在《贫富分化与土地政策》一文中认为，地区竞争不会搞高楼价，简单说就是政府之间的区域经济竞争，招商引资会使得各地竞相压低地价而不是抬高地价楼价。在激烈的地区竞争下，楼价过高是败局。想想吧，一个县免费提供一大片地给一家名牌工厂，怎么可以那样傻，搞高住宅楼价来把该厂吓跑呢？虽然档次较低的工人可以住工厂提供的宿舍，但职位较高或成家立室的，怎会不考虑住宅楼价？

请结合本次讲课的内容，分析一下张五常教授的结论对不对？注重分析的过程，结果并不重要。

2. 最近韩寒在博客上连续抛出《谈革命》、《说民主》、《要自由》三篇文章，引起广泛的争议。你怎么看革命、民主、自由、容忍四者的关系，今天的中国应该怎样才能避免破坏性很大的革命？

2011 年 12 月 30 日

第二讲
人口、资源与环境

同学们好！今天，我要讲的主题是《人口、资源与环境》。我争取在有限的课堂时间里，尽我所知地提高信息量，同学们有听不明白的地方，或者突然有什么感想的地方，可以随时举手提出来，灵感往往稍纵即逝，所以要格外珍惜。我在讲课过程中可能会用到很多数据，这些数据同学们都不用记，我只是用来证明我的观点并非信口开河而是有数据支撑。大家记住大方向的判断就好。大判断不出大的纰漏，具体的数据支撑，在现在的互联网时代，只要按图索骥，很容易查找到相关信息和资料。

从这节课起，我尽量争取既不用PPT（实际上我也不会做PPT），也不用电脑，直接打在纸上，像亚马逊文化一样，用最原始的方式，便于更好地交流。

这节课讲的是人口、资源与环境的关系。

我们知道，组成一个国家甚至整个人类的基本三要素是：人口，土地，制度与文化环境。环境和资源貌似紧紧附着在土地上，但是和人口、制度与文化环境形成互相影响的紧密关系。

人是世界上最宝贵的资源和财富

首先，我要和大家讲一讲犹太人的故事，他们的故事，会给我们极大的启发。这是一个充满传奇与神话的族群。这个曾经被希特勒及其法西斯政权必欲灭绝而后快的民族，在人类历史上居然是如此的群星璀璨卓尔不群。我的朋友、著名出版家、犹太文化研究专家贺雄飞先生在他的《学习是一种信仰》一书中，为我们描述了这样一组犹太人群雕：

从1901年到2001年这100年的时间里，群星闪烁的人类历史上共诞生了680位诺贝尔奖获得者，其中犹太人或者说犹太裔就有152位，占获奖总人数的22.35%。而犹太人占世界人口的比例不到0.3%。

在商业成就方面，第一次世界大战后，犹太人只占波兰人口总数的10%，但鞋匠中的40%，裁缝中的80%，商人中的50%是犹太人。1970年，美国犹太人中，只有0.33%从事体力劳动。在全美主要大学中，20%的教授是犹太人。要进入1999年《福布斯》排行榜，至少需要6.25亿美元的净资产。而在所有400大富豪中，犹太人占23%，前50大富豪中，犹太人占36%，所有的10亿富翁中，犹太人占24%。足见犹太人在美国的实力。

难怪有一个说法是：世界的财富在犹太人的口袋里，犹太人的财富在自己的脑袋里。

是犹太人天生人种优秀，天生就比其他民族的人聪明吗？北京师范大学陈会昌教授曾在报告中介绍说："中国人和犹太人的智商是世界各民族中最高的，据美国心理测量专家的研究证明，东亚人和犹太人的智商无显著差异。但是，自1901到2000年，华人获诺贝尔奖的只有8人；但犹太人获诺贝尔奖的人数超过250人，是世界各民族平均数的28倍，是华人获奖人数的40倍。"

这的确堪称奇迹。要知道，犹太人在两千年的漫长历史中一直过着颠沛流离的生活，没有土地，也没有祖国。

那么，犹太人的智慧与财富神话又来自哪里呢？来自犹太文化！

每个犹太人在小的时候，他们的母亲都会问他们："假如有一天，你的房子被火烧了，你的财产也被抢光了，你会带着什么逃跑呢？"如果孩子回答是"黄金"或"钻石"之类，母亲就会进一步追问："有一种东西比黄金和钻石更重要，它没有形状，没有颜色，没有气味，你知道是什么吗？"孩子的回答说是"空气"，母亲就告诉他："空气固然重要，但并不稀有。真正应该带走的是知识，知识是任何人都抢不走的财富，只要你活着，它就会永远跟着你。"

在犹太人心目中，赚了钱不等于成功，文化和智力的寿命比金钱更长，知识是最可靠的财富，是唯一可以随身携带、终身享用不尽的财产。在犹太人心目中，学者的地位不仅高于商人，而且高于国王。"一个学者死了，没有人能代替他，而一个国王死了，所有人都能胜任。"当然，他们推崇的知识是活的智慧，对于那些满腹经纶的书呆子，他们喻之为"背着很多书本的驴子"。犹太商人说，财富是靠脑袋的，而不是靠手，他们说："钞票有的是，遗憾的是你的口袋太小了。如果你的思维足够开阔，那你的钱包就会随之增大。"

犹太人几千年流离失所，没有祖国，没有土地和矿产资源，只能用知识和智慧赚钱。他们不是躲到荒郊野岭，而是前往文明最集中的城市，与陌生人打交道，于是保持了对知识、智慧、诚信、法律源远流长的追求与崇拜。

1948年5月14日，犹太民族在历尽屠戮和两千多年的大流散后，终于建立了自己的国家——以色列。然而，建国之初，这个只有49.8万人的新生国家全国近三分之二的土地是沙漠，境内没有一条可供灌溉和发电的河流。除此之外多属盐碱地，雨量稀少，只有北部有一个不大的淡水湖，人均年可用水资源只有360立方米。按国际标准，年人均占水量5 000立方米以下就算贫水或半贫水，以色列无疑属于世界上最贫水的干旱国家之一。境内没有可供开采的石油、天然气、煤和森林资源。可以说，除了太阳、大海、沙漠和盐碱地，新生的以色列一无所有。

而且，它一直处于阿拉伯国家的包围之中，与周边冲突不断，敌对的阿拉伯国家不仅不会为以色列提供建设和生活急需的资源，而且还对它进行全面封锁。

就是在这样的内忧外患、百废待兴的情况下，这个古老的民族、年轻的国家达成了一个富有远见的伟大共识：以色列最重要的资源是人，人的资源要得以最充分最有效的利用就必须依靠教育。这一共识形成之后，以色列确立了以教育开创国家未来的立国思想，强调必须以教育来使每一个以色列家庭和个人体面而幸福地生活在这个新的国家里，用教育来提升全体以色列人的素质，使他们能迎接来自于内外部世界的诸多挑战。这种观念与犹太文化中重教崇智的文化传统一脉相承。

在以色列的知识界，流传着一个真实动人的故事：1950年初春的一个深夜，第一任教育部长扎尔曼—阿兰打电话给总理本·古里安的秘书伊扎克—纳翁，要他安排第二天与总理共进早餐。早餐会上，总理问阿兰，为何事竟如此着急。阿兰说，大量东欧移民涌进以色列，我们要培训他们学会生产和生活，而国家只有3所技术学校和1所工科大学，远不能满足人民生存和发展的要求。我需要2 000万美元，在两年内建成20所技术学校。当时，2 000万美元对以色列政府来说几乎是全部家底。然而，总理没有皱眉头，只是问秘书能安排多少。秘书说最多1 000万。于是总理立即拍板说，给你1 000万，不过要在1年内建成10所技术学校。

尽管近几年巴以冲突加剧，以色列教育预算自建国以来一直维持在国家预算的8.5%至10.1%之间，仅次于国防预算。

以色列首任总理本·古里安说：没有教育就没有未来。以色列女总理梅厄夫人说，对教育的投资是有远见的投资。在21世纪，人力资本将对一个国家和民族的进步起决定性作用，对知识的投资也将获得回报。1912年，著名经济学家熊彼得在《经济发展理论》一书中提出了以"创新"理论为核心的动态发展理论。他试图运用生产技术和生产力方法的变革来解释资本主义的基本特征和经济发展过程，突破了传统的"经济发展"概念仅仅是指人口、资本、工资、利润、地租等在量上的变化的局限。换句话说，知识创新将突破传统的土地、资源、环境等生产要素概念，成为人类生产生活和社会竞争中的最重要元素。而知识创新的唯一载体，就是人本身。

我们还可以讲一个更为贴近的例子，那就是富可敌国的苹果公司。它的iPhone系列在白领和学子中可谓"家喻户晓"。美国财政部最新公布的数据显示，截至2011年7月27日，美国政府运营现金余额为738亿美元。而苹果发布的财报显示，截至上一财季末，其所持有的现金和有价证券总额，已经高达762亿美元。也就是说，作为全球最大的科技公司，苹果当前持有的现金储备，已经超过了全球经济实力最强的美国。这一数字，还超过了126个国家的国内生产总值之和。说它富可敌国一点也不为过。与美国债务总额突破14.3万亿美元相比，苹果的债务为零。苹果和乔布斯的伟大秘密，就在于知识创新四个字。在这里，世界最一流的公司，需要的只有两点：智慧的、创造性的头脑，最完美地服务于个人用户体验。

正是基于此，使他成为了一个在全世界范围内巨大的"能量黑洞"，源源不断地在全世界范围内吸收能量。而苹果公司尽管已经富可敌国，却只是从乔布斯家的车库起步，至今仍然偏居在乔布斯的故乡——加州的帕洛阿尔托市。从富可敌美国的苹果公司及其 CEO 乔布斯的创业奇迹和"能量黑洞",我们更加可以清晰地看到,资源对于一个企业、一个个体乃至一个国家来说,并不是最重要的,甚至是相当不重要的。

制度和文化是第一生产力

人口与资源的关系并非简单的你多我少的线性关系:人口多了,资源就不够了;或者资源多了,人口就可以多。我们曾经以为资源短缺是我们的主要发展瓶颈。但是,在发展经济学中,很多学者都注意到一些资源丰裕的国家却往往发展停滞,甚至有一个专有名词叫"资源的诅咒"(resourcecurse),这通常指一些矿业资源丰富的国家和地区,比如有丰富的石油或煤矿,却非常落后,经济水平低,政治腐败。世界上几乎没有一个发达国家和地区,没有一座发达城市是靠自己的资源优势成功的。"从世界范围看,在自然条件差不多的地区,人口越稠密地区经济越发达,这就是规模效应。人口规模优势和密度优势使得'人多力量大',能够主导世界市场,更容易获取全球资源。比如日本自然资源缺乏,但是能够获取全球资源,而一些资源丰富的国家,反而只能廉价出卖资源。今后如果资源短缺的话,最先出现问题的是资源输出国,而不是消费国。"(易富贤)中国的香港、台湾地区自然资源也都很缺乏,香港甚至连淡水都要由内地供应,但是它们都发展得很好,环境也保护得很好,成为亚洲四小龙中的重要成员。

经济水平并不完全是由人均自然资源决定的。中东阿拉伯国家拥有全球石油储量的60%,但是社会发展水平并不高。比如沙特阿拉伯拥有全球四分之一的石油资源,而以色列却一滴油也没有,其他资源更缺乏,但是沙特阿拉伯的人类发展指数只有 0.772(与中国相当),而以色列高达 0.915。沙特阿拉伯的人均 GDP 只有以色列的二分之一左右,失业率也远比以色列高。日本自然资源极其缺乏,俄罗斯自然资源极其丰富,但日本 2003 年的人类发展指数高达 0.943,俄罗斯只有 0.795;日本 2005 年人均 GDP 为 36 564 美元,俄罗斯只有 5 174 美元,且俄罗斯的失业率是日本的两倍。

中国人口占全球比例从 19 世纪初的 40% 下降到 20 世纪初的 25%,再下降到现在的20%，不久将下降到15%，近两百年时间内下降了一半，意味着中国人均资源相对世界平均水平升高了一倍。也就是说，两百年前，中国人均资源相对于世界平均水平是最少的，但那个时期却是中国的康乾盛世，不论从综合国力还是人均生活水平来看都是世界强国。现在中国人均相对资源提高了，但相对的生活水平却下降了！环境的污染和破坏也比世界水平高很多。

人口是不是环境与资源的负担，取决于人类的生产生活方式和人口集中程度。如果是人口受教育水平高、制度和文化理念先进，大部分人口集中于城市生产生活，那么人口对于经济发展和财富创造更多地具有正面价值，对环境与资源的影响却很小；相反，如果人口受教育水平低、制度和文化理念落后，大部分人口集中于乡村，过的是田园牧歌式的农耕生活，那么，人口对环境的影响就很大。

中国半个多世纪以来的发展历程可以证明这一点。改革开放以前，中国的人口流动是受到严厉限制的，刚开始进城务工的农民甚至有一个称谓叫"盲流"，也就是说他们是盲目流动的一群，必须加以严厉限制乃至制止。正是因为中国的城市化受到严重阻碍，越来越多的人在土里刨食，使中国的人类活动对大自然的破坏远高于世界平均水平。中国科学院《1999年中国可持续发展报告》显示，中国每年搬动的土石方量是世界人均值的1.4倍，中国的人类活动具有明显的破坏性，高出世界平均水平的3至3.5倍。

改革开放以后，中国的城市化进程提速，总人口仍在增加，但乡村逐渐空出来，砍柴的少了，开荒种地种菜的少了，甚至有耕地大量抛荒。

有人会说，迄今为止，地球是人类唯一的家园，而地球的容量是有限的，所以人类数量不可能无限增长。现在人类总数大约是70亿，每个人都要吃，都要穿，都要住，都需要能源，所以要砍伐森林、抽干沼泽开垦更多农田，要挖各种矿，要煤、要石油。地球上土地、煤、石油都是有限的、不可再生的，70亿人已经不堪重负了，各种资源都在走向枯竭。所以人类在人口问题上明智的可持续的策略就是逐步减少人口，使人口和地球资源之间实现可持续的平衡。中国是世界上人口最多的国家，也是人口和资源之间关系最紧张的国家之一，所以中国人口问题的终极目标是减少人口，使每个人的资源更加充裕，人和自然更加和谐。

这是一种典型的农业经济思维，而21世纪早已进入知识经济时代。

一方面，城市化的过程告诉我们，资源和人口在全球范围内不均衡流动，本身是可以大大地节约资源甚至创造资源的。如果大量人口滞留在乡村，从事农业活动，很多树都砍光了，山都开发成了梯田，水资源总体就会减少。除了水、空气等人类赖以生存的最基本资源，人类的大量资源和能源是可以找到替代品的，人类创意无限，前途光明得很。而水资源和空气资源，是可以随着人口的集中度加强和生活方式的改变而大大好转的。

18 世纪有个著名的人口学家叫马尔萨斯，他说人口是按几何级数增长的，所以粮食很快就不够吃了。当代著名经济学家张五常教授说他胡说八道！并举例说，中国明朝初期人口是 6 千万，现在人口增长了 20 倍，人均寿命则比明朝时提高了一倍，但每个人的生活都比明朝好了许多。

人类维持基本生存的需求是非常少的，空气、粮食和水，大部分需求在其他方面。人类的消费品或者鉴赏品分成三类：食品、瘾品和毒品。绝大部分的价值其实集中在瘾品方面，比如最普通的茶、酒、烟，以及现代通信、交通工具，还有更高端的艺术品、珠宝、奢侈品等。知识、技术含量和产值附加值高的东西往往都集中在这些领域。这些领域的开发和创造几乎可以说是无限的。

另一方面，人口无限增长的假想也是错误的。理论和现实都告诉我们，人口的集中度越高、知识水平和生活水平就越高，生育率就越低。世界上很多大城市，包括日本的东京，中国的北京、上海等大都市，人口的自然增长率都已经是负数。北京、上海受着计划生育制度的影响，但东京等国际大都市，却根本不受计划生育制度的影响。他们甚至鼓励生育也没人愿意生。现在日本的朝野上下都呼吁并鼓励生育。

2007 年 6 月 17 日新华社消息，据《日本经济新闻》报道，日本富士胶片公司将从当年 7 月开始推出一系列鼓励生育的措施，此中包含给生育第三胎的职工发百万日元红包，相当于当时的人民币 6.2 万元。

随着日本社会"少子化"和老龄化问题日益严重，日本政府和社会越来越正视从各个环节完善鼓励生育的制度，很多大企业也积极响应，在生育方面给职工提供更多便利。

富士胶片推出的新措施主要包含：生第三胎或更多儿女的职工，每生一个孩子可以获得 100 万日元（1 万日元约合人民币 620 元）的红包；孩子上小学三年级之前，职工可以享受缩短工作时间的便利；医治不孕不育症的职工最长可获得 1 年的休假。富士胶片同时希望通过新措施的实施，削减女职工因生儿育女离职的现象。

据日本厚生劳动省当年5月底发布的《都道府县未来人口预测统计》，到2030年，日本全国47个都道府县都将出现人口减少现象。到2035年，日本19个道县的人口将削减两成以上，届时降幅最明显的秋田县人口将只有2005年的三分之二。日本方面还希望通过引进人口从而改善人口的老龄化结构。

第三方面，说中国是世界上人口和资源关系最紧张的国家之一，也是信口开河。事实上，近两百年来，随着医药技术的进步，世界人口迅速增长，中国占世界人口的比例却是不断下降的。中国自古至今都是人口第一大国，从秦汉帝国始直到清乾嘉年间多数时间GDP也是世界第一，鸦片战争前，人口和GDP均占世界三分之一，后来就每况愈下，人口占世界之比降为四分之一，现在为五分之一。也就是说，与世界平均水平相比，中国人口和资源、环境的相对压力应该是不断下降的，但是结果却相反，我们的相对压力不降反升！

改革开放以来，中国选择了低附加值的外向型经济发展模式。这其实是学习亚洲四小龙的外向型经济模式，但画虎不成反类犬，人家的外向型经济，是知识经济基础上的高附加值经济，能耗低，产值高；我们的外向型经济，是建立在廉价劳动力和高能耗、高污染基础上的低附加值经济，对我们的资源和环境造成了毁灭性的影响，甚至反过来，严重危及老百姓的健康和长远的生存根基。今天，甚至连印度在出口方面都已经比中国更具优势并具备可持续的长远发展前景。和中国出口低附加值产品及廉价劳动力不同，印度最重要的出口产品是：IT、CEO和药品！

在土地和自然资源方面，中国比印度丰富得多。2011年，中国大陆人口13.4亿，印度人口12.1亿，中国人口是印度的1.1倍，但中国国土面积是印度的3.23倍，农用地面积是印度的3.06倍，耕地面积是印度的88.2%，长期作物用地面积是印度的1.35倍，草原面积是印度的36.16倍，森林面积是印度的2.55倍，淡水资源是印度的1.48倍，矿产资源是印度的4.24倍。除了耕地一项，中国人均资源比印度丰富得多。但印度人均二氧化碳排放量只有中国的二分之一，人均二氧化硫排放量只有中国的三分之一，一个重要原因就是印度的资源利用效率比中国高。

人还是那些人，资源还是那些资源，环境还是那个环境。是毁坏还是保护环境，是毁灭还是保护资源，是创造还是毁灭财富，取决于什么？根本上取决于这个国家和地区的人，取决于这个国家和地区的人的知识储备、受教育水平以及背后的经济、教育、文化等制度安排。我们以前说科技是第一生产力，太狭隘了，准确地说，制度和文化才是第一生产力。制度和文化，决定着人是成为创造的主体还是消耗的主体；制度和文化，决定着人们能否自由迁徙和流动。

我们经常听到一个说法，说中国的主要问题是人口太多，好像人口减少了，中国就会多么富有。这事实上只是把人当成了环境的负担和资源的消耗者来看待，而没有把人当成财富的创造者来看待。即使我们今天人口减少到与美国一样多的3亿，而且把中国大陆13.4亿人口创造的财富全部算到这3亿人头上，对不起，中国的人均财富还是不到美国人均财富的七分之一，仍与两百年前中国世界首富的地位相距甚远。

事实就是这样，你把人当成什么，他就真的成为什么；你把人当成财富创造者加以培养，它就成为财富创造者；你把人当成社会的包袱和负担弃之不管，他就真的成为社会的包袱和负担。

综上所述，教育投资、文化观念、产业选择、人口能否自由流动等制度、经济和文化安排决定了人口与资源、环境的关系。而是否选择高端产业，还是被迫停留在低端产业，根本上也取决于教育和文化。这样一种关系，决定着一个国家、一个地区、一个族群的富裕程度和可持续发展的能力，以及人与环境的和谐程度。

就像我一开头就提到的犹太人，其非凡成就来自于知识、文化和教育，日本在二战后的迅速崛起，依靠的也是教育。众所周知，二战期间日本在经济上受到重创。据日本战后经济安定本部的《太平洋战争损失报告书》资料，第二次世界大战日本1/4的国民财富毁于战争。战后的日本，工农业萎缩，粮食供应不足，人们每天都挣扎在饥饿线上。可是，日本在战后短短的十几年间，完成经济复苏，用十多年时间相继超过了英、法和前联邦德国，于1968年成为世界第二经济大国，1985年起又成为世界最大的净资产国和净债权国。

日本在战后迅速崛起的主要原因之一就是教育起到了巨大的推动作用。日本前首相吉田茂说："教育在现代化中发挥了主要作用，这大概可以说是日本现代化的最大特点。正是由于教育制度的优越，明治时代的日本人才能学到西方的新技术，而且教育给予人们的锻炼使日本人能够战胜他们所遇到的危机。同样，高超的教育程度成了战后复兴的巨大力量。日本人由于战争而损失了许多财产，可是最为重要的能力——人的能力却没有丧失。"日本的"世界经济情报中心"认为，从1951—1970年间的经济增长中，技术作用占50%—63%。

日本教育社会学家、也是日本迄今唯一一位学者出身的文部大臣永井道雄写道："不容置疑，正是这样的一个日本，由于战后经济飞速发展而震惊了全世界。日本经济所以能够迅速发展，可以举出各种原因，诸如战败后实现了设备更新、在朝鲜战争和越南战争期间给美国提供了军需以及国民有勤劳和储蓄的习惯等。实际上，最重要的是因为民族国家所教育出来的一亿日本人没有流向国外，而留在日本列岛，并对国家的经济复兴和发展做出贡献。"

与世界发达国家相比，中国的公共教育投资之低，甚至远远不如贫穷落后的非洲小国。

2003年9月9日至21日，应中国政府的邀请，联合国人权委员会教育权报告员托马舍夫斯基考察了中国的教育状况。随后，她在向新闻媒体公布材料时，称"中国财政性教育经费仅占GDP的2%"。而据中国官方的数据，"教育经费占GDP的比例已达到了3.41%"。尽管两者的数字有差距，但中国官方也承认的一个基本事实是：1993年，中国政府提出，到2000年，教育公共支出占GDP比重必须达到4%。但直到今天，2012年2月24日，这一目标从未实现过。2006年，普利策奖和英国科普图书奖获得者美国教授贾雷德·戴蒙德在《崩溃》一书中写道："虽然中国人口占全世界人口总数的20%，但中国对教育的投资只有全世界教育经费的1%。"

理论上说，有一百块钱，就一定拿出4块钱，但是，经历了两倍多于八年抗战的时间，中国政府就是从来没拿出过4块钱。这不是有没有钱的问题，而是我们的教育理念、文化理念和制度安排到了何等落后地步的问题。在一个投资型政府里，再多的钱也是不够用的，因为投资永无止境，而且，不受监督和制约的政府投资，如果真正有四分之一能够用到投资上，已经是上天保佑了。《新世纪》周刊报道了动车上的部分零件采购价格，比市场售价高出很多：一个自动洗面器7.2395万元，一个色丽石洗面台2.6万元，一个感应水阀1.28万元，一个卫生间纸巾盒1125元，最后组合成总价高达三四十万元的整体卫生间……真是名副其实的"奢侈动车"。高速运行的动车对于抗震、防火、密封等有着更高要求，相关零件和设备的采购价格比市售产品或许要高一些，但高到如此离谱，不正常吗？这在政府投资和采购中再正常不过了。

战争思维和阴谋论是贫穷落后的根源

世界上的 70 亿人口，有 10 亿人生活在非洲，在每年的国际报道中，与他们有关的新闻似乎总是与饥荒、战乱相联系。当包括中国、印度在内的很多发展中国家走上经济快速发展之路时，仍旧有 10 亿人挣扎在最底层，这些人口大多集中在非洲。是什么原因让非洲在贫穷的旋涡中不能自拔？牛津大学非洲经济研究中心主任保罗·科利尔所著的《最底层的 10 亿人》一书中，基于大量的经济数据和多年对非洲国家的考察，总结出非洲国家经济发展的四个陷阱：战乱陷阱、自然资源陷阱、恶邻环绕的内陆陷阱以及小国劣政的陷阱，这些似乎成了非洲国家始终不能摆脱贫困的重要原因。全球化对于发展中国家来说，是一个融入全球经济的机会。但是对于那些贫穷的非洲国家来说，全球化看起来是一个根本抓不住的机会。无论是钻石、橡胶还是石油，这些资源带来的是一场接着一场的内乱。在大量国外经济援助源源不断进入的同时，谁也不知道有多少钱变成了当权者的私人财产存到了海外的秘密账户上，也不知道有多少钱拿去买了军火；有能力离开非洲的人都离开了，剩下的人在连年的战乱中绝望地生存。

塞拉利昂、索马里、埃塞俄比亚、刚果，你听到的关于这些国家的新闻大多与什么有关？毫无疑问，是持续不断的战乱。一个国家是因为战乱而贫穷，还是因为贫穷而发生战乱？

这个鸡生蛋还是蛋生鸡的问题也许很难说得清，但毫无疑问的是，战争和战争思维其实是基于争夺现有生存资源的思维，而现有生存资源是有限的，比如石油、矿产资源通常要几百万年甚至几亿年才能形成，战争只是争夺甚至会毁灭财富。只有摆脱了战争思维和战争行为，人类才能把聪明才智用在创造性的劳动上，从而创造出人类可以创造的财富。

时至今日，在中国的民间乃至主流社会的意识形态中，以争夺资源为目的的战争思维和阴谋论仍然大行其道。比如说美国打利比亚、伊拉克，在他们眼里都是为了争夺石油。事实是这样的吗？而且在二战以后，在联合国的框架下，任何国家都不可能再侵占别国领土。历史上的争议领土，也都要在联合国的国际合约框架下解决。这里我就不展开了。

中国的人口红利已消失殆尽

中国正遭遇人口红利衰竭导致的经济增长放缓。美国副总统拜登最近称："考虑到独生子女政策，在未来20年，中国的劳动力人口相对于退休者的比例将严重下降，中国根本不可能保持目前的经济增长速度。美国财政问题的严重程度要小得多。"拜登在外交政策领域拥有广泛经验，同时享有"口无遮掩"的声誉。基辛格知道，新加坡总理李显龙也知道，中国人口危机即将爆发，只有中国自己好像不知道。

正常的人口更替是生育率2.1，也就是考虑到意外夭折等原因，平均一对夫妇生育2.1个孩子才能维持和平时期的正常人口更替。2000年中国人口普查显示生育率只有1.22，2001年不但没有停止计划生育，反而制定了《计划生育法》。2005年1%人口抽样调查证实生育率只有1.33，但仍然采纳国家人口发展战略组的建议，计划生育更严了。2010年人口普查再次证实1996—2010年生育率只有1.4，但"十二五"规划仍然没有停止计划生育。

中国劳动人口比重十年来首次下降。根据国家统计局的数据，2011年，中国劳动年龄人口比重为74.4%，比上年微降0.10个百分点。改革开放以来，中国劳动年龄人口占总人口比重逐年上升，人口总抚养比从1982年的62.6%下降到2007年的38.0%。1982—2007年间，总抚养比下降推动人均GDP增速上升2.4个百分点，大约对同期人均GDP增长贡献了25%—30%。当前，中国正步入人口结构的"拐点"，中国劳动人口增速也开始进入下降通道，直接的"人口红利"由此出现下降，原来仅靠劳动力数量增长就能让经济产出更有效率的增长模式已经难以持续，因此中国必须通过加快人力资本形成，提高全要素生产率以及教育、技工培训等劳动力素质升级，再造二次"人口红利"，否则的话，就意味着中国经济增速的"拐点"很可能正在加速到来。

与此同时，实施了30多年的计划生育政策需要重新审视和调整。搞计划生育在世界上虽不乏其例，但用行政手段强制推行并将其写入宪法者，则中国独此一家。计划生育政策起始于 20 世纪 70 年代，1978 年后列为基本国策，1980 年实施一对夫妇只生一胎政策，表面上说是自愿，实际上是强制。"独生子女"政策唯独中国才有，当时就定了 30 年的期限。理应按原计划和承诺断然停止实施。

从现实情况看，沿海工业区招工用工已难以为继，维持经济快速增长的人口红利早已亮红灯，民工荒已经持续五六年。且大城市中小学已招生不满，老龄化社会已提前到来。未富先老，诸多社会问题接踵而至。

况且，生儿育女是最基本的人权；而人口繁殖是社会复杂的系统工程，任何个人和组织都没有能力对其进行大规模的合理的计划性安排。

世界经验表明，越是现代化，生育越少。如今随着经济的快速发展，城市化的迅猛扩张，市民生存压力增加，不出十年中国大陆也将出现欧洲、日本、韩国、中国台湾等发达国家和地区那样的低出生率，政府奖励生育也不起作用。

世界上绝大多数国家和地区都在鼓励生育。日本、澳洲、中国香港等都是如此。澳洲当地政府定期给孩子发补贴，这是投资，培养将来的财富创造者，和中国人养儿防老一样，只是人家由一家一户变成了整个国家。我们只愿意投资物，不愿意投资人；投资物有大量回扣，投资人却是在培养独立思考的公民，他不愿意。非但如此，计划生育还变成了部门利益，有巨额罚款，虽然它名叫超生抚养费。如今，部门利益绑架民众利益、绑架国家和民族利益的事，遍地都是。计生如此，教育如此，卫生部、铁道部都如此。

我有一位朋友叫焦国标，他说：超生缴纳社会抚养费没道理。如果说超生要缴纳社会抚养费，那么这些超生的孩子长大成人开始反哺社会之后，政府是不是要向这些孩子的父母反交社会赡养费？不超生的父母只贡献了一个赡养社会的孩子，超生的父母却贡献了两个赡养社会的孩子，后者的贡献比前者多一倍，不是吗？

可是有些东西你没办法，在中国很多时候你根本没有道理可讲。就像韩寒说的，世界上有两种逻辑，一种叫做逻辑，一种叫做中国逻辑。

中国人明天的养老在哪里？

央视主持人赵普前几天写了一条微博：家人急诊记四。在诊病区，他看见不少年过五十的人陪着爹妈。这正是老龄社会的强烈写照。如今七八十岁的老人尚有两三子女照料，待我辈古稀呢？计生政策三十余年，人口红利指日殆尽。家庭养老困难重重，社会养老尚处萌芽。碍于国策，养儿防老梦难圆，心有余而力不足。那国家呢？

2011 年年底，养老问题以一种突兀的形式，严峻地摆在国人面前。

一方面是近半数省份养老金收不抵支，一方面是基金结余收益率大大低于通货膨胀率，中国养老金制度正面临严峻挑战。更严峻的问题不在社保内部，而在于更宽广的外部环境。国际上主要有两种社会养老保障模式——现收现付制和个人积累制。不论哪种制度，都是基于有效社会生产人口的稳定乃至增长。有人认为个人积累制可以实现自己给自己养老，这其实是一个天大的误解。没有有效的当期社会生产人口，再多的货币也会贬值，再多的房屋等财富积累也会变得空置而没有价值。更何况，到时因为缺乏足够的劳动力人口，老年人过马路可能都没有人扶、养老院里可能都找不到手脚麻利的年轻人！

但是，一份有关中国人口问题的研究报告却表明，到本世纪 20 年代末，中国人口将转为负增长。老龄化问题将越来越严重。中国已经完全站在了未富先老的时代坐标上。即使现在开始，采取最富有远见和力度的措施，也已经有点来不及。如果现在还不及时采取坚决有力的果断措施，现在四五十岁的一代人，到老时可能将面临退休年龄延迟，到很老了还在交养老金却不能领退休金的尴尬局面。

解决老龄化危机的对策主要有三项，核心都是增加社会生产人口：一是延长退休和领取退休金的年龄；二是积极引入外来年轻劳工，这对于一些富裕的小国能够解决老龄化的燃眉之急；三是采取稳定和鼓励的人口生育政策。日本采用一、三项政策，西亚石油生产诸国多采用二、三项政策，欧美诸国基本上综合使用全部三项政策。然而面临老龄化危机，中国对这三项政策一条也没有考虑。

中国在 30 年来人口生育政策下的生育率急剧走低，甚至形成了不少四二一家庭，其人口老龄化在短期内可能会是一个急剧的"突变"过程，引发的社会、经济等问题将快而猛烈！

中国百姓平均而言并不富裕，不具备大规模吸引外来年轻人口的条件；延长退休年龄有效但有限。社会平均人口寿命如果从今天的 74 岁提高到了 80 岁，那么，具有劳动能力的年龄有无可能从 60 岁提高到 66 岁？

今天我们一方面享受着 20 世纪 60 年代高生育率带来的"人口红利"；另一方面将因采取低生育率而导致的"人口负债"留给我们的子孙和未来政府。当我们今天这些青壮年到达 70 多岁的年纪时，就会发现我们和我们的子女将变得何等艰辛！

"人口是负担"的观念亟待转变

美国威斯康星大学妇产科系从事研究工作的华裔科学家易富贤在其著作《大国空巢》一书中认为，中国大陆应该"无条件恢复人口生育常态"。他认为，韩国、台湾地区的社会发展水平比中国大陆早 20 多年。如果中国大陆光停止计划生育而不鼓励生育，那么，20 多年之后，中国大陆的生育率最多像韩国和台湾地区现在一样，只有 1.1（甚至很有可能更低，因为中国大陆的生育文化遭到多重打击）。这意味着，到那时，中国大陆每年只会有 600 多万婴儿出生，而每年死亡人口却高达 2 000 万—2 600 万，也就是说，在相当长的时间内，中国大陆每年的人口将减少一千多万。如果那样，大国空巢的噩梦将成为现实！

英国《金融时报》2007 年 8 月 14 日报道说，国际劳工组织宣称，不均衡的人口增长水平、劳动力的不断老龄化以及就业从农村转向城市的巨大转变，对亚洲迅速增长的经济体构成了挑战。国际劳工组织警告称，新加坡、韩国和中国部分较发达地区可能会更早触及"人口悬崖"。该组织称："2010 年末，在亚洲所有地区，65 岁及 65 岁以上人口比例将大幅上升，而发达经济体的增幅最大。"到 2015 年，在一些"发达经济体"，预计将有四分之一以上的人口年龄超过 65 岁。在中国，计划生育政策"加速了这种人口过渡过程"。因此，中国的"老龄化速度将快于历史上其他任何国家"。在日本，自 1999 年以来，退休人口数量已超过新就业人口数量。尤其应该看到的是，和新加坡、韩国、日本等发达国家相比，中国是典型的未富先老，福利与卫生体系都极端脆弱。

传统观念认为，计划生育是为了使未来的中国人过得更好，牺牲的是我们这一代人，幸福的是后人。但现在还有一种观点与之恰恰相反，认为计划生育正是一代人推卸责任的标志（因为节省了抚养后代的费用和时间、精力等），但是留给后代的是老龄化、人口红利消失、性别比失衡、社会需求不足、国家竞争力下降、军事安全受到挑战（军队中独生子女过多使社会对战争的承受能力下降等）、独生子女意志品质差等恶果。

传统观念认为，在社会资源相对稳定的情况下，减少人口数量可以增进每一个人的社会福利；新观念则认为，整个社会的财富随着人口的增加而不断增加，即使面临生存问题，每一个人也会最大限度地发挥自己的潜能，从而增进个人和社会福利。这是人口观念中一个最重要的分野：到底是把人口当成包袱，还是当成资源中的一个重要组成部分甚至是所有社会资源中最重要、最根本、最具活力和创造财富能力的部分。古今中外的历史也证明，自然资源绝非国穷国富的依据，人口因素才是民富民强的根本。世界上除了中东少数几个石油小国凭借石油资源优势和全球汽车行业突飞猛进的发展成为富国（远非强国），日本、韩国、新加坡以及中国香港、台湾等全球瞩目的强国和强区，都是自然资源极度匮乏而人力资源极度丰富。

从这个世界历史的普遍规律出发，我们会发现，人口政策与教育政策事实上存在着休戚与共的紧密联系：一个国家和地区，公民的受教育权利越是得到良好的保障，其人口就越容易成为"资源中的资源，财富中的财富"，成为一切财富之源，从而可以全面克服自然资源缺乏的劣势。反之亦然。

人口出生率的急剧下降，与中国的城市化同步。即使完全改变现有的计生政策，人口出生率下降的趋势也无法避免。1991 年诺贝尔经济学奖获得者科斯也指出：对于中国经济增长的未来，有一个因素是至关重要的，那就是计划生育政策。这个政策不改，中国就无法维持近年来的高经济增长率。中国现在的人口生育率低于正常的人口换代速度，老年人正在迅速增多。这项人口政策必须尽快改变。

课后阅读

2012 年 1 月 15 日，麦田发表《人造韩寒》一文，质疑韩寒背后有枪手代笔。1 月 16 日，我在搜狐微博上表示："看了麦田的《人造韩寒：一场关于'公民'的闹剧》，还没看韩寒的辩解。感觉麦田是下了工夫的。不过通篇全是推论，不见一丁一点的事实依据，功夫再深，也只能像一只疯狗，到处乱窜却一无所获。我曾说过麦田和牛刀这一路，就是靠造谣安身立命。中国之不能进步，往往就在于不讲逻辑，不靠逻辑和事实说话，危言耸听却能得到大批拥趸。"1 月 18 日，麦田在微博上向韩寒正式道歉并删除博文。随即韩寒表示接受。

紧接着，方舟子出面质疑韩寒代笔，持续发酵。

麦田质疑"人造韩寒"论战中最值得一读的经典文本，一是麦田的《人造韩寒》，许多人包括以思考为己任的知识分子都难免被陷进去；可以让人清醒地走出来的，是马伯庸的《从〈人造韩寒〉看如何构筑阴谋论》。

方舟子质疑韩寒过程中，中国科技大学首届少年班学员李剑芒的微博值得关注。我整理了一小部分，其余部分请同学们自己去看李剑芒搜狐或新浪微博。

我个人认为：任何人有质疑的权利，没有这个权利，言论自由无从谈起。但质疑必须有充足的理据。如果没有充足的理据，导致别人名誉权受损，那就该道歉道歉，该赔偿赔偿。因为你的行为已经伤害了他人。这就是言论自由的界限。

2012 年 2 月 24 日

第三讲
土地政策与三农问题

同学们好，从这节课起，我用连续三次课的时间讲土地政策。分别是土地政策与三农问题；土地政策、市场经济与民主政治；土地政策、城市房价与中国发展模式转型。

今天，中国城市中居住的绝大多数人口，包括政界、商界、文学艺术界的绝大多数成功人士，他们三代以内都是农民，但是，他们中的许多人，离开了农村，背叛了农村，他们忘了农民的苦，也没有打算从制度上改善农民的困苦状况。

可以说，60 年来的中国农民，是世界上最勤劳最贫苦的阶层。他们没有退休，没有医疗、失业、教育和养老保障，没有劳保，面朝黄土背朝天，披星戴月，干着世界上最苦最累的活，拿着世界上最少的收入，像野草一样卑微，自生自灭。

不仅如此，他们还是被剥夺的一群，在计划经济时代，通过人为压低农产品价格的工农业产品剪刀差，为国家积累了大量工业和城市建设资金；市场经济时代，则同样对他们实施着土地、劳动力和人为压低粮价的三重剥夺。

中国农民收入到底有多低？

中国农民到底有多穷，他们的收入到底有多低？《南风窗》杂志有一个数据这几年一直被广泛引用：在人均财产方面，中国大陆城市人是农村人的20—30倍。在人均收入方面，城市是农村的6倍，为世界之冠，有人称之为"断裂社会"，遥遥领先于世界上城乡差距第二大的国家莫桑比克，莫桑比克的城乡收入差距是3倍。

2012年3月4日新华社消息称，2012年全国两会期间，全国政协委员、杂交水稻之父袁隆平高声建议政府要以较高的价格收购农民的粮食，然后以平价出售粮食。这样既保证国家粮食安全和价格的平稳，又能大大提高农民种粮的积极性和收入。他说，粮价是百价之基。粮食价格的上涨，会导致百物的价格上扬，它一涨其他东西都要涨，甚至引起社会动乱。但粮价偏低则谷贱伤农，影响农民种粮的积极性，甚至影响国家的粮食安全。这就是袁隆平建议政府要以较高的价格收购农民粮食的理由。

粮价偏低偏到什么程度呢？袁隆平举了一个例子：农民种一亩田粮，纯收益只有7.5元。袁隆平说："根据湖南省物价局调查统计，2010年农民种植每亩水稻的纯收益是186.2元，但其中包括104.1元的国家粮食直补，实际上若不含补贴，农民纯收益只有82.1元。2011年，由于生产成本上升了121.6元，农民种植每亩水稻纯收益仅有116.6元，除去109.1元的国家粮食补贴，农民纯收益只有7.5元。"

要知道，中国7亿多农民，18亿亩左右耕地，人均耕地不到3亩，南方大量农村人均耕地甚至不到一亩。因此，土里刨食显然已经无法满足中国农民最基本的生存需求，外出打工就成为他们的必然选择。统计数据表明，外出打工收入已经占到中国农民平均收入的九成以上。

2008年8月28日，农业部部长孙政才在向全国人大常委会作国务院关于促进农民稳定增收情况的报告时指出，近几年是我国农民收入增长最快的几年，但城乡居民收入差距也在不断扩大。2007年，农村居民人均纯收入实际增长9.5%，为1985年以来增幅最高的一年；而城乡居民收入比却扩大到3.33：1，绝对差距达到9646元（农村居民收入4140元，城市居民收入13786元），也是改革开放以来差距最大的一年。（2008年8月29日《中国青年报》）

这个数据出自农业部长之口，但来自国家统计局。应该看到，这是一个以户籍人口为标准进行统计的数据，如果以职业人口为标准进行农业、非农业人口收入的数据统计，差距可能还会更大。孙政才部长说，2007年我国农村外出就业劳动力达1.26亿，乡镇企业从业人员为1.5亿，扣除重复计算部分，2007年农民工达到2.26亿人。这2.26亿农民工在城市打工的收入，事实上都计算为农村居民收入而不是城市居民收入了。要想了解中国城乡差距的真实状况，应该把农民打工的非农收入计入城市居民收入而不应该计入农村居民收入。

我们来做一个不完全准确的简单加权法，把2.26亿农民工及其背后的供养人群计为城市人口，再来算算实际城乡收入差距。社科院研究报告称2006年中国城市化率为43.9%，则假设2007年中国城市化率为44%，则有城市人口5.72亿，农村人口7.28亿。从收入看，进城务工经商的农民工的平均月收入为966元，一半以上的农民工月收入在800元以下，其中月收入在500元以下的占19.67%，月收入在500—800元的占了被调查的农民工总数的33.66%，只有一成的农民工的月收入超过了1 500元。依此数据，假设2.26亿农民工2007年平均月收入1 000元，每人每年就是12 000元，平均到7.28亿农村人口头上，平均每人每年是3 725元！

和2007年农村居民人均收入4 140元作比较，这是一个非常惊人的数据，意味着今天的中国农民，从总体上看，其90%的收入已经来自非农收入！如果有关部门在城市化率的计算中包含了2.26亿农民工，在计算农村居民收入时又把他们算作农民，那么，其收入平均到7.28 + 2.26亿农民身上，人均每年亦达到2 843元，占4 140元总收入的69%。

这便是今日中国城乡差距的真实面目！扣除进城经商和务工收入，农民收入与城市居民收入差距在天壤之间，如果加上城市居民拥有而农村居民所没有的各种社会保障，二者之别，更是天堂和地狱的距离。它意味着农民的绝大部分收入已经不可能从传统的农业中获得，也宣告着小农经济在市场大潮前的全面破产。正如美国学者R．H．托尼所言，单个的小农生活在齐脖子深的水中，稍有一个细小的波浪就会将他们彻底淹没。

由于原子化的小农经济收入太低，而农民的土地、房屋集体所有制形式以及它们不能抵押、不能用于贷款等性质，导致大量农民工被迫在城市做着廉价的"包身工"也无怨无悔，毕竟，比起在农村来说，他们在城市打工的收入要强多了。

这就是中国农民和农民工的生存处境。

如果我们更加完全彻底地落实农民的土地和房屋权利，让产业资本、金融资本、政府资本都能在农民自愿的前提下将这两项权利盘活，参与到土地、农房资本化和农业产业化及退耕还林、还牧等环境保护中来，那么，不仅农村的土地利用价值将大大提高，进城农民工也将获得一笔祖辈传下来的土地和房屋变现的金融资本，从而降低在城市的安居和创业门槛，不必非得接受城市打工的低工资、低劳保。

土地和农房产权自由，也有利于土地的市场化集中，进而吸引社会资本流向第一产业，使农业成为赚钱的行业。安邦分析师说得对："粮食终归是要比石油更赚钱的，道理很简单，毕竟人类只有吃饱了肚子才能做生意。"当然，前提是要有资本、技术和土地的集中度，否则，人均一亩地，就是农民自己吃饱肚子都有问题，要想赚钱，更没戏。

在此情况下，无论是农业科技，还是农民以组织化生存的方式组织起来，都会面临着组织化、科技化成本过高而收益过低的问题而无法实施，中国农民的唯一出路就是大规模减少农民，让他们顺利成长为城市市民。这一点，无论人们情愿还是不情愿，都挡不住农民背井离乡的艰难而坚定的脚步。

接下来的问题是，未来谁来种地？谁来养活中国？很显然，现有的以名义上的集体所有为标志、不能进入现代金融和城乡自由市场的农村土地和农房制度已经不适应现实发展需要，不仅对农民利益造成了现实侵害，而且也成为农业规模化、产业化的障碍。

土地是农民的社会保障？

谎言说一万遍就成了真理。这些年来，在反对农地和农房私有化的声浪里，说得最多的一句是：土地是农民最后的社会保障，农民进城打工，老了或者打工、创业失败了，还有一亩薄地可供耕种，生活有最后的保障。如果农房、农地私有了，被他们抵押或者卖了，就什么也没有了。

这个理论貌似非常有理，其实不通。试问，如果农民七老八十干不动了，或者遇到自然灾害土地颗粒无收，或者像上面袁隆平先生所言，辛苦半年，一亩地只赚7.5元，累死累活，耕种十亩地都不够做一天建筑小工的收入，这土地还能是社会保障吗？社会保障的本质，就是遇到天灾人祸、失去就业机会、失去劳动能力以后还有最基本的社会托底。

再说，土地和房屋原本就是农民的财产权，财产权利与社会保障权利是完全不同层级的公民权利，财产权高于保障权。

1950 年 6 月颁布实施《中华人民共和国土地改革法》，到 1953 年春，除了中共中央决定不进行土地改革的一些少数民族地区（约 700 万人）外，土地改革已宣告完成，3 亿多无地和少地的贫苦农民获得了 7 亿多亩土地。从新中国初期的历史文献可以看出，农民私有土地可以买卖、租佃，但要受一定的限制。为保护农民土地作为私有财产的权利，当时的县人民政府普遍给农民颁发了《土地房产所有证》，在这份全国基本统一的法律文本中规定：农民土地房产"为本户（本人）私有产业，耕种、居住、典当、转让、赠与、出租等完全自由，任何人不得侵犯"。

但是后来，农民的这些基本的财产权利却渐渐消失了。要知道，财产权是一切自由和权利的基础，没有财产权的农民，到哪里都只能遭遇被奴役被剥夺的命运。

从今往后，中国要"形成中等收入者占多数的橄榄型分配格局"，必须从改变占中国人口 70% 以上的农民（含 2.26 亿农民工）的命运开始，而他们的命运改变，就必须从改变他们的财产权利开始。以往我们一直强调的"三农"是"农业、农村、农民"，今后我们需要的是"新三农主义"，这"新三农主义"的核心是"农地，农房，农权"，农权包括自由流动和迁徙的权利，也包括平等获得各项社会和劳动保障的权利。

但是，多年来，在城市化过程中，大量涌现出将农民的土地、房屋、林地产权换城市养老、医疗、教育、住房、就业的现象。农民现有的宅基地、承包地、林地，事实上是他们的财产权利，而所谓养老、医疗、教育、住房、就业等，充其量是公民的福利权，二者之间的权利级差非常大，就像生命权不可以置换成财产权，财产权也不可以置换成生命权一样，既不能花钱买命，也不能拿命换钱。一些地方政府"浑水摸鱼"，把不同级差的权利互相混淆和置换，趁机兼并农民的土地，为政府进行土地储备。

还好，这几年，这种情形正在引起人们的警惕。但是离地权、房权归农，似乎还有很长的距离。

2010 年 8 月 8 日，中国农业经济学会会长、中国扶贫基金会会长段应碧在"十二五"时期农村改革国际论坛上的总结讲话中指出：一些地方正在进行试验的"宅基地换住房"、"承包地换社保"，从道理上讲不通。农民一旦进城，就要把土地和房子给政府。从几千年的城市发展史看，历朝历代、古今中外，都没有这种规定。对此必须有一个理论的解释。

2010 年 8 月 30 日，中央农村工作领导小组副组长、办公室主任陈锡文在接受央视访谈时指出：很多地方用宅基地换房，用承包地换社保。农民的住宅是合法的财产权益，而社会保障是政府应该提供的公共服务，在哪个国家、哪个地方可以跟老百姓讲，你要获得我的公共服务，你就要拿你自己的财产来换，没有过这种事情。所以这是在制造新的不平衡。（2010 年 8 月 30 日央视《新闻 1 + 1》）

这是迄今为止我注意到的对"宅基地换住房、土地换社保"大声说不的最高级别官员。

谁来养活中国？

1995 年，一位名叫布朗的美国人出版了一本轰动世界的书，书名叫做《谁来养活中国》。13 年来的事实表明，中国人自己养活了自己。但这只是过去。随着城市化程度的加深，中国粮农的种粮收益越来越低，土地抛荒现象愈演愈烈，万一出现国内粮食紧张，全球五分之一的人口粮食需求不仅将推高国际粮价，而且将加剧全球性粮食紧张的局面。

一些经济界人士认为只要放开粮价，就可通过粮食进口等方式保障国内粮食安全。但是，一旦粮食问题演变成社会问题，许多国家就会采取粮食禁运的办法以求"自保"。2008 年 6 月发生了一次世界性粮食危机，使数个非洲国家、印尼、菲律宾以及海地等国家发生粮食骚乱，越南也因为油价和粮价高涨导致严重通胀，股市折腰、楼市低迷、越南盾随美元走势疲软。危机之下，世界上许多国家就对粮食出口采取了限制性措施。随着全球气候变暖，大范围的灾害性天气随时有发生的可能（2008 年春节期间南中国的雪灾即是一例），万一粮食减产导致全球性粮食危机，到时你就是用高于世界平均价格的粮价，在全球禁运的背景下，可能也征集不到足够的粮食。

在全球性的发展中国家城市化浪潮中，传统农业国家和产粮国家的粮食产量正在迅速锐减，全球最发达的工业国家美国已经同时跃升为第一大农业国，排名老二的澳大利亚也是发达国家。这是一个不可逆转的全球趋势。而这些发达国家生产的粮食，有相当一部分也许会被用于生物燃料。数据显示，美国目前 25% 的玉米用于燃料乙醇生产。国际货币基金组织

（IMF）更直接指出，美国以玉米为原料的燃料乙醇生产，对于粮食危机负有至少一半的责任。美国则宣称，印度、中国等新兴市场国家消费结构的改变，是粮食价格上涨的主要原因。

在全球性的发展中国家城市化浪潮中，中国的城市化浪潮规模最大，对世界的影响最深远。因此，我们今天应该明确回答的是：未来谁来养活中国？当然还是中国自己养活中国，而不是主要通过进口粮食的方式，由外国养活中国；是用真正还在种粮的田地养活中国，而不是指望用钱来养活中国。在未来相当长一段时期内，保持国内粮食足够的"自足率"，也许应该成为我们的一项"基本国策"。

如果未来中国会出现粮食危机，这个危机一定是内因所致。

首先是国内粮价太低，有可能导致即使国内供应不足仍然难以阻止粮食外流的现象。粮食危机当前，新华社发布安民告示，说政府将严禁国内大米出口，可全球最大粮商——中粮集团（央企）的一位高管公开对媒体声称"中粮集团将继续出口大米"。原因何在？出口大米有大利可图也。为限制国内大米出口，从2008年3月起，13%的出口退税被取消，并加收5%的出口税。一减一加相当于增加大米出口成本18%，但国内出口大米离岸每吨已暴涨至970美元，计入18%的税负，出口价格仍然高出国内近2倍。这么高的利润，如何控制国内大米出口？明的暗的，流出渠道总是有的。这种情形，与国内虽闹油荒，可中石油、中石化两大集团却加大出口如出一辙。

如果粮价够高，自然会刺激生产和农业技术投入。反之，如果粮价太低，则即使国内市场上有大量粮食，它们也会被选择出口或走私，从而出现"有粮不稳"的怪现象。经济规律无法阻挡，保证国内粮食长期稳定的根本办法，只有从内部提高粮价着手，使内粮价尽快与国际接轨。

但即使国内粮价与国际接轨，农民也未必直接获益。为什么？一是越来越碎片化的小农经济使种粮的比较收益几乎低到历史上的谷底。农业部发布的2008年粮食生产调查结果表明，农产品微小提价并不能抵消快速上涨的成本，最后农民获利0.055元，比上年少0.105元。相对于农民售一斤粮食只有5分钱的利润，加工经销环节和超市零售环节，均获利明显。经销商平均每斤赚0.09元。超市零售每斤稻谷赚0.05元，每斤挂面赚0.21元。更为重要的是，农民种粮食的生产周期长，在生产环节中投入也最大，但是收获的农产品要想顺利销售获得利润，将受到产后收购、运输、加工、销售各个环节的制约。

二是除了产后环节受制于人，产前和产中环节同样受制于人。特别是受制于中化集团公司和中国农资集团两家垄断企业。耐人寻味的是，这两家政府企业与加拿大、俄罗斯等国际钾肥主要供应商签署的合同内容竟然以"商业秘密"为由向公众保密。根据国际市场化肥行业的权威杂志英国《化肥周报》的报道，国际市场上每吨钾肥的价格约为1 800元人民币，与进口相关的其他成本约为180元，而我国国内市场上每吨钾肥的价格竟高达4 000元人民币。而我国钾肥的主要国际供应商加拿大的PCS公司竟然是持有中化集团在香港上市公司"中化化肥"20%股份的大股东！谁都清楚这意味着什么。

中国的种粮农民事实上受着四重挤压：一是小农经济；二是粮价管制；三是化肥垄断；四是销售环节受制于人。传统农民通过不断开荒扩大种植面积弥补损失（也导致生态环境恶化），但在城市化的背景下，农民则采取打工、种经济作物等方式弥补损失，少种粮甚至不种粮就成为其明智选择。宏观数字也给了我们这种微观分析以佐证：根据国家统计局的GDP修正数据，虽然2008年之前的两年我国GDP增速大幅上调，但同期的农业增速下调了近3%。另一方面，2008年的粮食意向播种面积为15.88亿亩，与2007年相比几乎未有增加。

农民种粮积极性每况愈下、土地抛荒越来越严重，则国家无论采取增加储备、减少出口还是暂缓生物能源的战略，都是治标不治本，若不能做到存粮于田，上述举措都是无源之水、无本之木。

而要做到"存粮于田"，根本的办法还是市场的办法：一是在补贴城乡低收入阶层的前提下，尽快实现国内粮价与国际接轨，使其融入国际市场；二是打破农资特别是化肥垄断；三是提高农业规模化产业化水平。机械化、专业化、技术化、提高劳动生产率以及增强农民在市场流通环节的话语权等，都需要通过规模化经营来实现。而规模化的前提就是土地产权化，自由抵押自由交易。小农经济下即使农民组织起来，也没有效率，组织成本太高而收益太低。今天的中国粮食现状，是一个经销商面对几十几百乃至几十万户农民，少数几个化肥企业面对全国农民。农民像一盘散沙，任人宰割。只有这种关系倒过来，即：一个农民面对多个经销商和农资商，农民的话语权重才会加强，那时，面对国际粮价波动、全球气候变暖、发展中国家人民饮食结构调整、生物能源开发的现实，我们才能克服

"无农不稳"，做到"手中有粮，心中不慌"。

谁来保护耕地？

还有一个说法，土地不能私有化，是为了保护耕地。据说，这是要保证 13 亿人口的吃饭问题。13 亿的人口大国，粮食安全至关重要。可是我非常不明白，为什么是 18 亿亩，而不是 10 亿亩，或者是 20 亿亩呢？

如果中国的大米也像日本一样卖到 100 元一斤，那么，不要说现有大量抛荒的土地都会种上粮食，说不定城市家家户户阳台，还有楼顶、城市空地都种满了水稻，粮食多得吃不完。

1999 年的中国统计年鉴公布：中国有耕地 0.949 7 亿公顷，合 14 亿亩。到了 2000 年，耕地数量一下变成了 1.300 4 亿公顷，合 19 亿亩，多出了 5 亿亩，误差达到了 35%。这么多土地，其中有多少用来种粮了呢？国家发改委综合司司长韩永文 2005 年接受记者采访时表示："最近几年，中国粮食播种面积连年下降，去年是 14.91 亿亩。"看来还有 4 亿亩未用来种粮。始于 2007 年、结束于 2009 年的第二次全国土地调查初步汇总发现，5 年来的耕地面积有了大幅增加。全国实际耕地面积为 20.26 亿亩，建设用地约为 5.36 亿亩，较之 2008 年度全国土地变更调查数据（18.28 亿亩），耕地面积多出近 2 亿亩，建设用地多出 4 000 万亩左右。城市化进程使耕地增加而不是减少，这是常识。因为城市化使人均用地面积大幅度减少，城市越大，人均用地面积越少。

中国的粮食问题，包括粮食产量的波动，大都不是因为土地总量引起的。一个错误的政策，可以让中国的粮食产量在 1959—1961 年间下降 25% 左右。一个正确的政策，又可以让中国的粮食产量在 1982—1984 年上升了 25% 左右。

解决粮食安全，靠画耕地红线和行政指令是远远不够的，关键要看有多少土地实际在种粮。如果画一道红线在那儿抛荒，那就是对土地资源的极大浪费。现有的农村土地集体所有制度，不是在保护耕地，相反却是在破坏和蚕食耕地。

当前我国稀缺的土地资源大量抛荒是不争的事实，抛荒来自两个方面：一是种粮成本高而收益低，农民自动抛荒；二是地方政府以非常廉价的代价大量征地储备，却长年抛荒。

保护耕地的最有力武器，不是多少亿亩的耕地红线，而是充分保护农民土地权益，大幅度提高征地成本。地方政府向农民征地必须一家一户地谈判，形成政府与农户"一对多"的平等谈判关系，而不是像现在一个村集体就"代表"了所有农户，而且征地价格奇低，农民只得到土地收益的5%还被乡村干部层层贪污和克扣，甚至有的村组，大量土地被村干部卖了，村民们还蒙在鼓里，直到开发商或企业进驻，村民们才发现自己的土地不知何时已经转手他人。等待着他们的，自然是激烈的甚至是流血的抗争。现有的大量农民土地，名为乡村集体所有，实为乡村干部所"代表"，卖别人的地不心疼的廉价征地制度，恰恰刺激了地方政府的征地冲动和大量耕地流失。

征地正在成为引发中国社会矛盾的一个重大现实问题。希望在房地产和招商引资热潮中谋取利益的地方官员强迫农民离开土地，以让位于楼房和工厂建设，根据中国社会科学院的统计，中国农村的群体性事件有65%由征地引发。据《21世纪经济报道》2012年2月初的一则报道，中国人民大学和美国农村研究所等研究机构1999年以来对中国17个农业大省和自治区的地权调查显示，有43.1%的中国农民经历了至少一次征地。而在征地案例中，有17.8%的农民反映地方政府采取了强制征地拆迁手段。调查也显示，失地农民中，有64.7%得到了一次性的现金补偿，平均金额为每亩18 739元。然而，征地卖地的平均价格为每亩77.8万元，是征收价格的40多倍。其中差价大部分成了政府土地出让金收入。

土地制度已成中国品牌的掣肘

世界上万事万物的紧密相关性往往超出我们的想象，亚洲一只蝴蝶拍拍翅膀，可能会使美洲几个月后出现飓风！被一再宣称为保护农民的中国大陆土地制度，则正在使中国的农业品牌失去国际竞争力。

中国一直以历史悠久的茶叶故乡和茶叶王国而自豪，但英国《金融时报》汤姆·米勒（Tom Miller）却于2009年10月10日在FT中文网撰文，给了迷醉的国人当头一棒。他说，中国是个没有名牌的茶叶大国。这话听来让人沮丧，却是不得不承认的现实。虽然在世界最大产茶国及消费国的头衔旁落100年后，中国最近从印度手中夺回了这一历史地位，但中国却未能打造出一个全球知名的茶叶品牌，无论是在国内还是在国外，中国的茶叶品牌都难以与国外竞争者相抗衡。在中国，联合利华（Unilever）的立顿（Lipton）占有的市场份额，是仅次于它的本土竞争对手的三倍。"中国7万家茶场为啥抵不上一个'立顿，茶?"北京的一家报纸最近在一篇文章中遗憾地表示。

历史上，中国的丝绸、瓷器、茶叶可都是响当当的奢侈品，风靡全球。

汤姆·米勒把根源归结于市场过度分散，的确显示出其"旁观者清"的独特与高明。他认为这个问题从茶园就开始了。中国茶叶行业的工业化程度远低于肯尼亚和印度等经济发达程度较低的国家。在中国中部、南部和西部的产茶区，约有800万农民在茶园内劳作，其中大多是面积很小的自留地。浙江省是中国的产茶大省和最富裕的省份之一，那里有100多万家小茶园，平均面积不足0.2公顷（3亩）。将土地合并为面积更大的种植园受到中国土地法的限制——根据中国的土地法，土地所有权不归农民所有，因此他们不能出售土地。

监控数百万家星罗棋布的茶园的质量，无疑是痴人说梦，而且中国的茶叶出口商一向难以达到国外的安全标准。在国际市场上，中国茶叶的平均售价仅为每千克2美元，低于印度茶叶的2.7美元，以及备受赞誉的斯里兰卡茶叶的3.4美元。

也许我们会说，不一定通过土地制度改革，我们也可以学习西方的牛奶质量管理技术，通过"株连"式的管理来达到质量安全的目的——收奶时各家奶品各留一份备检，若整批质量发现问题，再倒回来——检验，谁家的奶品出现质量问题，整批质量都要由他赔偿。通过这种惩罚性赔偿的方式，既能有效降低管理成本，也能有效控制产品质量。

但是茶叶毕竟不同于牛奶，各种物质无法充分混合；小农经济下的"株连"式管理，也无法对真正的源头起到制约作用。多数农民的辛苦劳作仅仅够一个最低限度的基本温饱，"惩罚性赔偿"能否执行还是个未知数。

像立顿这样的品牌，能够通过其全国性的市场营销以及高效的一体化分销网络将并不出色的茶叶卖出好价钱。此外，有机茶的价格也相当高，几十几百倍地上翻。那样的茶，质量监控到了近乎苛刻的地步。要求采茶者不得蓄长指甲，不得在脸上搽粉，严禁吸烟，不得使用杀虫剂，而是用电子灭虫器来保护茶树免受叶蝉及其他嗜茶叶害虫的侵害。

显然，现代安全、高质、高效的农业管理丝毫不亚于现代化的工业流水线，甚至比工业流水线要求还要高得多，因为农业多是露天作业，随时受到气候和环境的影响，无法像工业流水线一样关起门来躲进小楼成一统。无疑，土地的规模化集约化经营以及传统农民向现代产业农民变身，是中国现代农业和与此相关的中国品牌绕不过去的坎。但农村土地和宅基地的集体所有制无疑是我们必须闯过的一道大关。

农村土地、宅基地的集体所有制一度被一些人认为是保护农民利益和粮食安全的法宝，然而却与产权自由和择业自由的现代经济原则相悖，既有产权性质又有合同性质的土地联产承包责任制成为全世界独一无二的"产权风景"。它直接造成了两个后果，一个后果是：在城市化发展进程加快的地区或者城市边缘地带，土地成为地方官僚集团的取利工具。国务院发展研究中心副主任陈锡文多年前曾做过一个相当保守的估计：计划经济时代剪刀差让农民让利6 000亿—8 000亿元，要知道，1950年中国全国一年的财政收入只有62亿元，而从20世纪50年代到改革开放前的1978年，30年间，政府和国民的收入增长水平都很低。改革开放后通过低价征用农民的土地，农民损失2万亿元。新的研究资料则表明，仅仅改革开放以来，各级地方政府通过"低价征地、高价卖出"，农民向政府转移的价值总额，据说高达20万亿—30万亿元。另一直接后果是：在边远地区，大量土地在人们背井离乡奔向城市过程中被抛荒，却因为土地制度的限制而无人接手耕种和整合。其不仅使粮食生产处于不安全境地，也使中国农民和与此相关的中国品牌失去国际竞争力。

我们欠农民一个底线公平

耶鲁大学教授陈志武关于"中国人为什么勤劳却不富有"的时代性命题，像一枚尖锐的针，深深刺中了国人心中的痛。我想把他的问题缩小一点：中国农民为什么勤劳却不富有？

如果我们不带偏见地把过去的60余年分为前后两个阶段，那么前30年是通常所说的计划经济年代，后30年则是权力主导的前市场经济年代。

但对于农民来说，这两个阶段似乎应该重新划分：前30年是国家用工农业产品价格剪刀差的计划手段，通过剥夺农村来建设城市的阶段；后30年则是城市居民财产权不断确立而农村居民财产权仍然得不到保障，进而导致中国的城市化假借市场的手段剥夺农民的阶段。两个阶段对农民的剥夺手法不一，但结果一样。不论是前30年还是后30年，不论经济停滞还是经济繁荣，农民的被剥夺地位始终未变，繁荣的成果由城市获得，增长的成本由农村承担。

为什么农民中穷人太多？因为他们半个多世纪以来一直被户口和身份制度排斥在城市和主流社会之外；因为工厂污染了他们的田园、损害了他们的健康却无处求告；因为城市化进程中的土地增值收益他们连10%都拿不到；因为在城市他们永远只是农民工，恶劣的生产生活条件损害了他们的健康乃至家庭主力的生命，十年不涨工资而且常常被无限期拖欠；因为高昂的医疗和教育费用以及招生指标大量劫贫济富向城市和发达地区倾斜，使他们失去了翻身的希望。

中国农民是世界上最勤劳但也是最不富有的农民，不为别的，就因为权利贫困。土地权利、住宅权利的贫困导致其财产权丧失；自由迁徙、社会保障的权利贫困导致其受教育权、平等就业权和社会保障权等的丧失。他们用奶和血养育了城市的繁华，自己却气息奄奄骨瘦如柴。所有的中国人尤其是城市人都对他们有愧，半个多世纪，我们欠了他们三代人四个触目惊心的字：权利公平！

德·索托指引穷人富强路

2004年4月1日，美国著名的自由市场思想库——卡托研究院宣布，将该年度的"弗里德曼推进自由奖"授予秘鲁著名自由市场经济学家赫尔南多·德·索托。他将获得50万美元的奖金。

德·索托获得此奖，可谓实至名归。他的努力，可能已经并将继续为他的祖国秘鲁、为不发达国家的穷人创造巨大的财富。这一切主要体现在他享誉全球的《资本的秘密》里。

德·索托在全球多个贫穷国家的农村和城市贫民窟中进行过田野调查，他的结论是："大多数穷人已经拥有了成功地创造出资本主义所必需的资产。即使是在世界上最贫穷的国家里，穷人也有积蓄。"农村和城市周围贫民窟里的穷人也有大量物质资产，房屋、生意、小企业。

然而，问题在于，"穷人掌握这些资产的方式有很大缺陷：房屋建造在没有恰当的所有权记录的土地上；公司没有法人地位，没有明确的责任；企业处于金融家和投资者的视野之外。"因此，这些资产不能转换成资本，使其可利用的方式非常单一，比如不能成为抵押品；它们的交易范围也很有限，只能局限于熟人之间。这大大地约束了穷人利用他们的资产创造财富的能力。

问题出在国家的法律制度上。不发达国家大量的民间交易方式，不被法律所承认，没有被纳入到法律规则体系中。以中国为例，民间社会一直存在着各种形式的"会"，是一种在现代金融体系中并不存在的金融活动形式。但在国家的民法、商法和金融法规中，却没有关于它的任何规范。于是，它就被认定为不合法的，属于地下活动。

要害的还有产权制度。在德·索托的《资本的秘密》一书中，产权是一个有生命力的存在，能否在法律上承认社会大多数成员的房地产所有权，在某种程度上甚至决定着一个落后的国家能否真正地实现经济起飞。德·索托认为，穷国和穷人之所以穷，根子在于"死资本"。他和同事曾经计算过，全世界的穷人拥有的财产大约在9万亿美元，主要是住宅，这远远高于外界给予发展中国家的援助。但是由于这些财产没有任何记录，所以他们不能以此作担保去借贷。由于非西方国家的法律制度赶不上人口流动、城市化等社会变化的步伐，社会大多数成员的财产只能游离于法律系统之外，因而成为"死资本"。所有发展中国家都有一个惊人的相似之处："这些国家绝大多数的贫困居民确实拥有财产，但他们缺乏代表其财产并进而创造活资本的机制。他们有房屋，却没有产权；他们有庄稼，却没有契约；他们有企业，却没有公司章程。"德·索托认为，为什么市场经济在西方成功、却在其他地方失败，是因为非西方国家未能建立起一个把死财产变成活资本的统一的法律体系，而西方标准化的法律能够使人们用分期付款的方式购房置产，用房屋作抵押向银行贷款，允许一个公司的资产分割成很多部分，可以公开上市进行股票交易，并使财产评估成为可能……他的解决方案很简单：对穷人事实上拥有的财产予以法律承认，这样他们的国家就能够变得资本充裕。他解释了美国在19世纪是如何做的，当时国会和最高法院勉强承认了西部移民和金矿占有者的财产权，从而使美国资本主义一跃而居世界前列。正是靠着把不正规的财产权制度转化成正规的制度安排，西方才得以在 19 和 20 世纪从第三世界发展到第一世界。目前第三世界所面临的挑战就是这一历史过程的重复。

德·索托的观点，仿佛字字句句针对中国农民。中国农民在"集体所有"的土地及在其土地上建设的房屋，不能自由交易（法律上仅确认一村村民之间的交易），不能抵押贷款，因此成为"死资本"，既不能成为进城创业的"第一桶金"，也不能筹集农业和副业生产的扩大再生产资金。整个社会都已经进入"复杂资本时代"，绝大多数农民却始终停在完全靠自己的劳动积累原始资本的"简单劳动力时代"。

反对农民土地和房屋私有化的理由很多，其中一个常见理由，是它会导致土地兼并，贫富愈加悬殊。中欧经济管理学院教授许小年对此提出反驳："读史可知此说之谬。历代地主豪强的形成大致有三种途径：皇帝赏赐或分配土地给宗室、勋臣、官员；权贵官僚阶层将税负徭役转嫁于自耕农，致后者贫困破产，典卖土地；商贾巨富勾结官府，巧取豪夺。土地兼并之祸在于特权，而非私权。"今天，"土地兼并之祸在于特权，而非私权"的判断依然成立，甚至可谓"俯拾皆是触目惊心"。凤凰网曾经做过一个土地改革专题，在专题中，陈志武教授认为："土地集体所有制使得土地实际控制权都集中在少数人的手里，变相限制农民自由，已经让一些农民一无所有、老无所依，而且成为社会动乱的核心根源。土地私有制要分两步走，先建立土地流转再把真正所有权归还农民。"陈志武认为："说'人类文明是从私有制过渡到公有制'，既违背历史事实，也违背人追求自由的本性。没有私有就没有人的自由。文明进程使私有制不断细化深化，而不是倒退回公有。古代不同形式的公有是劳动产出太低时为了生存，不得已而为之。现在物质丰富了，反倒要回到公有？"其实，所谓的公有，最后结果一定是官僚集团所有。人民大学经济研究所所长毛振华认为："过去一直有一种判断，认为不允许农村土地（包括宅基地）产权归农民，是为农民工失业返乡留下的最后保障，持此观点者经常会谈及历史上流民引发的农民起义，进而论证农村土地不能交易是中国社会稳定之策。但他们不了解，八〇后进城农民工，绝大多数已不再返乡生活。使土地没有交易价值只是伤害农民利益！没有产权不能交易，没有交换价值，这是关键。六十多年来，我们经历了三次剪刀差：毛时代的城乡产品剪刀差，邓时代的城乡收入剪刀差，后邓时代的城乡资产剪刀差。这三次剪刀差，支撑了中国早期工业化的原始积累，形成了中国参与国际竞争的比较成本优势，提供了中国高速工业化城市化的廉价土地资源。"也就是说，我们一直在牺牲农民换取所谓的发展，但把占中国人口绝大多数的农民（注意是身份意义而非职业意义上的农民）抛在后面的发展，不可能带来真正可持续的稳定发展。还有一种反对土地私有化的理由是保护耕地。对此，清华大学教授蔡继明说："如果说在都给定同样的条件，同样的政治体制、宪政制度、法律制度的情况下，我们就要比较，到底是集体产权更有利于保护农民的土地权益呢，还是私人产权更有利于保护农民的土地权益呢，我想应该是后者。"

2011 年 9 月 28 日，经济思想界"京城四老"（吴敬琏、厉以宁、茅于轼、刘国光）之一的厉以宁先生在演讲中称，必须要让农民拥有房屋产权，使房子、宅基地可以抵押，以弥补物质资本差距。由于城乡之间存在巨大物质资本差距，导致了一系列不平等，最终体现在下一代不平等。而全面不平等的后果造成了社会阶层固定化和职业世袭化。（《广州日报》）

中国问题一半以上还是三农问题，中国农民勤劳而不富有的根源，是土地和房屋的独立产权没有确立，导致文明和财富无法"还乡"，形成农民和城市居民身份、地位、财产权利的长期割裂。

还有一种观点认为，其实不在于名义上所有。城市土地也都是国家所有。持此论者，不知道一个根本的区别：农村的土地房屋名为集体所有，有十分具体的代表人（村官）；城市的土地名为国家所有，具体的代表是法律。由法律所"代表"的，法律是公正的，不会直接去剥夺使用权人；但是由具体的个体去代表的，则普遍存在着这些掌握实权的个体——村官勾结上级上上级上上上级乃至上上上上级官员，将"所有权"凌驾于村民的使用权之上，予取予夺。而且，土地和房屋只能在小范围内的村民之间交易，使外来力量无法参与对这些权利的保护，仅凭中国社会里组织资源和财富资源都最为弱小的村民自我保护，力量微弱，不堪一击。再者，由于农民的土地、房屋不能向银行抵押贷款，不仅使农民失去财产资本化的机会，同时也使他们的土地、房屋等财产权利彻底失去了来自现代庞大的金融组织力量的保护。这一切，使农民的土地、房屋等最基本的财产权利被陷于孤岛之中，风雨飘摇，脆弱不堪。

谁的故乡不沦陷?

今天,"故乡沦陷"已经成为一个时代性、历史性的词语,许多忧患之士纷纷著文论及。无论是孙立平的"底层沦陷"说,还是王怡、冉云飞、十年砍柴的《每个人的故乡都在沦陷》,陈璧生的《我的故乡在渐渐沦陷》,熊培云的《我的故乡因何沦陷》,孟波的《不能承受的故乡底层沦陷之重》,潘采夫的《唉,我的故乡》,陈仓《告老无法还乡》等,对此都多有涉及。当下农村从物质到精神的破败、萧索,和突飞猛进的城市化形成尖锐反差,刺骨锥心。

"故乡沦陷"的历史性,是因为在史无前例的中国城市化、尤其是大城市化背景下,大部分乡村被边缘化,是一个历史性的必然发展历程。

"故乡沦陷"的时代性,是因为当代中国乡村凋敝,分明有着迥异于中国自己的历史传统、迥异于世界文明主流的地方,就是半个多世纪以来对农民土地、房屋的产权制度安排,导致的文明由乡村向城市的单向输血模式,出去的资金、人才,几乎永远回不来,使农村整体趋向于失血,不断地失血。本来,如果有文明和资本的正常回流,尽管在城市化背景下,农村人口不断减少的趋势无法更改更无法逆转,但农村可以不必衰败,反而是越来越山清水秀、安适富足。

一边是史无前例的城市化运动以及由此带来的财富空前集聚,一边是空前绝后的乡村沦陷以及由此带来的乡村急剧空壳化、萧条化。这,便是今日中国首尾两端的"时代风景"。在这样的"时代风景"里,一些人看到衰败,而另一些人则只看到繁荣。在繁荣背后的中国农民命运,最让人揪心。

熊培云先生认为,今天的中国,每个村庄都是一座圆明园。虽然雨果笔下的这两个强盗不复在今日中国存在,然而体现弱肉强食的暴力,并没有在这片土地上消失。即使没有外敌入侵,内部也会流行"只许我建设,不许你建设"的暴力逻辑。而暴力拆迁最可怕的是"我们在创造未来,而我们的创造没有未来"。

事实上,今天导致中国每一座乡村都有可能成为圆明园的强盗,远远不止强制征地和强制拆迁。比起强制征地和强制拆迁这些制造赤裸裸的暴力与流血的强盗,至少还有两个威力无比的强盗,不制造流血事件,但它们同样在剥夺农民的利益、健康乃至生命，损害乡村的肌体。

一个大强盗是污染下乡，不论是矿产开采还是建设其他企业。城市居民遭遇污染会集体散步，争取遇到可说服的市长，让污染企业滚蛋走人。但是乡村居民没有那个人数也没有那个资本，他们往往只能反过来被污染企业连根拔起，生死无立锥之地。矿产资源国有化，矿产利益跟他们基本没有关系，于是乎，中国大地上，癌症村、采空塌陷村之类的"死亡村庄"并非绝无仅有。

另一个大强盗是农民的土地和房屋、宅基地等个人财产权，在过去几十年里至今，得不到法律上的保护。不能抵押不能贷款，不能成为进城创业的资本，不能吸引资本引发农业产业革命。相反，是城市化不断敲骨吸髓般吸走农村的青壮年劳动力和农村的财富。城市化本身并没有错，错在农民的土地和房屋"被集体化"，得不到产权和资本化的保护，导致中国的城市化过程永远只是农村补贴城市，而永远缺乏城市反哺农村的过程。

强制征地、污染下乡、农民土地房屋产权虚置和农村空心化，形成三个"铁三角"，在中国城市化的高歌猛进里，制造着世界上落差最大的、安赫尔瀑布式的城乡差距。长远上，中国的城市化不可遏止。但是城市化未必要以乡村沦陷为代价，更不能以农民的财产权利、生命健康权利为代价。应该把农民的自由和权利还给他们，他们的命运本不该如此悲观与凄惨：进城的，可以携着土地和房屋贷款，或者高额的污染赔偿、高额的土地权益分成；留守农村的，可以吸引资本成为农业企业主或农业产业工人。我们这个时代唯一要做的，并不是要"给予"农民什么，而只是需要把本该属于他们的基本权利还给他们。不这样做，时代和制度就是强盗，而农民，则是被打劫一空的"圆明园"。

历史上，"告老还乡"是古代官员退休制度的组成部分，是离乡商贾一种相因成习的风俗，也是四海游子的最终归宿。"告老还乡"不仅是"落叶归根"的生命历程，或恋乡思土的感情回归。这种回归带给农村的不仅仅是资本的回流，还有附着于人的财富、学识、信息、眼界，特别是乡村社会与外界的关系，以及外来文明和外界文明力量对乡村封闭势力的制约。山西晋中的"大院文化"，陕西省韩城党家村的院落文化遗产，广东开平碉楼，安徽宏村，这些历史和文化遗产，多数都是赤子回归的产物，如果那些地方明清时代的官员、商人都远走高飞，黄鹤一去不复返，就不会留下那么多豪华精致的深宅大院，更不会有乡村文明的传承与发扬。

今天的中国乡村，商人一脉还有比较顺畅的回流之路，但是对于学生、官员和知识分子，他们回流之路的艰难险阻已经超过中外历史上的任何时代，从他们走出乡村的那一刻起，回流之路基本上已经被封死，因为城市户口的居民不能自由下乡购房置地。锦衣玉食的成功一族诗人般望乡的惆怅无关紧要，紧要的是这样一种文明回流乡村的血脉被切断后，中国的乡村就越来越成为地方豪强的天下，流氓治乡流氓治村越来越成为不断扩散的大概率事件。

课后阅读

2012 年 3 月初，"中国金融博物馆书院读书会"（第十期）在北京举行。著名经济学家张维迎在会上表示，做好土地和金融自由这两件事中国就会有非常好的前途。他的观点我非常赞同。他说：第一，土地真正交给农民。土地应该是农民的财产，而不是国家的财产。如果真正交给农民，现在野蛮拆迁就不会出现。还有一个重要的原因，财产权利是个人自由的基础，个人自由的保障。有了财产之后，农民现在使用的资产，特别是土地变成了资本，资本流动起来之后带动社会财富增加的效应就会很大。第二，我们的金融制度。吴英的案件典型反映出在中国借钱不是个人的权利，而是一种特权，有关系的人可以借到钱，有关系的人可以办金融机构，没关系的人不可能。我自己的钱我爱借给谁就借给谁，不行。我们在金融方面给人更多的自由，加上土地的自由，这两个问题解决之后，中国未来十年会有非常好的前途。

现在的问题是，我们还没有摆脱现有的政府主导经济发展模式的路径依赖，而这个路径依赖，几乎完全寄托在现有的土地集体所有所能带来的廉价征地上。这方面，我将在下次课中和大家一起探讨。

2012 年 3 月 16 日

第四讲
市场经济与民主政治
——兼谈转型时期知识分子负有格外的审慎责任

韩寒柳传志"突然转身"?

近期有两个一贯正面的著名人物，都因自己的言论问题而遭遇巨大的"形象崩塌"。他们是韩寒和柳传志。一贯以批判公权力为己任的韩寒，突然在2011年底连发三炮，写下《谈革命》、《说民主》、《要自由》，高调宣称既要"杀戮"权贵，也要"杀戮"民众。韩寒尤其对革命深表怀疑，断言"革命的最终收获者一定是心狠手辣者"。

多年来一直为市场经济、民主法治呼吁的IT巨头柳传志，也在两个场合高调宣称"我们如果现在就一人一票，大家肯定赞成高福利、分财产。还保护什么私人财产，先分完再保护，完全有这种可能。它会一下把中国拉入万劫不复的场景。"

此言既出，柳先生立即被网络民意斥为既得利益集团代言人，斥为帮闲，甚至帮凶。更有网友恨屋及乌，号召抵制联想产品。

那么，到底是因为韩寒和柳传志已经成为既得利益者而倾向于保守？还是因为他们太聪明看清楚了这个社会和时代的底色？抑或是因为他们太糊涂，居然看不清楚浩浩荡荡的世界民主与自由大趋势？

不论韩寒还是柳传志，都是聪明人，同时都不是左右逢迎的墙头草。柳传志在批评一人一票之前，先声明说："中国是需要改革与改良，把我们的价值观中一部分和普世价值有矛盾的，逐渐变成大家有共性的理念。"
"韩三篇"也强调：民主，法治，就是一个讨价还价的过程。圣诞再打折，
东西还是不会白送的。他宣布自己将以实际行动，开始讨价还价，"在新
的一年里，我要求更自由的创作。……如果两三年以后，情况一直没有改
善，在每一届的作协或者文联全国大会时，我都将亲临现场或门口，进行
旁听和抗议。蚍蜉（pí fú）撼树，不足挂齿，力量渺小，仅能如此。当
然，只我一人，没有同伴，也不煽动读者。我不会用他人的前途来美化我
自己的履历。同样，我相信我们这一代人的品质，所以我相信这些迟早会
到来，我只是希望它早些到来。因为我觉得我还能写得更好，我不想等到
老，所以请让我赶上。"

我们正处在两极分化的节骨眼上

中国是个谜一样充满矛盾的国家，很多事情在大方向上社会有共识，
一到具体路径和问题上就争得你死我活。其实很多时候，大的理念和方向
只要是人就不会有分歧，因为人毕竟都有追求自由、民主的共性，但是具
体选择什么时机、什么方式方法和路径，才是最终决定成败的关键。有
时，一个细节或者时机的错误，就会导致事与愿违甚至适得其反。

在探讨柳传志的"一人一票"和韩寒的"先要自由还是先要民主"等
问题前，先要探讨的一个问题是：今天的中国正处在一个什么样的时代？

这是一个什么样的时代呢？经济上似乎高度繁荣，但是自然环境和人
们的生存却倍感压力；法律和社会秩序混乱，礼崩乐坏，离心离德；贫富
差距旷古绝今、独步天下；知识和财富精英竞相移民海外；平民阶层对腐
败恨之入骨，却无能为力，并进而将富人和腐败一锅煮。在腐败盛行、贫
富差距极大的时代，几乎没有人能够阻止占社会人口多数的相对弱势或曰
相对被剥夺群体将富人和腐败混为一谈，认为"天下乌鸦一般黑"，并要
求权力对富人采取种种非理性、非法治的剥夺和限制手段。

《中国经济大洗牌》作者咸聊、冯好在书中写道："纵观中国历史，历
朝历代的轮回，其规律无非是：明主治世（自由的市场，复苏和繁
荣）——盛世（贫富分化）——衰败（贫富分化持续发酵且恶化）——
农民起义（对富裕阶层进行屠杀，转入共同贫困的社会）——王朝颠

覆——进入下一个轮回。可以说，贫富分化是决定中国历史轮回的最根本原因。"

今日中国，正处在贫富两极极端分化的历史节骨眼上！

经济学家汪丁丁判断：中国目前的基尼系数已经达到0.6，这是不能公布却很公开的秘密，也符合我们的日常观察。如果目前基尼系数达到0.6或者0.7，那么总财富的90%或者95%，一定被总人口的1%或者不足1%的人占有。

国际上通常把0.4作为收入分配差距的"警戒线"，根据黄金分割律，其准确值应为0.382。一般发达国家的基尼指数在0.24到0.36之间，美国偏高，为0.4。中国大陆基尼系数2010年超过0.5，已跨入收入差距悬殊行列，财富分配非常不均。基尼系数低于0.2表示收入过于公平；而0.4是社会分配不平均的警戒线，故基尼系数应保持在0.2~0.4之间。低于0.2社会动力不足；高于0.4，社会不安定。我国改革开放前的基尼系数为0.16（是绝对平均主义造成的），2007年已经超过警戒线0.4达到了0.48，目前基尼系数早已超过了0.5。由于部分群体隐性福利的存在，中国实际收入的差距还要更高。中国基尼系数高于所有发达国家（如日本基尼系数仅为0.23）和大多数发展中国家。这应该引起高度警惕，否则将会引发一系列社会问题，进而造成社会动荡。

经济学家陈志武说："看到贫富差距恶化，人们普遍寄希望于抑商和所谓的'二次分配'，而不认为这与特权、与权力有关。实际上，'特权'的本质是影响收入分配、财富分配；如果特权不能决定利益分配，特权就无意义；特权之所以被诉求是因为其对财富分配的决定性。为纠正贫富差距，首先要政治改革以限制特权，这是问题之根。"

作家北村说："不持有绝对价值观，当经济危机时，人很容易放弃个人自由，换取和寻求庇护，有时甚至是专制的庇护。"

资深媒体人杨海鹏在其微博中写道："想起六年前，会《读卖新闻》加藤君，问中国未来的发展。我答：最担心的是，一旦觉得自己不为世界认可，再加上经济危机，很可能发展出激烈的民族主义，最后或会出现日本30年代后的状况。当时，不少人觉得我的想法，是不经之论，现在看，中国已在岔路口，两条路，一条正是法西斯主义。法西斯运动，都是伴随着经济危机而崛起，再就是弱势的中央政府。一是要把国内的危机，归诸腐败、寄生阶级，如德国指责犹太人，日本指责文人政府，抢占道德制高点；二是激化国际矛盾，不断强化民族主义，将失败转嫁为外国的歧视和压制；三破坏法律制度，尤其是程序，以民粹名义挟持舆论压制精英。"

今日中国最大的危险就来自贫富两极分化。在两极分化面前，社会情绪很容易将富人和腐败混为一谈，并且要求权力机构对此采取非正常措施。现在的富人和腐败的确也有很高的重合度，因为在现有体制下，腐败本身也有一些"被迫"的成分：在一个不干净的池子里，没有几条鱼是能够洁身自好的。今天的行政垄断和政府管制以及特权过多过大，已经导致了部分企业家"水至清则无鱼，人至清则无法生存"的逆淘汰现象。行政垄断无远弗届和行政管制权力过大的结果是，中国的很多企业家要么委曲求全，要么卖身投靠，过度依靠权力而不是依靠法律致富，致富以后对财产和人身安全的保护也不是依靠法律而是要依靠权势。结果，一旦社会两极分化引起穷人仇富，有产阶层不是成为穷人革命的对象，就是成为权力打击以讨好穷人的对象。呼吁对富人更多的"限制"，实际上是在呼吁行政力量拥有更多更大的权力对付富人，从而使权力拥有更多更大的腐败机会。因此，你越想限制你想象中的不干净的富人，结果是不干净的权力和不干净的富人越来越多！

财经作家吴晓波基本上用了整整一本书——《浩荡两千年》，梳理缘何在中国两千年的文明中，中国的企业总在王朝的政令中沉浮，"从来没有当过主角"。而如同在《激荡三十年》中所论述的一样，中国企业总是背负沉重的原罪：几乎所有人的发家史，均和政府之间有着不清不白的关系。中国企业说到底乃是风箱老鼠，被政权视同家奴与钱囊，而民众仇富成性，王朝变乱之时，"打土豪分田地"首当其冲的受害者便是他们。

结合当今中国社会上的仇富现象，不难理解韩寒、柳传志的担忧。如果我们不是限制特权，而是反过来限制富人，反对保护产权和自由市场，鼓吹回到公有制，我们只会走向贫富分化持续恶化并且财富精英集团纷纷持续外逃的噩梦中无法自拔，庞大的海外移民群体中，既包含最具创造力的企业家集团，也包括腐败的掠夺集团——他们害怕被清算，且在现实的权力争夺中也难免被清算。

中国的现实威胁是权力与民粹合流

今天，"一人一票"和底层革命并不是现实威胁，真正的现实威胁是权力与民粹的结合，大规模"杀戮精英"，形成了事实上的"一人一票"的幻觉和对有产阶层的现实"革命"。主要表现为四种形式：

一是国有幻觉。把贫富差距归结于市场经济，主张回到公有制。世界银行 2012 年 2 月 27 日公布了该行与国务院发展研究中心联合编著的《2030 年的中国》报告，世界银行行长佐利克对该报告进行解释的演讲稿中指出，敦促中国须完成向市场经济转型，加强民营部门，开放市场以促进竞争和创新，确保机会均等。在报告中，世行提醒称，中国目前的增长模式不可持续，须完成向市场经济转型。如不进行深层次改革，可能会面临经济危机。报告敦促中国缩减庞大的国企规模，使之在运营模式上更接近商业公司。

自称"独立学者"的杜建国现场抗议这份报告，同时当场派发他的文章《世界银行，带上你的毒药滚回美国去》。21 世纪网报道说国资委激烈反对这份报告，并称降低国企比例违宪，有颠覆社会主义基本经济制度的嫌疑，并要求与相关机构展开辩论。但这份报告却是由财政部和国务院发展研究中心联合世界银行发布的。执笔学者亦为国研中心专家，且财政部部长谢旭人也出席了发布仪式。这说明，政府体系内部，对于国企改革的认识再次出现重大分歧，改革必将遭遇利益集团的坚决抵制。

二是调控迷觉。正因为贫富两极分化太大，所以大部分普通老百姓觉得物价、房价太高。但他们不知道物价高房价高是因为政府直接介入微观经济活动导致的，因为政府投资花别人的钱办别人的事，既不讲节约也不讲效率，必然导致通胀、腐败和两极分化盛行且积重难返。但老百姓不懂这些或者不管这些，他们只要求政府加强管制以控制物价、控制富人投资等，结果是政府腐败机会继续增加，而权力的手在市场中摸来摸去，市场不像市场，权力不像权力。就跟楼市调控一样，目的达不到，却把市场搞乱了，与房地产相关联的上下游几十个行业都不景气，失业增加，房价却越调越高。这都是精英迎合民粹惹的祸。正如北京科技大学教授赵晓所说："房地产调控有两种方式，民粹主义（作秀）的方式和民生主义（做事）的方式。如果只是为了一时地讨好百姓，不择手段，实际上是一种民粹主义的方式，最终对老百姓有害无益。建立土地的现代产权制度，建构符合市场经济的中国房地产制度模式和发展模式，让老百姓最终享受实惠，才是民生主义的方式。"

三是打黑错觉。重庆模式就是典型。名为打黑，但不排除黑打，甚至更多的可能是黑打（详见童之伟教授的重庆打黑专题报告）。采取类似"和珅一倒，嘉庆吃饱"的方式，把30年改革开放市场经济积累的企业家财富，一夜之间搞"秋收"，用其中一部分来讨好民众。另一部分则组建国有大投融资机构，大肆向未来借钱。前者可以得一时好评，但不可持续，因为最具创造力的企业家要么出逃要么被关被杀。后者即组建超级国有公司则一开始可以作秀，但最终难逃腐败低效的覆辙，同时大量债务最终还是由老百姓背。个人认为重庆没有什么模式，都是前人失败的经验教训，无非是以高尚的口号行卑鄙龌龊之事，一开始会收到一些立竿见影的效果，但不讲程序正义只讲目的正义的结果，只会导致大量社会精英或被消灭或被迫出逃，最终使当地陷于"死地"。而"重庆模式"之所以能够受到一些底层百姓的欢迎或期待，无非是因为贫富两极分化过大导致民间社会形成"天下乌鸦一般黑"的错觉。

四是以反腐败的名义进行劫掠。典型如吴英案和太子奶的李途纯案。吴英案意味着什么？意味着中国的官方可以不经法律和财产拥有者本人许可，随便找一个莫须有的理由，就处置甚至瓜分公民的财产。吴英案，就是11个给她借款的人都不承认自己被骗了，但是地方官员却坚持吴英集资诈骗，先将其限制人身自由，然后在其被捕之后，她的巨额财产有相当一部分在没有得到本人同意和法院裁决的情况下就被强制拍卖了，而且是非常廉价的拍卖！这个过程本身，就是权力对公民财产的劫掠过程！不仅是对吴英这个"非法集资者"的劫掠，而且是对另外11个被吴英集资的"非法集资受害人"的劫掠！

打造太子奶品牌的中国乳酸菌行业标准制定者李途纯，比吴英幸运的是不仅没有被判死刑，而且近日摆脱了牢狱之灾。长达15个月的拘禁，换来了一纸"不起诉"的决定。但他与吴英同样不幸的地方在于，在其被拘禁无法行使原有大股东权益的时候，太子奶被破产重整，其一手创办的企业已与自己毫无关系，个人多年心血付之东流！

从吴英案，到李途纯的遭遇，说明一个相当严峻的中国现实——民营企业家辛苦经营螳螂捕蝉，往往有黄雀在后虎视眈眈！一旦发现企业有什么问题，甚至只要觉得企业做大了，有油水了，就会有人借权力之手，磨刀霍霍向猪羊，对民营企业实施"杀猪策略"，不经法院审判、不经财产所有者本人同意，首先把企业瓜分了，再来兴师问罪。

总之，对上述公有制幻觉、调控迷觉、打黑与反腐败错觉，不明就里的老百姓往往都在高声叫好，甚至不断呼吁官府"加大力度"。殊不知，达摩克利斯剑砍向的是整个社会；而且，这种权力与民粹的结合，带来的只是更多的腐败和社会更加快速地衰退。

如果民主没有市场经济做基础，没有完善的私人财产权利、自由市场权利等法律保护，一定会走向共同贫穷而不是共同富裕的道路。市场的还给市场，个人的还给个人，民主只能管公共事务。我们每一个人，都要时时提醒一下自己，要给权利和自由以足够的空间，要给市场这只看不见的手以足够的时间和机会。

房龙的《宽容》一开篇就说：在无知的山谷里，人们过着幸福的生活。愚昧无知的人总是一看到打黑、反腐、民主、正义、公有这些大词就浑身亢奋热血沸腾。古往今来，多少阴谋和邪恶假借这些高尚的名词大行其道甚至倒行逆施。

著名法学教授贺卫方先生曾在其《具体法治》一书自序中写道：

在过去的一个世纪，不，在整个中国的历史中，我们什么时候缺过显示高远价值或宏大价值的口号？但是，口号与现实之间的关系，总像《动物庄园》里的"七条戒律"与动物们的真实处境一般，反差到令人不可思议的程度。为什么我们总是摆脱不了"播下龙种而收获跳蚤"的怪圈呢？很重要的一个原因便是，我们不能把宏大的价值与不弃微末的具体制度与程序的建设之间结合起来。

法治建设方面又何尝不是如此呢。我们的法律，从宪法到行政法规，目前已经是洋洋大观。宪法规定了"中华人民共和国的一切权力属于人民"，规定了"任何组织或者个人都不得超越宪法和法律的特权"，规定了公民所享有的一系列权利，规定了法律面前人人平等原则，规定了法制统一原则，规定了审判权和检察权独立原则。可是，当我们对照当下法律生活的现实，就会发现，宪法和法律中所规定的不少原则和权利缺乏具体的制度和程序作为保障，从而流于"名归而实不至"的境地。

经过一次又一次的剧烈的社会变革和革命"洗礼"之后，我们终于意识到，宣言不等于现实；离开了具体的法治，那种宏大而高扬的法治只不过是引起空气振动的口号而已。

细节决定成败，唱高调不能解决任何问题，回到真正的技术操作层面，用细节铺路，才能更好地分析和解决问题。就像有的人实干，总是一步一个脚印奋力前行；而有的人却只会吹牛，实事什么也不会做。

民主必须以自由市场经济打底

真正有利于社会进步的改革或者革命，一定是精英阶层坐下来谈判、辩论，制定公平合理正义的社会游戏规则。群众运动或者运动群众则往往会直奔财产等主题，甚至在争夺财产中危及生命，越来越与改革和革命的目标偏离。说一半人口是"群氓"并不为过。他们只要眼前利益。给他一个天花乱坠的许诺，他就对你佩服得五体投地。却不知这许诺可能是社会的毒药。

菩萨畏因，众生畏果。普罗大众只会看到结果，而菩萨却更注重导致结果的原因。真正的菩萨心肠，是对造成事物的原因保持清醒和警惕。我的一位朋友、北京青年报的评论部主任张天蔚这样阐述这段话，他说："哈耶克从集体主义、计划经济，就预见到通往奴役之路。可算菩萨心肠。大众却只有到绳索套上脖子，才会知道唱歌的厉害。"

民主必须以自由市场经济打底，否则一定是灾难。先自由，先市场，再民主。否则一定是民粹，一定是另一层面的"劫富济贫"而非共赢。

方法、路径、手段不对，理想只会越来越远。奴才国家和非奴才国家的一个具体区别是：奴才国家总会有空洞理想让一群猪们满意得摇头晃脑哼哼叽叽；非奴才国家则只把自由、市场这些路径和方法还给你，具体道路还得你自己去走。

空喊民主能当饭吃吗？有人一边在疾呼民主啦改革啦，一边对市场经济釜底抽薪，对政府投资乐而忘忧，搞得失业剧增、两极分化积重难返。殊不知自由比民主更重要！没有财产自由、市场自由、人身自由，民主就是空头支票，就像今天的村民民主，绝大多数都是腐败官员和流氓村官做了人民的主人！

在这个问题上，务实的经济学家通常会采取比较保守的态度。张维迎就认为，市场化应该走在民主化之前，否则在我们中国现在的情况下，我们搞所谓的民主会变成民粹，最后可能不是民主而是专制。只有经济基础，特别是中产阶级变成一个社会的主导力量，这个民主才是负责任、稳定的，才不会变成民粹，否则可能走向拉丁美洲的模式，就是经济民粹主义。英国的民主化开展得很早，但一定是渐进的过程。英国最初在选举的时候是要求有土地的，没有一定土地的人不能投票。现在我们搞民主化，只有18岁以上的人才能投票。道理是一样的，只有当这个人的行为方式能表现为责任心，能为投票的后果承担责任，这时候投票才是合适的，否则这个社会就可能出问题。

经济民粹主义就是政府给你许诺很多，一会儿免费供应这个，一个免费供应那个，最后把经济搞得一塌糊涂，因为不符合基本的经济规律。经济学的基本道理就是世界上没有免费的午餐，但是我们每一个人都喜欢吃免费午餐，都希望别人给我付款。大家好像觉得所有的成本都应该让别人付，这是很危险的。

张维迎认为，一个国家在经济市场化之前就憧憬政治民主化，本应个人决策解决的问题，都堆到政府身上，让政府控制了很多资源。如果这个国家政府占有的资源太多，民主化就连腐败的问题都解决不了。印度是腐败程度非常高的国家。我们看到很多民主选举的国家都是腐败程度非常高的国家。它实际上并没有经过市场化的过程，直接让政府控制了很多资源来搞民主化。

说到这里就要说到经济学的良心吴敬琏先生，他认为，各级政府日益强化资源配置的权力和对经济活动的干预，强化了寻租活动的制度基础，使腐败迅速蔓延和贫富差别日益扩大，官民矛盾激化，甚至可能酝酿社会动荡。另一位经济学家许小年对此的点评是：中国的现代化进程被日本侵华中断，被国共内战中断，被"文化革命"中断，现在又可能被日益激化的社会矛盾所中断。

越是贫富两极分化、社会矛盾激化的时代，穷人越没有耐心等待改革，他们急于瓜分财产，哪怕寄望于一个超级政府，哪怕越过一切法律、不择手段也在所不惜。这，往往就是悲剧的源头。

不怕利益集团，只怕利益集团不稳定

有人说今天是个改革共识破裂的年代。但在"共识破裂"的背景之下，似乎仍有一个"共识"为多数人认同，这就是"利益集团已经成为中国改革的最大阻力"。但是，要具体划分何为利益集团，恐怕又会是一番旷日持久的争吵。

在笔者看来，根据人类社会"80%财富掌握在20%的人手里"这一财富分配的基本规律，利益集团在任何时候都是一种客观存在。利益集团并不可怕，可怕的是利益集团不稳定，导致社会形成一种弱肉强食、杀鸡取卵、践踏人权和法治的"自杀"和"自相残杀"现象。

《福布斯》杂志曾经评选了一个美国开国以来的富豪榜，这是按照财富占当时国家GDP比例换算而来的，第一名是石油大王约翰·洛克菲勒，其财富现值3 053亿美元；第二名是钢铁大王安德鲁·卡内基，其财富现值2 812亿美元；第三名是铁路大王科尼利尔斯·范德比尔特，其财富现值1 684亿美元。在这个榜单中，盖茨和巴菲特甚至都排不进前十位。

在一个市场自由、产权稳定、企业家精神得到良好保护的国家和地区，贫富差距并不可怕，利益集团也不可怕。因为这里的利益集团，都要考虑企业和社会的长远利益。而他们的无敌财富，事实上也已经通过办企业、股份制等各种形式，由私人或家庭拥有，变成了事实上的"社会共有"。同时，在一个法治完善的国家，企业不可以随意解雇人，不可以不给员工合理工资。关键在于，所有者不能缺位，经理人必须履行好信托责任，产权必须明晰而且恒久稳定。

今天的中国不幸处在一个权力＋市场的时代，亦即权力市场经济或曰权贵市场经济时代，表现为两个方面：一是权力之手可以借各种调控和管理手段深入微观经济一切领域；二是权力直接管理的国有经济大行其道。权力＋市场的最典型特征是：权力可以寻租，市场可以变现。不管是管理国企的权力，还是一个地方、一个部门的行政、司法权力，一个最大的问题是权力不稳定，很短暂，与"有恒产者有恒心"的长远经济行为基础形成尖锐矛盾，因此，我们所说的"权贵利益集团"往往成为史上最不稳定的利益集团，今天上台，明天就有可能被人拿下甚至身陷囹圄，甚至身首异处。

铁打的江山流水的官，于是乎，官员们不择手段攫取短暂任期内的个人私利和政绩最大化，往往成为这个群体共同的"理性选择"。这也正是每一个身在其中的人都缺乏安全感、权贵集团纷纷移民海外的原因。

有人说，"4万亿"政府投资工程，其中搞工程的费用不到1/4，都被贪了。许多人相信贪腐严重，却不信有这么高的比例。但如果你看了一个纸巾盒1 125元、一个座位2.2万元的"奢侈动车"，你就不能不信了。之所以中国的房价物价那么高，之所以中国的通胀和贫富差距如此厉害，原因盖在于此：岂止4万亿，很多时候，中国就像一辆奢侈动车在疯狂前行，高额建设、维护和使用成本都由多数人承担，利润却由少数人在西方的海滩上享受。

而行政、司法等力量对民营企业的微观介入，同样触目惊心。最近备受关注的吴英案和太子奶创始人李途纯案可见一斑：吴英案尚未经过法律程序，其大量财产已经被当地公安机关廉价拍卖。李途纯过度扩张中遭遇资金链断裂，等待着他的不是正常的财产清算、法律破产等程序，而是当地政府托管，而接管的官员文迪波既无市场理念，也无管理经验，更无技术储备，其唯一做的，就是有恃无恐地将他人资产转入自己的私人腰包，不断加速企业破产进程，使社会与企业财富损耗殆尽。

文迪波们近乎疯狂地攫取他人利益，并非一时一地之个案，而是一个当下极其普遍的现象，因为大家都知道，权力不像产权一样可以永久地传承，"有权不用过期作废"，过了这个村就没那个店了！

于是我们知道，权力＋市场的经济组织形式是最落后、最竭泽而渔同时也是人人都最没有安全感的经济形式。当政府成为最大的利益集团，同时也就一定是最不稳定的利益集团。

要让我们的明天变得更好，让社会形成同舟共济的政治经济局面，产权稳定和市场自由是鸟之两翼、车之双轮。打破一切形式的行政垄断、实现国企公平地民有化进程、严格限制权力对市场的干预，永远无法回避。回避改革，唯一结局就是逐步走向自我衰败。

权力不能私有，财产不能公有

前面五个部分的内容，无非要说明几个最基本的政治经济学原理：民主必须以财产自由和市场自由为根基，必须用自由市场经济打底，否则，即使空有民主的形式，也一定会由"民主"演变成为"官主"；而官僚主导的权力经济，是世界上最疯狂的杀鸡取卵式的掠夺经济。

在这一节里，我要着重谈的是在我国实行了30多年的村民民主制度。这个制度由于没有土地和房屋财产权的配合，如今行进得非常艰难。

村民自治的制度起源于对人民公社体制的部分替代。"中国第一个村委会"是广西宜山县三岔公社合寨大队果作村。果作村是合寨大队的一个自然屯,当时有6个生产队。1980年2月,6位原生产队队长,鉴于包产到户后村里的公共事务无人过问,决定成立一个管理村公共事务的组织。他们号召社员每户派出代表参加会议,选举5名村委会成员,并按得票多少选出正副主任。1980年12月以后,合寨大队的每个村屯都建立了村民委员会,并制定了村规民约。据山岔公社党委的经验总结,组建村委会之后"社会治安大有好转,全大队无偷盗、无赌博,无乱砍滥伐集体林木,无乱放鸡鸭糟蹋农作物,各项上交任务完成好,干群团结紧,好人好事不断涌现"。

由于村委会的民主选举与管理至少在当时能够较好地满足农村重建秩序的需求,这种做法得到了国家的承认与支持。1982年宪法赋予了村民委员会以"基层群众性自治组织"的地位。从1982年"村委会"入宪到1987年制定《中华人民共和国村民委员会组织法》(试行),1998年11月4日第九届全国人民代表大会常务委员会第五次会议正式通过,2010年10月28日第十一届全国人民代表大会常务委员会第十七次会议完成最新修订,中国的村民民主有法可依也已经30年历史了。可是,30年道路不是越走越宽而是越走越窄!

2012年2月28日,我的图书《2020我们会不会变得更穷》的编辑宋东坡先生在他的新浪微博中写道:"这次回家了解到村长民主选举的彪悍。挑战方每张选票直接发300元,卫冕方年前每家发一袋米及1 000元,并承诺连任后每张选票发400元。选举当日,双方皆有一伙监票人,并召集大量打手分列马路两侧,气氛紧张。典型黑金政治,变态民主!"宋东坡家在河北某地,城市郊区。我给他简短地回了一个:"如果把土地和房屋权利还给村民自己,看看选票的'含金量'还有多少!"

2012年2月28日《新京报》报道新华社消息:吉林省梨树县新风村是中国农村村委会"海选"发源地(所谓海选就是一人一票),但2010年6月村委会换届选举中,因为委托票中出现3张违规票,导致选举流产。此后一年半的时间,选举多次夭折,"谁张罗选举,谁家易出事",该村村民400多人30余次赴省市县上访,要求重新启动选举。社会在发展进步,村民民主选举也不是一年两年的事了,《村民委员会组织法》颁布到现在也已经多年,为什么村民民主选举却似乎给人越来越难的感觉?不是老百姓的选举素质越来越低，而是他们的权利素质越来越高，而村民民主选举的利益争夺也越来越大。这个利益争夺往往伴随着城市化的进程而加剧，越是城市化迅速的城市周边农村或者城中村，村民民主选举竞争就越激烈，选举的难度也越大。这是因为村委会掌握的村民的土地、房屋等资本太大了，因此，竞争就往往非常激烈，受到的非正常干扰也非常大。与此相对应，偏远地区农村和城市的业主委员会选举，受到的干扰相对就少得多，因为利益太小。偏远地区农村是因为土地和房屋无法在城市化过程中转变用途和变现，而城市社区的业主委员会所能局部管理的仅仅是业主交的物业费、停车费等极少数公共财产，他们无权干涉私人房屋等财产。因此，民主需要向正常化有序化发展，首先要确保私人的财产自由和市场自由，财产自由和市场自由是公共权力不能进入的领地。

河北香河借"环京津都市圈"发展之机，大肆圈地，通过以租代征的办法侵害农民利益。占用农民的一亩口粮田，当地政府给农民的补偿是一年一亩地租金一千多元，而转手卖给房地产开发商则是每亩 60 多万元。"央视一哥"白岩松在央视《新闻1＋1》中评点此事时，认为是假民主致农民利益被出卖。因为电视播出的内容口语化，担心曲解其中的意思，我且把这一小段话全引如下：

> 我们指望中国几亿农民一夜之间就达到很高参政议政和博弈能力的话，那就不是中国了，所以这也正是这些年来中央坚决要在基层进行民主选举，要选出自己的带头人来的原因，这件事情我发现很少有媒体愿意换个角度去思考这样一个问题，这些村民为什么在利益被损伤了之后，站出来要维护自己的利益，原本他们在民主当中选出来自己村里的这些村委会干部、带头人，应该是保护自己利益的，怎么却在关键时刻要出卖自己的利益，是不是当初民主出现了问题。土地上的假种子很可怕，土地上的假民主更加可怕，为什么他们的领头人不能代表他们真正的利益，我觉得民主要去更加夯实这样的一个基础，让他们真正能够得到保护。

"农民素质"不可能"一夜之间就达到很高参政议政和博弈能力"的判断，我不能同意。但我同意老白"假民主致农民利益被出卖"的判断。那么，是什么样的假民主出卖了农民利益呢？电视讲话中的逻辑链条不是很明确，村民民主选举出来的"带头人，应该是保护自己利益的，怎么却在关键时刻要出卖自己的利益，是不是当初民主出现了问题"，也许他要说的是，村民没有能够选出真正代表自己利益的人。

其实，如果再深入一些，会发现在现有土地和农房制度下，农民很难选出真正代表自己利益的人。即使选出来了，也难保他们不在巨大的利益面前腐败变节。

当下的村民民主，不管当初村民怎么选，最后都有可能出现两种完全相反的结局：一是村委会和村干部背着村民干卖地的勾当，"代表村民"侵害村民利益。河北香河圈地属于一类。这种类型，占绝大多数，全国各地层出不穷。另一类是代表村民向外界要权益、要政策、要贷款、要地价。甚至有村主任候选人打着维护村民利益的旗号，对村民做出极高承诺，然后借着维护村民利益的名义，向外界提出远高于市场价格的要价。表面上这的的确确是在维护村民利益，但这时候的村民利益仍然是作为一些候选人或者村主任个人的利益、名望的砝码和陪绑工具，未必能够真正维护村民利益。因为任何资源，包括土地和房屋，在一定时候都有当时的市场价格，如果要价远超于市场价格，导致交易不成功，事实上有可能使村民失去发展机会。

除上述两种"对立"类型，还有一类，是少数地理位置适中的农村，在善于左右逢迎的地方政治强人带领下，采取"外圆内方"的发展策略，与地方官员的政绩要求一拍即合，通过多数农村难以获得的政策优惠、银行巨额贷款等等，成就一方富强。能让农民家家住别墅（如果独栋房屋就能称别墅的话）、个个有保障，甚至人人都是百万富翁，但这一切仍属村集体所有，一旦离开或者因冒犯什么事被开除村籍，那么对不起，这一切都将被收回，钱也无法带走。真叫做"净身出村"。这一类很有些中国特色，叫做"明星村"。衰落一批，又会有一批冒出来。

这三种情形，不管哪一种，本质都一样：民主名义上为多数村民服务，实际上为少数人私有；集体财产名义上在"村集体"手里，实际上由少数人控制。在这个时候你会发现，好民主一定是有牢固根基的。财产不自由，所谓的村民民主就是无源之水。一旦财产公有，那么权力的私有化几乎成为必然。财产和经济自由（市场经济的根基也是财产自由）、社会文化自由、政治民主，是个循序渐进的历史过程，没有前者，所谓政治民主甚至会成为掠夺的工具，而不是个人安全和自由保护的利器。财产是人身安全和心灵自由的堡垒，即使是民主权力也不能进犯。今天可以控制你的财产，明天就可以控制你的灵魂。也因此，"明星村"的"村籍"制度就是必然的奴役之路。

今日中国农村民主还有多远？你说有多远它就有多远。我们别忘了，这样一种土地和宅基地的财产集体所有制度，不是在制造"有恒产者有恒心"的有产者，而是在制造"无恒产者无恒心"的无产者，一旦农民失去了土地及土地上的合法收益，他们就再也没有可以失去的了。

在当代中国城市化和农村发展的短暂历史上，我们会发现一个骇人的"越发展，越腐败"的规律：几十年来我们一直强调"发展就是硬道理"，一种提法是：经济增长速度要与通货膨胀和腐败赛跑。实际结果却是：权利不平等的发展只会成为腐败和通胀的加速器！

中国经济最发达的省辖市——温州市所辖永嘉瓯北镇新桥村多名村民向《中国经营报》记者反映，由于该村土地被征用，村里获得 569 套安置房建造指标，作为拆迁户和失地农民的安置用房，具体分配对象名单仅限于本村村民之间。但其中 300 多套却被村干部私分，然后以低价或免费等方式向各级官员和关系户进行利益输送。三年已去，村民到处奔走相告，至今未果。这几年，温州房价涨幅很大。如果按照安置时的均价，以每平方米 8 000 元计算，569 套房子每套 140 平方米，销售款项接近 7 亿元；如果按照现在每平方米 3 万元的价格计算，销售款项高达 24 亿元。

同样在浙江，全国最发达的小商品市场义乌商贸城旁边，一场场自买自拍的权力侵占游戏在不断上演：2011 年 9 月 16 日正义网报道，义乌市大塘下村在集体土地使用权拍卖过程中，当地村官与拍卖公司"合谋"，违法拍卖集体土地使用权，用于建造别墅。同样的别墅用地（108 平方米），老百姓竞拍，至少要花 300 多万元，最高的达到 502 万元，而官员竞拍，只需 30 万元，官民相差悬殊。此前的 2011 年 5 月 13 日和 16 日两天，大塘下委托成龙拍卖行拍卖了商铺（店面）土地使用权。"朱有云（主要村官）竞拍到 4 间店面，位置都是最好的，价格也是最低的，比老百姓便宜 100 多万元。"

对于拍卖问题，义乌市政法委副书记刘卫兵在接受《经济参考报》记者采访时说，别墅投标中，"最高价和最低价相差很多倍，这是不妥的，全国不单单义乌是如此，你随便到哪里去问，都有这种情况。因为是熟人投标，你在村里威信高，你举牌别人就不会和你竞争，看个面子。我们现在所有的投标都是这么做的，但既然出现了这样的事情，我们就要取消掉，因为对老百姓的观感不好。"奇怪的是，针对群众举报，义乌市相关部门的调查结论，将别墅改称为"排屋"，并查明"排屋竞拍存在不合理行为，择期进行重新报名、竞拍。"而按照刑法第223条规定，投标人与招标人串通投标，损害国家、集体、公民的合法利益的，构成串通投标罪。

此案中，招标人自己也是投标人，其行为事实上比串标更严重。但是人们不要指望相关责任人会得到应有的惩罚。此前，该村村民举报村委会的一系列问题，引发浙江省委书记的批示。但据《法人》杂志报道，由浙江省、金华市、义乌市三级政府参与调查的报告，却避重就轻，大事化小小事化了，令义乌市大塘下村的很多村民反而感到了更多的不解、痛心和失望。

这几年，在城市化过程中村干部非法侵占和买卖村集体土地和房屋的事件屡有发生，而且越是经济发达地区，土地和房屋越值钱，腐败也就愈发激烈且深入骨髓，手无寸铁的村民很难有胜算。什么道德良知，多少层级的权力，多少官员，纷纷沦陷为金钱的奴隶而难以自拔。正应验了马克思那句老话："一旦有适当的利润，资本就胆大起来……有百分之五十的利润，它就铤而走险；为了百分之一百的利润，它就敢践踏一切人间法律；有百分之三百的利润，它就敢犯任何罪行，甚至冒绞首的危险。"而腐败过程中，权力资本的利润，何止百分之三百！

2011年9月28日下午，和一位长年热衷于积极推进村民民主的朋友谈及选票和村民民主问题，我说了一个一直坚持的观点：没有土地房屋财产权的村民民主，就像让被阉割的太监去自由恋爱。借用网友一句很形象的话来形容村民民主，就是"问君能有几多愁，恰似一群太监上青楼"！马克思说经济基础决定上层建筑，在微观层面上，这是千真万确的真理。公有制的社会资源，名义上属于全民，实际上人民一点也没有分配权和使用权。权力统一掌握在官僚集团的手中。公有制也因此恰恰是非常彻底的官僚寡头私有制。公有制走向了它的反面，变成了最恶劣的私有制，这是很多人做梦都没有想到的事。约翰·洛克说，权力不能私有，财产不能公有，否则人类就会进入灾难之门。换言之：财产（含土地、矿山等）一旦公有，权力必然私有。改革开放三十余年后的今天，试图以经济发展获得合法性、以经济发展取代社会和政治改革的努力，已经走到了尽头。终点又回到起点。

有没有"乌坎模式"?

因为在广东省高层的直接支持下进行真正的民主选举,广东省汕尾陆丰市东海镇乌坎村这个隶属广东、原本寂寂无名的渔村一夜之间举世闻名。

2012 年 3 月 3 日,乌坎村采取不设候选人、本村登记参加选举的村民无记名投票方式,成功选举产生村委会 1 名主任、1 名副主任。由于当天其他人得票均未过半,7 名村委会成员中的 1 名副主任和 4 名委员于 4 日另行选举。此次村委会另行选举中,乌坎全村登记参选村民 8 363 人,发出选票 6 259 张,收回 6 185 张,投票率 73.96%,选举有效。

在迎来民主之前,乌坎村发生了一连串不寻常的事件。事情从 2011 年 9 月开始,当时村民们冲击了村委会办公室和派出所,他们对一系列据称腐败的交易剥夺了村里相当大部分集体用地感到愤怒。2011 年 9 月 21 日上午,400 多名村民因土地问题、财务问题、选举问题对村干部不满,到陆丰市政府非正常上访,当日下午,部分上访村民在村里及村周边企业聚集、打砸、毁坏他人公共财物和冲击围困村委会、公安边防派出所。9 月 22 日上午,部分村民组织阻挠、打砸进村维持秩序的民警和警车,六部警车被砸坏。当晚事态平息。23 日,乌坎村内恢复了正常秩序。

作为报复,警察殴打抗议者并逮捕了带头人,其中一人在看守所死亡。去年 12 月,抗议者进行了反击,控制了村子。乌坎村民设置了路障,把自己隔绝起来。他们还设立了一个媒体中心和一个负责对外交涉的临时理事会。

接着,武警包围并封锁了乌坎村,试图迫使断粮的村民屈服。当时许多人预料,乌坎村将遭到镇压。悲情笼罩山雨欲来之际,广东省高层官员同意乌坎村重新举行选举,并调查相关土地交易。事情开始出现转机,最终峰回路转迅速平息,村民们不仅成功推翻了连任 41 年的前任村党支部书记薛昌与他掌控下的村委会,更是在今年年初迎来了该村四十多年来的首次民主选举。当局甚至大胆起用了抗议者,将乌坎短暂自治期间的领头人林祖銮任命为该村新的党总支书记。这个过程中,68 岁的村民林祖銮被认为是灵魂人物,这个村民眼中为人正直、负有威望的老人在整个事件处置过程中起到了关键性的作用。

此事引发了各种想象，媒体记者和社会学者甚至将其上升为"乌坎模式"，认为可以作为经验在全国推广。

但我认为这种想象仍然属于知识分子和媒体人一厢情愿的乌托邦，实际推广的可能性非常之小。

首先，正如 2012 年 3 月 5 日全国人大和政协两会期间，广东省委书记汪洋所说："解决乌坎问题，有媒体认为是在民主选举上开了先河，我实事求是地说一句话，乌坎选举是按照法律进行的，没有任何创新，只不过把选举法和组织法的落实做得非常扎实，让在过去选举中走过场的形式做了纠正。广东下半年将召开全省性会议，把从乌坎取得的经验教训，用于指导全省加强村级组织建设。"

我们要问的是：为什么现有的法律在几十年里一直得不到正规的执行？只有等到乌坎这个不足万人的村子，付出了血的代价后才看见曙光？答案正如上面一节中所说到的：村委会可以支配过于庞大的"集体资产"，利润太大，导致基层官员敢于践踏一切法律和人间正义。直到遇到一个开明的省委，事情才出现良好的转机。这么小一个村子的事情，都要到省委亲自干预才能依法解决，恰恰可见问题的严重程度。

乌坎村浓缩着当代中国农村一些最突出的问题：土地、房屋被不公平地"代表"和出卖。由于村民们懂得把事情捅到媒体上，乌坎村事件的发展才得以玻璃瓶一样曝光于世人眼皮底下。每年数十万起类似的抗议则被悄悄地制服，领头人遭到威逼利诱甚至被迫背井离乡。

其次，乌坎的今天，得来不易。它的民主转机，不是来自法院的判决，不是来自地方自己的协商，而是来自地方权力最高层，以及中外媒体的持续关注。它不仅透支着自己的资源和生命——面对其持续不断的抗议和选举活动，人们不禁纳闷他们还有没有时间出海打鱼、劳动生产，也透支着我们巨量的行政资源和媒体资源。聚光灯下的投票吸附了巨额的社会外部资源。接下来，不会有多少村庄有这个幸运。

第三，当局也尚未满足村民们的主要诉求。政府迄今没有对土地征用问题好好展开调查，也没有归还死于拘留期间的薛锦波的尸体，以让其入土为安。薛锦波家人拒绝接受补偿，也不同意在宣称其自然死亡的文件上签字。民主选举还只是第一步，今后的路还很长。

如果把一个生理和心理正常的男人成天放到美女堆里，日久生情，起种种念想是正常的，没有念想才是不正常的。同样的道理，不管是民主选举上台的也好，非民主选举上台的也好，把那人长久地放在可以自由支配的巨额财产面前，有多少人不动心？不动心往往只是利益不够大、诱惑力还不够，诱惑力足够了，多数人都会举手投降，但他表面上还会嘴硬，还会信誓旦旦地要廉洁奉公。你想，我们现在的国企，动辄支配几万亿元资产；而一个小小的村委会，五到七个人，可以支配的却是全村人的土地和房屋等财产！

所以，只有先严格界定好公民、市场、权力的边界，把公民的还给公民、市场的还给市场，才能民主的还给民主。民主只能管公共事务，不能管到私人财产和市场自由。否则，公民的自由、市场的自由不会有，民主也不会有。

权力的含金量太大，民主、廉政、法治、自由皆不可能。因此，民主的突破口还在于全面彻底地降低权力的含金量，也就是政经分开。这个政经分开，比以往提的政企分开深刻得多，既包含打破国企垄断、国企全面退出竞争性领域，也包括行政力量完全彻底地从微观经济活动中退出，那种各级政府像公司的行政主导经济模式，更是在彻底改革之列，更包括保护私有财产神圣不可侵犯，土地、农房等财产权归农等基础的制度安排。政经分离之后，才会逐渐有政教（教育）分离、政道（知识、道统）分离、政社分离。政治、经济、文化三足鼎立，互相依存又彼此制衡。

2012年3月10日，笔者参加了一个关于流动儿童异地高考的会议，会后，一位长期关注村民民主并且在乌坎中蹲点很长时间的朋友邀请我加入他们的队伍，参与乌坎的图书室建设，我很明确地当场拒绝了。回到家，我发了一条题为《记者要有现场感　学者要有历史感》的搜狐微博："今天有朋友邀我参与乌坎的图书室建设，我拒绝了。我觉得，我们对乌坎寄予太高希望了，它耗去了太多的行政和媒体资源，所得也不过如此。土地和法律体制不变，乌坎经验推广到全国，只是一厢情愿的梦想而已，甚至广东都不敢保证。到现场，你会热血沸腾；但隔着一段时空，你会变得冷静。作为记者，要有现场感，作为学者，要有历史感。要在二者之间作出选择，我选择学者的角色。对重庆，亦如是。"

最新消息是：广东汕尾陆丰乌坎村以1人1票选出了村委会，虽然村内大肆庆祝民选村委会正式运作，却无法掩盖村委工作举步维艰的实际困局。新任民选村委得不到地方政府配合，至今未收到上任村委交接资料及银行账号，面临行政和财政困境，基本工作亦难以展开；身兼官方村党总支书及民选村委会主任的林祖銮批评地方政府阻力。舆论直指，内地农村迈向民主一切都是空谈！

当初欢呼"乌坎模式"的人们不免要大跌眼镜。联想到《三联生活周刊》2012年3月8日《"最贪镇长"李丙春：土地暴利中的权力寻租》一文中所报道的：2月23日，北京市顺义区李桥镇前党委书记、镇长李丙春在法院受审。根据检方指控，这位"最贪镇长"涉嫌贪污3 870万元、挪用公款1.78亿元，而所涉及款项几乎全部来自李桥镇下辖村的征地拆迁补偿……事实再一次雄辩地证明，土地公有（集体所有），权力就一定会变成私有，那么，民主、法治、廉洁皆不可得。

一人一票，看上去很美

广袤的中国大地，一个个小村庄，一人一票尚且如此之难，何况960万平方公里的土地、13.4亿人口。理想和现实的距离，就像一张照片、一个电视画面，有声有色，看着真真切切，却怎么也抓不住。

就以一年一度轰轰烈烈的全国和地方两会来说吧，有人做过核算，从地方到中央，每年两会耗费超过50多亿元人民币，全部由国家财政拨款。但稍有两会常识的人们都知道，每年一度的两会，声势浩大，但真正能够在会上解决的问题并不多。仅以全国人大会议为例，近3 000名代表，平均每67万中国人才能选出一名代表（2012年3月，十一届全国人大五次会议新闻发布会上，大会发言人李肇星就下一届全国人民代表大会代表的选举问题回答记者提问时表示，按照人人平等，城乡相同人口比例的原则分配的两千名代表名额，大体每67万人分配1名代表。那么剩下将近1千名代表哪里去了呢？主要是军方代表和少数民族代表。比如十一届全国人大少数民族代表就达到411人），这已经大大超出大部分国家的议员人数了。在多数议会国家，全国性质的议员总数都在500人上下，每次会议最少不少于3人最多不会超过40人。人数再多就无法讨论问题了。

而我们10天会议，大部分时间都在一起开大会，要审议和通过一府两院工作报告、财政预决算草案报告，有时还要审议和通过多项法律和人事任免事项，2012年全国人大的议程就整整十大项。其中读一部报告、念一部法律都往往要占用半天时间，再剩下半天时间审议和通过，根本就没有代表们的辩论时间。假设平均一个代表讲话一分钟，就是 50 小时，以每天工作 8 小时计，需要整整 6 天零 2 小时时间！当然，代表们不可能在大会场上一人讲一句，但即使是分组讨论，也没有多少时间；而且分组通常也是按地区分组，而非按议题分组。

这样的会议，全部都是"既定议题"，代表们几乎没有任何自选动作，自选动作都在会外！大量跟两会有关甚至直接涉及两会本身的国计民生的重大议题，都需要通过媒体这个公众舆论平台去挖掘、去放大、去延伸！根本不可能形成讨论和决议。

这种情况下，67 万人如何一人一票选出一位全国代表，而且是兼职代表，选出来以后如何确保他们专职专心地干代表工作？都是问题。再如，2009 年 3 月 25 日，应学俊先生就在中国选举与治理网发表长文《从×省十一届人大代表构成谈起》，谈到现有的"全国人大代表"，90% 由官员构成。这种形势下，如何实现人大对官员的监督？政治改革是不是首先就应该从禁止官员担任各级人大代表开始，才能避免"自己监督自己"的循环？等等，问题多多。

民主很重要，民主势不可挡。但民主也没有那么神圣和万能。民主不是包治百病的狗皮膏药。民主只能管社会"最大公约数"，管理不属于个人权利、市场又不愿意做的"公共事务"部分，绝大部分公民私人权利、市场自由，各家的孩子应该各自抱回去，不能让公权力染指，也不能让"民主"这只手染指。也就是说，要让公权力和民主的"利益含金量"越小越好。

把民主政治简单地等同于民权普选、一人一票，明显太过幼稚和简单。民主的本质实际上是"破除政治垄断"而不是"民权普选"。破除政治垄断包括了政经分离、政教（教育及信仰）分离，政道（知识、道统）分离、政社（社团）分离等诸多内容。政治、经济、文化三足鼎立，互相依存又彼此制衡。政治改革没有我们想象的难，政改的第一步不是如何分权力，而是把本该属于老百姓的财产权利、市场权利、文化和教育权利完完整整地还给他们，题中之义如土地农房财产权归农民家庭和个人、打破一切形式的政治、文化和经济垄断。

美国中产阶级为什么不投票

旅美学者薛涌先生在一篇文章《公民当以社区为己任》中谈道：美国总统大选，竞争激烈，投票率颇高，但美国媒体还是发现了一个不投票的中产阶级集团。这些美国人受过很好的教育，特别关心时事、热心社会公益事业，在当地的学校、教会、福利机构充当公益活动的主力。他们的哲学是，谁当总统只能影响远在天边的联邦政府，自己在草根社会的参与，才真正能够创造一个自己看得见、摸得着的美好世界。

中产阶级历来被视为社会最稳定的中坚力量，是社会的稳定剂和润滑剂。他们平时是那么关心时事、关心社会的一点一滴，为什么在大选这样的关键问题上，他们的表现反而要冷淡得多？相比之下，倒是那些家庭主妇、老年人什么的，对大选表现出非凡的热情。

这种看似矛盾的东西，其实有其深刻的内在原因。它首先让我想起了20世纪20年代致力于中国乡村运动的晏阳初们的一个至今适用的基本判断："农民对谁当部长谁当省长不太关心，他真正关心的是谁当这个县的县长。几千年来，县政府无论好坏，其职责都是征收赋税和过问民间诉讼案件，我们下决心把这古老的机构重新组织一下。"看来，不论古今中外，人们对权利、利益的取舍采取的都是由近及远的方式。

回到美国中产阶级的问题上，之所以他们对总统大选表现冷淡，乃是因为他们的权利在日常的点滴生活中能够得到很好的实现。因为它的民主已经丝丝入扣地渗透于一切社会、经济、文化和政治生活当中，美国民众根本不需要把全部希望寄托于几年一度的总统大选。那样成本很贵、代价极高。一来正是因为社会已经建立了一整套制约国家权力、保障个人权利的政治法律体系，任何人上台都不可能为所欲为，所以人民可以放心大胆地把权力"随随便便"交给一个人，而不必担心他把国家引入灾难和邪路；二来总统有非常严格的任期，没有终身制；三来社会有非常健全的文化民主、经济民主、法律民主与政治民主相呼应，人民可以及时有效地对包括上至总统下至普通官员的所有掌权者如何行使权力进行一视同仁、及时有效的监督和制约，这样一种"日常的民主"比大选时"一人一票"的民主重要得多，有效得多，成本也低得多。其实从根本的意义上说，法律对私有财产的保护、市场经济、文化自由，都是民主的重要表现形式，只不过它表现为经济民主和文化自由。民主的本义是自由选择。

因为有很好的权利保障，美国人特别是中产阶级不仅对总统选举表现冷淡，即使是对市长（充其量也就相当于我们这里的镇长乡长）选举，也常常表现出游戏的味道。《中国青年报》2004 年 11 月 24 日报道了一则趣闻：在美国俄勒冈州的一个小城普雷里城，由于参与竞选市长的两位候选人（一位 39 岁、一位 80 岁）得票数完全一样，居民最终决定采取一个类似于"掷骰子"的方法：投掷奖章选出自己的市长。而普雷里小城并不是第一个用投掷奖章或硬币选出市长的城市，2003 年 11 月，犹他州一个小城在市长选举中出现了平局，也是以投骰子的方法选出市长的。

相比之下，今天我们中国农村民主选举村主任，人们的热情就非常高，有的甚至千里迢迢回家投票；甚至为竞选村主任而流血的事件也不乏其例。相反，城市居民有多少人会对居委会选举甚至市长选举感兴趣？但这并不等于中国现阶段农村居民享有的民主比城市居民高，也不等于他们对民主的热情比城市居民高。恰恰相反，城市居民在其日常生活中享受到了更多的经济民主和文化民主，不需要毕其功于选举领头人这一役上！

这给了我们一个极大的启示：民主的表现形式是多种多样的，我们固然需要选举方面的民主，但更迫切需要的是与普通百姓切身利益直接相关的经济自由和文化自由，民主社会就应该从这些地方起步，一定会有事半功倍的效果。

今日中国的"三农"问题可为佐证。中国社会科学院一份调查显示：从过重的农民负担到事关当代和子孙后代生存的土地问题，中国农民维权的重心已经出现重大变化。调查的主持者、社科院研究员于建嵘表示，农村土地纠纷正在成为影响当前农村社会稳定和发展的首要问题。中央某媒体长达半年的观众电话声讯记录，为我们提供了一份最真实的原始资料：在 6 万条（次）信息中，三农问题居于首位，为 22304 条，占问题总量的 37.2%，而土地问题就占 15 312 条，占问题总量的 25.5%，更占所有三农问题总量的 68.7%，而社会上炒得热闹非凡的村民自治、民工工资、农村税费三大问题，分别仅为 1 612、1 301 和 1 195 条，各占反映问题总量的 2.69%、2.17% 和 2%，与土地问题相比，可谓"微不足道"。

这个真实的数字证明了我此前的一个判断：农民的土地、房屋、矿山、山林等产权问题如果解决得好，村民民主自治的问题，中国农民的富裕问题，乃至中国的城市化问题，阻力都会小得多。产权问题才是三农问题中至为根本的大问题。

告别主义，回到问题和程序

2012 年 3 月 14 日，温家宝在其总理任上最后一次记者招待会上两次提到对"文革"的警惕，分别是在谈政治体制改革和重庆王立军事件时。在谈政治体制改革时，温总理说："现在改革到了攻坚阶段，没有政治体制改革的成功，经济体制改革不可能进行到底，已经取得的成果还有可能得而复失，"文化大革命"这样的历史悲剧还有可能重新发生。"

在今天这个贫富两极分化突出、腐败相当严重的时代，不论是大众还是精英，很多人都失去基本的理智和耐心，"他们充满仇恨，毫不妥协，急于求成，寻求复仇多于共识，不是把民主当成追求的目标与理想，而是当成达成个人理想与'夺权'的手段"（杨恒均语），这种态势下，"文革"和"文革"思维卷土重来，并非危言耸听。

这样一种"人人自危"的转型时代，往往也是文化思想史上的"百家争鸣"时代，如春秋战国和五四时代。这样的"头脑时代"，思想和文化对社会的走向往往有着举足轻重的历史作用。在这个社会情绪偏于激进的时代，知识分子负有特别的谨慎责任，不能坠入李敖所说的"拙于谋生，急于用世，昧于尽忠，涪于真知，疏于自省"的病态中。人类的历史就和人生的选择一样，关键时刻往往只有那么几步，向左一步是地狱，向右一步是天堂。当务之急，是我们应该告别"主义"，回到实实在在的"问题求解"和"程序构建"中。

我们从来不缺各种道貌岸然的主义，却缺乏通往这些美好愿望的路径和程序。没有程序正义就没有实质正义。万丈高楼，起于垒土，千里之堤，毁于蚁穴。罗马不是一天建成的，但毁灭往往只在一瞬之间。知识分子要格外谨慎，用工程技术的审慎思维对待社会的变革和构建，一枚不合格螺丝就有可能导致航天计划的失败，社会作为更复杂的系统，更应该注重细节的组织与构建。魔鬼就在细节之中。

在"历史紧要关头"，我们最应该担心和防范的，是巨大的贫富差距使大众、精英和一些火中取栗者趁机鼓吹强化政府权力和管制，鼓吹为了达到某种所谓高尚的目的，可以目无法纪和人权，甚至可以不择手段，一步步把中国带入深渊。因为社会分配中的不公平现象，不少人开始怀念"文革"，怀念用非正常的激进手段重新分配社会财富。然而历史已经一再证明，每次"左"倾，受伤害最大的必定是"人民"。

一个只讲意图不循规律、不择手段、不问责任伦理的民族，奴役和贫穷就是唯一归宿。

知识分子要做理性的建设者，做敢于直面强权和民粹的智者和勇者。不要高估大众的智商，投资大师罗杰斯如此忠告女儿："记住，有一半人口的智商在中位数之下。"

"靠仇恨驱动的诈骗"决定了一些人必须靠煽动仇恨吸引拥护者，言论不极端不刺激就不能打动听众，任何折中妥协的主张都不能被容忍，任何不够极端的人都会被排斥。这便是我们要重点防范的对象。

人类最惊心动魄的历史不是冠冕堂皇的口号史，而是悄无声息的财政史。任何主义和理想，都必须落实到最简单最基础的"钱从哪里来，又到哪里去？"正如重庆的"共富模式"。据《中国经营报》2012 年 3 月 9 日报道，2010 年重庆"民生十条"涉及投资 3 400 多亿元，2011 年"共富12 条"涉及的投资高达 1.2 万亿元。而 2012 年 3 月 19 日该报又报道：即使到财政收入猛增的 2011 年，重庆的财政收入也不足 3 000 亿元。"寅吃卯粮"，最后仍要由百姓买单。正如识者所言，重庆模式无非掠夺民企资产，再拉巨额银行债务支撑短期基础设施和民生建设，为野心家阴谋家的飞黄腾达铺路。我走后，哪管洪水滔天。

所谓重庆模式，无非是两把未经文明进化的斧头，一板斧砍向过去，借打黑之名把企业家几十年积累的财富收归国有；一板斧砍向未来，通过土地财政大肆向银行借钱，给政客制造短期的辉煌政绩，最后连本带利要由老百姓还。新华社记者说它是"远看是灯笼，近看是窟窿"。

"薄雾迷城"，《中国经营报》用了这样贴近又隐喻十足的标题，因为重庆是个雾都，也因为在 2012 年 3 月 15 日被中央宣布免职之前，薄熙来主持了一个迷雾重重的"唱红打黑"的重庆。但类似的迷雾，其实一直笼罩在大多数国人的心头上，驱之不散。

第五讲
城市房价与中国发展模式转型

货币超发与物价房价

2012年3月14日温家宝总理在其任上最后一次记者招待会上，回答了《人民日报》记者关于房价调控的问题。他表示很痛心民众"政策不出中南海"的说法。

《人民日报》记者问："最近一轮房地产市场调控，大家都非常关注，中央的决心很大，力度也很大，一些城市的房价已经开始回落。请问总理，住房价格回落到什么程度才算是达到了调控目标？另外，面对经济增速放缓和地方财政压力，楼市调控会不会半途而废？"温总理是这样回答的：

我最近出于一种责任感，把从2003年开始的房地产调控认真地回顾了一下。其实我们在2003年已经提出了6条调控措施，2005年又制定了国八条，2006年又制定了国六条。但是，为什么调控不见成效？群众也在责怪我们，说房价越调越高，政策不出中南海。我听到了感到十分痛心。

我觉得房地产市场关系到财政、金融、土地、企业等各项政策，涉及中央和地方的利益关系，特别是地方从土地出让中获取大量的收入。涉及金融企业和房地产企业的利益，改革的阻力相当之大。

为什么这两年房地产调控在艰难中看到一点曙光？有所进展。首先是我们调控的决心坚定而不动摇；其次，我们抓住了一个抑制投机和投资性需求的要害问题，采取了有针对性的政策措施。

对于房地产市场，我有个基本看法，那就是中国有13亿多人口，又处在工业化和城镇化阶段，对住房的需求是刚性的，而且将会是持续的。当然，我们说住有其居，并不意味着住者有其屋。从方向上看，应该鼓励更多的人租房。

关于房地产市场发展，我有几个观点：第一，要保持房地产长期平稳和健康发展。如果盲目发展，出现经济泡沫，一旦破灭，不仅影响房地产市场，而且会拖累整个经济。

第二，什么叫房价合理回归？我以为合理的房价，应该是使房价与居民的收入相适应，房价与投入和合理的利润相匹配。现在我可以明确地告诉大家，房价还远远没有回到合理价位。因此，调控不能放松。如果放松，将前功尽弃，而且会造成房地产市场的混乱，不利于房地产长期健康和稳定发展。

第三，房地产的发展，毫无疑问要充分发挥市场配置资源的基础性作用，就是说要充分利用市场这只手。但是政府这只手也不可以缺少，因为它更具有稳定性和促进公平。

有人根据"房价还远远没有回到合理价位"、"特别是地方从土地出让中获取大量的收入。涉及金融企业和房地产企业的利益，改革的阻力相当之大"这几句话，就认为房地产调控改革阻力大是因为地方政府和利益集团是改革阻力，未免想得太简单太狭隘了。

网络上甚至有人根据所谓的国际惯例，算出颇能吸引眼球的"各地合理房价图"。有关"专家"说，按照国际惯例，一个家庭6年的总收入可以购买一套房子，以此我们就可以推算出各地的合理房价：按每个家庭拥有2名劳动力计算，按照各地的人均可支配收入乘以2，然后乘以6，基本上就可以得出一个家庭6年总收入，也就是该家庭所能承受的房价总和。然后在这个基础上除以80（以每户买80平方米房子为准），这样得出的数据大概就是每个城市的合理房价价位了。根据这个计算公式，得出的"理想化状态"下的合理房价分别是：上海5 734.5 元/平方米，深圳5 475 元/平方米，北京4 935.45 元/平方米，杭州5 055 元/平方米，苏州4 960.5 元/平方米，南京4 830 元/平方米，无锡4 745.7 元/平方米，大连4 265.25

元/平方米，济南 4 050 元/平方米，天津 4 038.15 元/平方米，福州 3 978 元/平方米，长沙 3 967.65 元/平方米，成都 3 589.8 元/平方米，武汉 3 558 元/平方米，合肥 3 368.7 元/平方米，重庆 3 037.5 元/平方米，昆明 3 255 元/平方米……各地也可以根据地方政府公布的收入数据如法炮制，得出的合理房价想必都会在现有房价的三分之一以内。

根据这些数字，房价至少得穿越回到十多年前。这不明摆着在给本届政府和下届政府一个完全不可能完成的任务吗？这个价目表的娱乐价值远大于实际参考价值，如果谁要是抱着救命稻草似地抱着"合理房价"不放，他只能面临着越等越贵的命运，最终结果，除非他买彩票意外中了个大奖，否则弄不好一辈子都会买不起房，越等越买不起。

事实上，温家宝也好，一切试图单方面打压房价的人们也好，他们忘了两个物价上涨的根本原因：一是通货膨胀；二是土地价格上涨。而土地价格上涨又是因为现有的土地制度、分税制和各地方政府亲自冲到微观经济第一线的招商引资的强烈冲动造成的。根子问题不解决，房价上涨问题无解。

在过去 14 年间，中国的广义货币量（M2）以平均 17.5% 的增长率在增加，最高速度为 2009 年的 29.4%，最低为 2000 年的 12.3%；而且在绝大多数时间里，货币数量增长率都高于 GDP 增长率。其中，2009 ~ 2010 数据来自财政部，其他年份数据来自国家统计局。而美国在过去 20 年期间，只有 7 年的时间 M2 增长率高于 GDP 增长率，而这 7 年时间都是经济危机期间。也就是说，很长时间里，中国经济增长都来自货币推动。如果不算 14 年，就算过去 10 年，M2 也是以平均 17.5% 的增长率在增加，十年过去，货币量是十年前的 4.27 倍！世界上有什么地方货币如此大量增长而物价却保持十年不动的？我们在拿高房价开刀的时候，何时又拿高车价高菜价开刀呢？《新京报》2012 年 4 月 10 日报道说，每天去市场买菜的北京市民杨大妈近日总是忍不住抱怨："现在低于 3 块一斤的蔬菜已经很少了。随便买点菜，几十块钱就没了。"国家统计局发布的数据与人们的感受一致，受食品价格上涨因素推动，2012 年 3 月份全国 CPI 与去年同期相比上涨 3.6%，并迅速终结了仅仅维持一个月的"正利率时代"。其中食品价格上涨 7.5%，鲜菜价格涨幅更是高达 20.5%。

据渣打银行的统计数据，2002 ~ 2011 年间，中国央行的资产负债表扩张了 8 倍，为了稳定人民币汇率，央行大量发行货币以对冲流入的美元。

2012 年 4 月 23 日《第一财经日报》报道，渣打银行在其最近的一份报告中表示："全球流动性的主要提供者已变身为中国央行，并非是大家印象中的美联储或者欧洲央行。周小川不仅是中国央行的行长，还是全球的央行行长。"在过去的五年，中国人民银行的总资产增长了 119%，并于 2011 年末达到 28 万亿人民币（约合 4.5 万亿美元）。而知名度更高的美联储、欧洲央行在 2011 年末资产规模分别为 3 万亿美元和 3.5 万亿美元。与之相对应，中国的广义货币量在过去五年中也增长了 146%，2011 年末余额已达到 85.2 万亿元，位居世界首位。到了今年 2 月底，中国的 M2 再次刷新至 86.7 万亿元人民币，约合 13.8 万亿美元。根据渣打银行的测算，在刚刚过去的 2011 年，中国的 M2 增量已经占到世界新增 M2 规模的 52%。而美国去年末 M2 规模仅有 9.6 万亿美元。

央行一直印钞票，房价物价又怎么可能降呢？

在货币增长的大环境下，房价上涨只是所有物价上涨的一个小小组成部分。大家眼里都只"选择性看见"房价上涨，却忽略了导致整体物价上涨的根本原因，结果是发改委成了物价委，还是控制不住按下葫芦浮起瓢的物价，各类商品价格都玩起了捉迷藏躲猫猫，国家有关部门一不留神它就噌噌噌往上涨！

通胀是对普通国民的无声掠夺，正所谓大盗不盗：小偷趁着夜黑风高之夜，翻墙撬锁偷到你家里；大盗则在光天化日之下，不动声色就将你的财富转移到了他手里。楼价现象更多是货币现象。哈耶克说：通货膨胀是由政府及其工作人员造成的，除此之外的任何人都不可能造成通货膨胀。再用脑子想想我们的房地产吧，别动不动就把原因归结于地方政府、利益集团什么的，除了制造仇恨和对立，什么问题也解决不了。

凯恩斯说：通过连续的通货膨胀，政府可以秘密地、不为人知地剥夺人民的财富，在使多数人贫穷的过程中，却使少数人暴富。今天我们通过通胀剥夺了大部分人，然后把责任归结到房地产头上，而不是从根本的通货膨胀上找原因。怎么能不南辕北辙呢？

浙江财经学院教授谢作诗说：不管你是否相信，从 2007 年到 2008 年以来，中国的经济增长在一定程度上是一种假象。从 2008 年起，中国 8% 到 10% 的总体增长率是由平均占 GDP 三至四成的新增贷款推动的。这些贷款中，最高 20% 到 25% 的部分到头来可能会沦为坏账，亏损幅度相当于 GDP 的 6% 到 10%。如果把这些亏损减去，中国经济的增长速度就会低很多。

1988 年 9 月 19 日，诺贝尔经济学奖获得者弗里德曼在中南海曾对我们的领导人说过：一旦通货膨胀出现，它的社会影响是很严重的。只有一种办法可以对付通货膨胀问题，这个办法就是控制货币供应量。我们无法通过控制单个商品的价格来控制通货膨胀。许多国家曾试图这样做，但最后都失败了。1 600 多年之前，罗马帝国曾经试图通过这种方法来控制通货膨胀，但最后还是失败了。1971 年，美国的通货膨胀率是 4.5%，尼克松总统采取了工资和价格控制方案，最后同样失败了。

今天，如果我们不改革土地制度和政府投资体制、不控制货币供应量，想控制房价，同样是一个失败的结果。

地价与房价的关系

在中国，天上和地上各自有一股非常强大的力量在支撑着房价上涨。天上的力量就是货币超发紧紧地拽着房价物价往天上飞；地上的力量就是土地价格牢牢地把房价往天上顶。

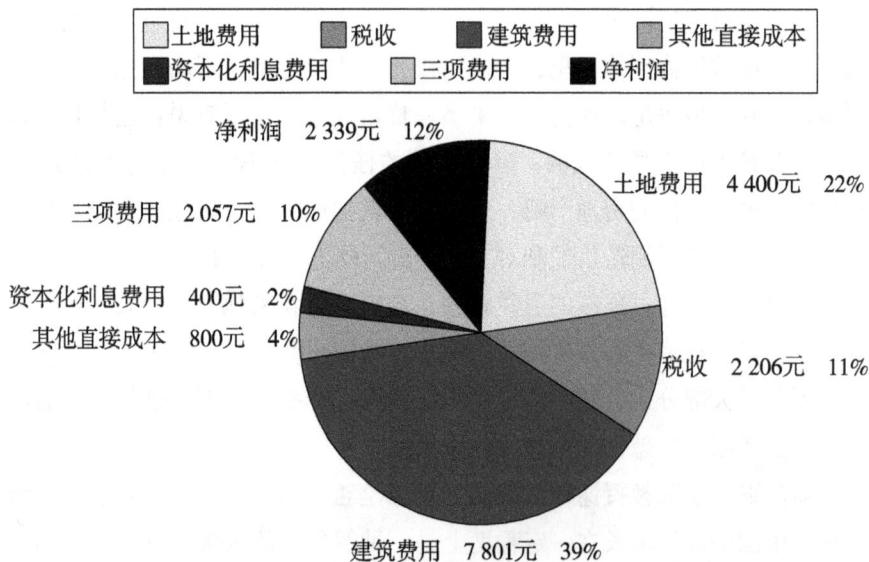

这是中国著名的豪宅制造商绿城中国，每平方米 2 万元的房子的各项成本和利润构成。其中税收和土地费用占到 33%。作为豪宅，开发商净利润只有 12%，这个还是房价暴涨那几年的销售结果，房地产商的利润占比会比较高。如果遇到市道不好，房地产商的利润占比还会降低。到底是开发商的血管里应该流着道德的血液，还是各级政府的血管里应该流着道德的血液？嘴上说了不算，数据不会骗人。

豪宅的建设成本远高于普通住宅，拉低了税收和土地成本占比。普通住宅里，税收入土地成本占比还要高出许多。

2012 年 4 月 5 日《新民周刊》封面文章《房价何时是"到位"》也写到地价与房价的构成。按照 2007 年之后从公开市场拍卖获得的土地，其出让金平均可以占据一套房产总价的 20%—40%；政府向开发商收取税费大约为 15%。也就是说，购房者缴纳给政府的，地价和税费已经超过房价的 40%，高的可达 55%。此外，购房者还要额外缴纳 1%—3% 的契税。

虽然不排除在楼盘实际操作过程中，一些房地产商通过在竞拍中抬高自有项目周边的地价，达到拉高项目房价的目的。用地价拉动房价来解套它的项目，然后再用项目的价格来解套它的地，就这么一轮一轮来回拉动。但只要开发商没有退出房地产，地价房价再高，开发商和购房人最终还是替政府和拆迁户打工，面粉贵过面包的现象会频繁出现。因为地价楼价在抬高的同时，拆迁户的胃口也越来越大。

既然土地价格和税费占房价的比例那么高，是不是降税费和土地价格就可以大幅度降低房价呢？理论上是这样的，但世界是普遍联系的，简单表象的背后往往有着极其复杂的各种关联，真想要降土地价格，事实上并没有那么容易，其难度和复杂程度，丝毫不亚于降低房价本身。所以我们必须一步一步地追问下去：为什么拆迁和征地你死我活的矛盾总是无解？为什么被拆迁征地一方要价会越来越高？在地价房价越来越高的背后，土地财政和投资型政府陷入了一个难以自拔的陷阱！

土地财政和投资型政府真相

1994 年开始分税制以后，中央政府一天比一天财大气粗。钱一多，以为集中力量一定能够办成大事的幻觉就会再度出现，于是我们看见了高铁大跃进、基础设施建设大跃进和保障房大跃进等。

但与此同时，中央政府和地方政府财权和事权不对称的现象越来越突出。主要表现在中央掌握了大部分财政资源，但责任却很轻；地方政府掌握了小部分财政资源，但医疗、养老、教育保障、基础设施建设、保障房建设甚至于地方的整个经济建设责任都落到了地方政府头上。比如2011年中央要求各级政府开工建设一千万套保障房，这意味着，不包括拆迁征地和基础设施配套建设等费用，这一千万套保障房光基本建设费用就要1.3万亿元，平均一套10万元，但中央财政只给了1 300亿元，平均一套房子1万元。我开了个玩笑，说在我老家小县城那样的四五线城市，这1万元还不够买2平方米住房，刚好可以放一张小床躺着睡；而像北上广深这样的一线大都市，1万元可以买个半平方米，放不下一张小床，只能站着睡觉了。

中央政府的责任那么小，可是你知道分税制以后中央政府拿走了多少钱吗？最简单的比方是：如果财政收入是100元，那么中央政府拿走了55元，其余45元在省、市、县各级政府中分配。越到下面，分配得到的额度越小；而越到下面，尤其是县一级，需要承担的责任往往越大。

巧妇难为无米之炊。地方政府又要花钱，又不能发债，又不能定税，于是发明了土地财政。2012年3月9日《新快报》报道，8日下午，全国人大广东团分组讨论，全国人大代表、广东省地税局局长王南健炮轰分税制逼良为娼。他表示："分税制一定要完善。100元的GDP，中央就拿走了55元。"王南健解释，这样的量化，最直接地反映了当前分税制的问题。中央拿得多，但实际上用得不好，而地方拿得少，实际上承担的财政支出却非常高，"上头点菜，地方埋单，地方政府苦不堪言"。"结果就是'逼良为娼'。"王南健接着说，为了完成不停加码的任务和指标，地方政府只能搞土地财政，甚至是增加收费项目，下达一些不切实际的财税增幅指标，"这是逼着地方干坏事"。"中央拿走的钱，用于专项转移支付占了很大一部分，这个问题就更大了。"这是"跑部钱进"的根源。而转移多少，就看关系，关系好就多给点，不顾实际，结果造成很多浪费。很多人还记得，国家审计署前总审计长李金华也曾公开炮轰过转移支付导致"跑部钱进"的腐败盛行。

大家都在说土地财政，但土地财政到底是怎么回事，多数人知其然不知其所以然。如果这个土地财政只是用来做社会保障和社会安全方面的开支，城市的房价不会这么高，拆迁征地的矛盾也不会这么激烈。但如果土地财政的主要目的是用来做无底洞似的政府投资，那么不仅愈演愈烈的拆迁征地矛盾无解，城市高房价和百姓收入低的矛盾也将无解。

各级政府都以投资为己任，但地方政府又没有征税权和发债权，它们不能随意降低税费标准，尤其是国税方面的标准，因此，在招商引资过程中，最有效的竞争利器就是土地，竞相压低工业用地的价格成为各地招商的法宝。很多时候，政府出让工业用地的价格，甚至比征地价格还低。但是大家都知道的基本事实是：土地名义上是国有或者集体所有，但在使用权上大都已经名花有主，因此政府征地是要花钱的。同时政府自身是不直接创造财富的，被压低的工业用地价格，以及基础设施建设方面的投资，最终都需要从商业用地和住宅用地上面补回来。

著名的房地产开发商、既不怕得罪政府也不怕得罪百姓的任志强团队提供的数据显示："每年农田占用的总量中房地产开发用地仅占5%左右，纯商品住宅只占1.5%左右。大量的土地并非是商品住宅所占用。2010年2.7万亿元的土地出让收入中，由开发商购买的土地不到1万亿元，另1.7万亿元出让的土地并不是商品房。而开发商购买的土地中仅70%是住宅用地，其中还包括约20%—30%的保障房，纯商品住房所占的比例就更低了。"换句话说，只占1.5%的房地产开发用地，却承担了37%的总地价！这其中，还得"内部消化"20%—30%的保障房成本！

2010年4月，财政部首次公布了2009年全国土地出让支出情况。数据显示，2009年全国土地出让收入为14 239.7亿元，支出总额为12 327.1亿元，收支结余1 912.6亿元，按规定结转下年继续使用。在支出结构上，其中用于征地和拆迁补偿、城市建设以及土地开发分别占比40.4%、27.1%和10.7%，三项合计占比总支出的78.2%。

这个数据可以反过来佐证任志强的数据。虽然被征地和拆迁方只拿到总地价40%的补偿，但地方政府其实已经拿不出更多的钱来了。

现有土地和政府发展模式下拆迁难题无解

在商业和住宅用地招拍挂的信息越来越透明的情况下，被拆迁的老百姓对拆迁补偿的预期越来越高，成为推动整个房价、地价上涨的主要因素。

在1998年住房市场化之前，开发商只需跟村里、区里谈好就完了，老百姓并不清楚，只拿到一个地上建筑物的补偿，这使得当时的地价几乎相当于零。但在 2004 年实行土地招拍挂政策之后，土地拍卖信息的公开，使得城市和乡村的"钉子户"对于拆迁补偿的预期迅速提高。2010 年北京西单的基准地价从 8 800 元每平方米一路调升到了 33 000 元每平方米。

多数老百姓并不知道自己所得的补偿只占土地拍卖价格的 40%，而总是认为，拍卖时是多少，就应该全部用于被拆迁户的补偿。但实际上，整个城市基础设施的建设费用，比如公园、道路，甚至教育、医疗等大量的公建配套用地的成本都是均摊到住宅与商业金融用地上的。而越是在金融和商贸业不那么发达、人口净流入也比较少的二三线城市，商贸和住宅用地占征地总面积的比例越低，因为那样的城市，在招商引资过程中廉价供应甚至倒贴供应的工业用地的比例很高，而能够付出的拆迁征地补偿比例很低。

2012 年 4 月 20 日，国家审计署发布 2009 年至 2010 年土地管理及土地资金审计结果，24 个市县中，14 个市县违规征地 22 万亩；14 个市县少征和减免土地资金 40.79 亿元；11 个市县未按时征收土地出让收入 137.47 亿元；12 市县挪用 15 亿土地资金，其中有 1.09 亿元被直接用于补助企业经营及其厂区建设等，有 2.07 亿元被用于出借等，有 3.17 亿元被用于湖泊生态建设、湿地修复等超范围支出。很显然，这些违规资金大多数都是用于补贴工业企业的。新华社的消息只披露了少数几个县市区的用地违规违法情况，全国的情况大同小异。

尤其是各地方政府普遍实行土地储备制度以后，大量用于储备的土地也许要很多年后才能卖出去，因此在拆迁征地时往往没有一个合理的中间价格可谈。

在这种情况下，被拆迁征地者会不会遭遇暴力强拆和血拆；拆迁征地一方会不会遇到性情刚烈以死相拼的钉子户，对于双方而言，都凭运气。

但是，一方面，政府投资和招商引资需求逼得各级政府大肆征地。社会学者孙立平在《转型陷阱，中国面临的制约》一文中写道："我去某地，晚上区长请我吃饭，就两个人，他说你知道我今年最难的是什么吗？今年最难的是拆迁任务 100 万平方米，这和我乌纱帽连在一起，拆完了还当区长，拆不完区长就别当了。我说拆哪，他说拆哪都行，只要拆出一百万平方米。我们现在不是经济停滞的问题，而是走火入魔，陷入畸形发展。"

另一方面，农村土地的集体所有制，给了征地以极大的便利。通常村委会少数几个人就可以代表村民卖出大片土地，他们中的人拿一些回扣或者受到上级官员或相关企业的威逼利诱，就随时有可能把村集体大量土地廉价卖出，等企业签订了相关合同，再进行开发，如果这时万一有农民不服从不愿意，双方都已经无路可退，矛盾就有可能僵持甚至迅速恶化。

在政府土地储备制度和农村土地集体所有的双重作用下，征地范围过宽成为非常突出的问题。目前我国省级以上各类开发区有 1 600 个左右，很多省份每个县都有一个省级开发区。每个开发区规划面积平均在 8 万亩左右，全国开发区规划面积在 1.3 亿亩左右。这是一个极其庞大的数字。按目前城市建成区的边际 GDP 产出能力估算，这些开发区全部建成以后，总的 GDP 应该达到 260 万亿元，超过目前国民经济总量约 5 倍！

所以，要解决高房价、拆迁征地矛盾以及大量违法违规征地问题，必须改革农村集体所有制度，弱化甚至完全取消村集体对土地征用的发言权，强化农户的土地财产权，使农户参与到土地流转中来。同时要转变政府职能，政府不能再以经济建设为中心，而应该以社会保障和社会的公平正义为中心。只有政府彻底退出微观经济活动，中国的经济和社会才能走上正轨。

土地储备与货币超发互相作用

政府预先征地的土地储备制度，不仅使大量土地征后抛荒、加剧征地拆迁矛盾，而且在相当程度上绑架了中国的银行体系，也就是绑架了中央政府。

土地是城市最为重要的资源，对城市土地进行集中储备和供应是城市经营的核心和关键环节。土地储备最早起源于 1896 年的荷兰阿姆斯特丹，随后欧洲很多国家都实行了土地储备制度，后来在瑞典、法国、德国、英国、美国、澳大利亚、韩国等国家得到推广。20 世纪 80 年代初期的香港也实行了土地储备制度。

中国内地的政府土地储备制度，比住房私有化还早。住房私有化是1998 年，但在此前，1996 年上海就成立了中国第一家土地储备供应机构——"上海市土地发展中心"，1997 年 8 月杭州成立了"杭州市土地储备中心"。杭州的土地储备中心成立之后，效果突出，国家 1999 年开始把杭州土地储备制度的经验和成果进行推广，得到各地政府和土地管理部门的推崇，随后各地都纷纷成立土地储备机构。2007年11月19日，国土资源部等三部委出台《土地储备管理办法》，意味着中国内地的政府土地储备制度纳入了法治轨道。

土地储备制度下，政府征地不再是直接用财政或者开发商的钱来征地，而是用银行的钱来征地，用征来的地向银行进行抵押贷款，未来卖地的钱，就是连本带利还银行的根本依据。这部分银行借款，俗称地方债。

到目前为止，中国的地方债有多少？官方公布的数据是10.7万亿元。民间和境外一些媒体则另有说法，有的认为10.7万亿只是有明确的土地做抵押的，还有大量上级机构没有查出来的，总额最高的说法接近20万亿元。

而中国内地整个银行业的资产有多少？据银监会披露：截至2011年12月末，我国银行业金融机构总资产为111.5万亿元；总负债为104.3万亿元。也就是说，银行业的净资产只有7.2万亿元。

所以，地方债的安全，事实上紧紧连着整个银行业的安全。如果政府储备的土地卖不出去或者被迫低价甩卖，那么不仅银行业不安全，整个中国经济社会都不会安全。

在这里，土地制度跟流动性互相作用：因为征地过程中实际只有极少量土地用于住宅建设，还要大量补贴工业用地等（这是投资型地方政府的唯一利器），所以助推地价房价；而土地集体所有，导致征地太容易，地方政府通过向银行大肆借地方债滥征土地，加之不断上基建项目（价格和数量都是正常市场需求的N倍），必然加剧货币需求，导致货币流动性上升，也会助推物价房价。

这是一个极有意思的中央和地方政府互相绑架的现象：因为分税制导致中央和地方政府财权事权不协调，使得土地财政和地方债事实上成了地方政府的"第二财政"。"第二财政"不稳，则金融不稳；"第二财政"要稳，则房地产必须稳。

土地集体所有和小产权房为什么不敢放开

饱受高房价之苦的一些民众纷纷转向小产权房。许多小产权房是村集体之间通过整合集体所有的建设用地和宅基地，然后再在整合之后的集体土地上建设的。一般是开发商提供资金，镇政府或者村政府提供土地，最后房子分成，省去了招拍挂等许多环节，因为没有土地出让金、契税和各种税费，小产权房在购买时既方便又便宜，而且这种"方便"还包括不受限购等方面的限制。

国土部门不完全的统计，截至 2007 年上半年，全国小产权房面积已经达到 66 亿平方米，近年来小产权房存量逐年增加。另据全国工商联数据，1995 年至 2010 年，全国小产权房竣工建筑面积累计达 7.6 亿平方米，相当于同期城镇住宅竣工面积总量的 8%。小产权房在深圳、北京等房价较高城市持续热销的局面，最多的已达到房地产市场销售总量的 1/5。

另据 2012 年 4 月 8 日《中国经营报》报道，中国房地产协会副会长陈国强认为："尽管没有统一的数据，目前北京地区的小产权房面积已经占所有住房面积的 20%，而且从全国来看，北京和其他城市的小产权房并无很大的区别，粗略预算，目前小产权房的规模已经占去四成。"在陈国强看来，小产权房最大的吸引点就是价格优势，"相对国有土地上的商品房，小产权房价格更低，一般只有商品房价格的三分之一，有的甚至低于经适房的价格"。从现有数据分析来看，小产权房主要集中在大中城市城乡接合部、城中村、旅游景区和休闲度假区等郊区，种类繁多，情况复杂。

虽然国土资源部一直想清理小产权房，但总量还是越清越多。对已经成型的、规模较大且已经卖出的小产权房，拆除的可能性很小。否则大规模拆除将激化社会矛盾，影响社会稳定，也是住房建设资金和建筑材料的巨大浪费。

但为什么又一直不肯放开，通过完善规划、收取房产税、交易税等方式让小产权房转正呢？至于更进一步的完善农民的土地产权，让农民的土地和房屋私有产权更完整、更独立，却是连提都不敢提。

小产权房和土地私有化，并不会影响政府的地方债。农民不是傻瓜，一旦土地私有化和小产权房合法化，他们的要价会更高，随着税费的完善，今天所谓小产权房的价格也会水涨船高。因此它对城市尤其是大中城市房价的影响也不会很大，尤其是对中心城区房价的影响微乎其微。

小产权房合法化和土地私有化，影响最大的是两个方面：一是政府的土地储备制度。土地产权落实到农民个人了，征地就要一家一户地谈，大规模征地和在此基础上的大规模土地储备就越来越难，地方政府招商引资的最有力武器从此失去锋芒。它将逼迫政府职能和中国经济发展模式的全面转型，政府"以经济建设为中心"失去依据，被迫回到守夜人的位置上，以社会保障、安全和公平正义为中心。这是好事，中国社会由此从权力市场经济向真正的自由市场经济转型。

影响最大的另一个方面，是由房地产补贴工业用地的时代终结，房地产价格有可能带来真实的回落。但更重要的是市场价格被扭曲的现象会得到纠正，以后谁要是办企业，不可能再获得由房地产补贴出来的廉价工业用地了。失去了房地产对工业的补贴以后，工业的真实成本浮出水面，可以挤出地方政府在招商引资过程中富余出来的大量过剩产能，有效淘汰低附加值、低效率的企业，对环境保护和中国的产业升级都大有好处。

过于天真的张五常

著名经济学家张五常在《贫富分化与土地政策》一文中认为，地区竞争不会搞高楼价。中国内地的县际竞争激烈，而地方政府一律重视工、商业的多元化发展。在这样的竞争局限下，只着重增加卖地的收入就是自取灭亡。想想吧，一个县免费提供一幅大地给一家名牌工厂，怎么会傻到搞高住宅楼价来把该厂吓跑呢？虽然档次较低的工人可住工厂提供的宿舍，但职位较高或成家立室的，怎会不考虑住宅楼价？

事实上，张五常先生真的有点儿老眼昏花了。他哪里知道，免费提供给名牌工厂的大片土地，征地时并不是真的免费得来，而是把征地的成本，在卖地时都压到了房地产头上。这种情况下，住宅楼价要是不高，那只能说明天上会掉陷饼！

地方政府当然也要考虑住宅楼价，考虑怎样才能满足张五常所说的职位较高或成立家室的企业高管们的住宅需求，但他们采取的是消防队员的办法，头痛医头脚痛医脚，哪里失火，就拿一个消防水龙头到哪里去灭火。

他们采取的办法是对所谓高端人才实施特殊政策。《南方日报》2012年3月1日报道，目前全国31个省（港澳台除外）均存在不同程度的个税违规情况。主要表现在两方面，一是对个税奖励，即先征后返；二是对给予个人的奖金免征个人所得税。

类似做法延续多年，他们的共同特点都是"奖励精英人才"：重奖纳税大户；直接给精英人才高额返还个人所得税；给金融企业和高科技企业直接发放房屋补贴；地方政府承诺，只要一些金融企业和跨国公司把总部设到它那儿，马上给予数额千万元以上的现金奖励；在高房价对高科技人才的挤出与阻碍效应产生之后，将高科技人才及其他对提升城市竞争力意义重大的人才纳入保障性住房，等等。

地方政府这种"劫贫济富"的荒谬性是不言而喻的：政府拿全体纳税人的钱，奖励一部分在市场竞争中原本就获得优势地位的企业和个人，与政府促进公平、建立公平公正的竞争秩序背道而驰，与税收的财富调节功能背道而驰，也与法律的要求背道而驰。最后结果是经济发展越来越不公平，少数人享受果实，多数人承担成本和代价。

中国各地方政府间的城市和区域竞争，主要就两个手段：一是千方百计降低本地工业用地的成本，二是为各种"高端人才"在住房、入户、税收等方面开绿灯。前者必然导致地方高房价，因为地方政府所征得的土地，只有小部分用于住宅建设，而大部分需要廉价供应甚至倒贴供应于工业用地（俗称建好厂房的"交钥匙工程"）。在这种情况下，普通劳工阶层的生活成本无形中被大大地推高。少数"高端人才"是得到了补贴和优惠，但是，如果没有多数"低端人才"奠基，一个地方的文明金字塔可以堆砌得起来吗？

楼市调控代价：经济硬着陆和风险后延

2010 年年初，尤其是全国两会过后，号称史上最严厉的房地产调控政策步步紧逼，银根收紧、贷款利率上调、限购、限贷步步为营。但是，两年多时间过去，全国整体平均房价还在上涨，但中国经济却全面迎来硬着陆，情况比 2008 年全球金融危机还糟得多。所谓硬着陆，实际上是经济学界用的一个文绉绉的字眼，如果用简单明了的白话来说，就是从半空中摔下来了。

兰德咨询发布了 2007—2011 年（近五年）全国商品房销售面积和销售额情况，根据下面的图表，可知 2010 年全国平均房价 5 033.56 元，2011年为 5 379.34 元，同比上涨 6.9%。

国家统计局数据称，2011 年 12 月份，全国 70 个大中城市中，新建商品住宅价格环比下降的城市有52个，持平16个。从同比看，70个大中城市中，价格下降城市9个，比11月份增加了5个。涨幅回落55个。12月份，同比涨幅在5.0%以内的城市有60个。

资深地产评论人陈宝存微博透露：央广和电视节目的录制很有意思！北京普通住房房价（含保障房）11.3%的降幅屡屡被媒体选择性倾听，而同样是北京房协公布的北京商品房房价（2011年）上涨7.8%的数据被选择性抛弃，这是误导消费者啊！

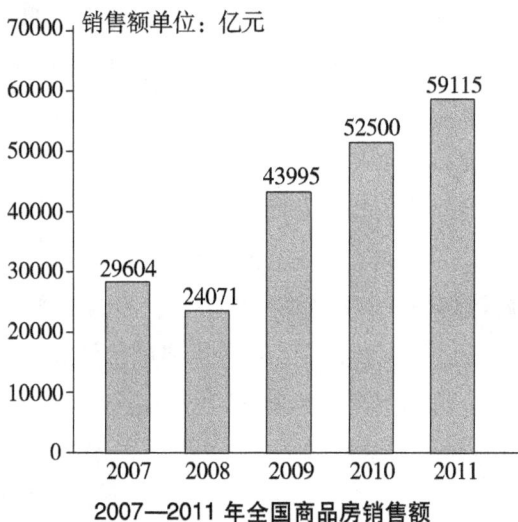

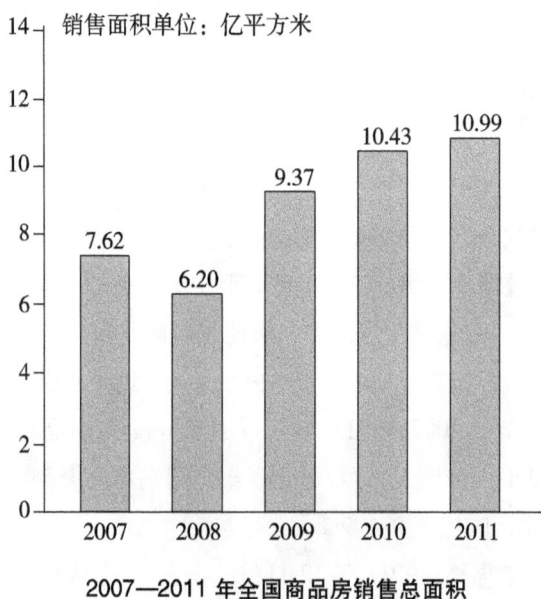

销售额单位：亿元

	2007	2008	2009	2010	2011
	29604	24071	43995	52500	59115

2007—2011年全国商品房销售额

销售面积单位：亿平方米

	2007	2008	2009	2010	2011
	7.62	6.20	9.37	10.43	10.99

2007—2011年全国商品房销售总面积

数据显示，即使经历了朝野上下都承认超出行政力量应有边界的史上最严厉调控，全国和北京等大都市房价仍在上扬，只不过上涨幅度不像以前那么高了。但社会为此付出的代价却非常巨大。

天下没有免费的午餐，任何一种选择都有成本。中原地产创办人及行政总裁施永青就公开表示：社会要为遏抑楼市付出代价。"地产商手上的项目，大都是在限购、限贷政策推行之前决定的，明显已成错误投资。地产商修正的方法就是赶快卖楼套现，不作新的投资，就会拖累一系列相关行业的投资，社会总投资量势将减少；今年的经济增长势将失去不少动力，社会也要付出代价。"资深财经评论人叶檀表示：房地产行业摇摇欲坠，并不是中国经济之福，将导致中国经济地基不稳。"房价不要说下降50%，事实上房价只要下降30%，多个基础行业如钢铁、房地产信托、化工、建筑等行业都将接近崩溃。"

事实上，还没等房价下跌，社会已经全面付出代价，并且仍在持续付出代价。

深圳经济数据出现负增长，为特区成立以来罕见。2012年前两个月，深圳的规模工业增加值为730.65亿元，比上年同期减少了3个百分点。规模以上工业销售产值为2 754.43亿元，比去年同期减少了5.4个百分点。即使考虑到春节的因素，深圳的规模工业生产出现如此大面积的负增长，也是深圳经济特区成立以来的首次。令人欣慰的是，今年前两个月，深圳固定资产投资额达185.67亿元，同比增长10.2%。其中，房地产开发项目投资70.63亿元，同比增31.6%；非房地产开发项目为115.04亿元，同比增0.2%。

但令人担忧的是，一直占我国近1/8进出口总值的深圳，2012年在外贸方面也出现了负增长的格局。统计快报显示，2012年前两个月，深圳进出口总额为562.89亿美元，同比下降3.5%。其中，出口327亿美元，同比下降6.0%；进口235亿美元，同比增长0.3%。而2011年同期进出口则是增长了60.5%，出口增长高达62.6%。

财经网3月29日刊登安邦分析师文章认为，2012年前两个月的数据表明，投资、消费和出口三驾马车对经济增长的贡献都已经全面下滑，而深圳更是中国经济全面下滑的一面镜子，如果连处于改革开放前沿，集聚了人才、资源、产业链和政策优势的深圳都扛不住，哪里还能扛得住呢？东南亚金融危机正是年出口增长率从22.8%下降到5.6%之后发生的，而今天深圳下滑了近 70 个点。这说明 2008 年全球金融危机对中国的全面冲击开始真正出现。而消费市场只有美国 1/6 的中国并无能力消化已经形成世界级产能的"中国制造"，而扩张性货币政策和积极财政政策效果已经日渐式微。如此一来，中国经济的全面下滑已成大概率事件。而这必然会牵扯到银行业等金融部门，而 2011 年四季度商业银行不良贷款"双降"的势头即已逆转，今年银行业的不良贷款风险更会全面泛滥。担心中国因经济全面快速下滑而导致经济危机，这似乎已不是杞人忧天。

新浪财经 2012 年 3 月 15 日消息，摩根大通（JPM）首席亚洲和新兴市场策略师阿德里安－莫瓦特更是直言不讳地称，中国经济已经处在所谓的"硬着陆"进程中。"从中国的经济数据来看，不应再就中国经济是否正在硬着陆的问题展开争论。"他指出："中国经济正在硬着陆，汽车销售量下降，水泥生产量下降，钢铁生产量下降，建筑库存下降。是否开始硬着陆已经无需再争论下去，而是成为了事实。"

经济硬着陆指的是采用强力的财政货币政策一次性在较短的时间内通过牺牲较多的国民收入将通胀率降到正常水平，优点是重拳出击立竿见影，往往公众尚未来得及足够的预期就已经达到了政策目的，缺点是经济震动较大。通常意义上，经济硬着陆的情况是：一个国家实行的政策过紧，在出现大幅度通胀后，紧接着出现大规模的通货紧缩，从而导致失业增加，经济速度下滑过快。根据《机构投资者》杂志的排名，莫瓦特是 2011 年排名第二的亚洲股票策略师。莫瓦特表示："中国房地产市场上正在发生的事情令人担忧，人们对政府能够扭转市场走势感到过于自满。"

这么多数据，一些人会看得眼花缭乱。但归根结底就几句话：今年以来全国工业利润全线下降，国企下降得尤其厉害。地方国企利润下滑速度是全国平均的 2 倍，央企又是全国平均的 4 倍！亦可见垄断巨无霸国企的"竞争力"之说纯属浮云。同时，纵有局部领域的投资增加，也仍然只有房地产"一枝独秀"，这充分说明了一个简单的事实：房地产调控越严厉，经济越困难；经济越困难，对房地产行业的依赖程度越深。

今日中国，除了房地产、奢侈品、汽车消费还没有完全饱和，其他大多数行业都几乎完全成了过剩和高度过剩行业。

受房地产调控影响，中国外资连续五个月下降。商务部指出，除世界经济低迷原因外，还受到了国内房地产市场调控的影响。

错误的房地产调控，不仅直接危及制造业和房地产上下游产业，连服装、百货、餐饮等服务业也被殃及池鱼。新浪微博认证用户广州得诗时装有限公司总经理@FLAUNT炫耀2012年4月15日发了一条微博："昨与百货、供应商喝茶聊天，共同话题是"生意难做"！天河城某百货今年二、三月同期下降25%至40%……餐饮之中信某海鲜酒家今年二、三月同期下降18%左右。经济困惑之年怎样去维持同期业绩，如何"开源节流"而不至于一败涂地呢？请教砖家。"

严厉调控也给地方债乃至金融体系带来极大风险。星岛环球网2012年3月25日发表文章称，美国之音中文网日前发表文章，题为《中国地方债风险低估，可能集中爆发》。摘编如下：

中国地方债务今年（2012）开始陆续进入偿债的高峰期，但很多地方政府严重缺乏偿债资金，而且债务规模还在不断扩大。更有消息说，国家监管机构竟然将有问题的地方债务纳入安全的投资范围，严重低估了投资风险。

官方媒体说，中国财政部今年将代地方政府发行2500亿元的政府债券，省、市、县三级地方政府债务的规模今年也将从10.7万亿元提高到12.5万亿元左右。

中国银监会之前多次以地方债占GDP总量的比重相对较低为由，强调地方债务是可控的，而这种乐观态度近期似乎有所转变。

首先是地方债务的风险被严重低估。彭博新闻社援引消息人士的话说，中国银监会上月表示，他们将地方政府融资平台的1.8万亿元贷款错误地划归为优质贷款，一些银行将政府补贴等类开支纳入了项目现金流的计算。

二是35%的地方平台债务今年开始陆续进入偿债的高峰期，总额大约在4万亿元左右，去年到期的有2万亿。

但很多贷款的本金根本无法偿还。官方媒体说，各银行已开始延后地方债务的期限，避免出现违约潮，地方政府也纷纷要求延长贷款的"展期"。高盛集团中投管理部副主席哈继铭认为，项目从投资到收益需要时间，现在偿债恐怕有难度："可能地方感受到一些压力，因为那么多项目刚投了几年，可能还没到收益期，但偿还期已经到来。所以我相信一定程度的展期看来也是不可避免的，借新债还旧债嘛。"

财经网说，中国政府已经指示国有银行对地方政府的贷款进行"大规模滚转",并称此举将使政府推迟应对可能给经济前景蒙上阴影的地方巨额债务。央行货币政策委员夏斌对这种做法表示担忧:"如果说地方政府还不了钱,银行再贷款来还债,这算啥解决风险的办法呢?但是我们说,借新债还旧债,不是不可以,是指基于这些项目本身还是有偿还能力的。"

彭博新闻社说,很多地方政府本来是靠土地出让金和公路收费等基建项目来筹资的,但中央政府近来取消了一些公路的收费,并要求地方政府从土地出让金中拿出更多的钱投入教育和土地灌溉,进一步增加了地方偿债的压力。政府在制定政策时显然没有考虑这样做的后果。

银监会和投资人都担心,地方债务如果无法偿还,可能导致中国银行系统在不到20年的时间里不得不进行第三次拯救。全国人大财经委副主任贺铿认为,政府的信誉已经受到了损害,其中的教训必须吸取。

他说:"根本的问题是,我们的债务在这个机制之下可能有风险。因为我们的机制是借债人不考虑还债,政府的信用在这个问题上基本是没有的。我当书记,我千方百计借钱,借了用好了,让我这几年混得挺好,等还钱的时候是下面的书记来管。所以说地方债尽管只有11万亿,我还是很担心的。"

中国银监会目前尚未明确银行应如何处置这1.8万亿元的错划债务。

严厉调控导致中小房企资金链断裂,也会引发严重的经济和社会问题。因为中小开发商融资渠道狭窄,既难以从银行借贷,也缺乏上市和信托融资等渠道,只能高息从民间拆借。正常情况下,房企首选向银行借钱。贷不到款,向信托、基金求助。这个利息一般在20%左右,房企还是能够承受得起。都不行了才会去向民间拆借,利息非常高。在福建,民间借贷的利息已经到了5分,有些企业在资金链破裂之前,高到1毛的利息。

《广州日报》2012年4月20日报道,北京、武汉等地已有上千家房企从楼市"消失"。《新民周刊》2012年4月5日报道:严厉调控之下,二三线年城市开发商资金流断裂现象不断出现,仅仅长沙一地,开发商涉嫌"跑路"的楼盘已经有麓山里佳园、江滨家园、中远公馆、东方航标、中央公馆、可可小城、利璞金立方、湘江700等。而其中多数都涉及巨额民间融资,除上述湘江700外,中远公馆涉及债务超过8000万元,东方航标非法集资额度高达数亿元,麓山里佳园债务额达到数千万元。除长沙外,近期曝光的"楼跑跑"案件还有:江苏南京宇扬集团的企业老总,带着数亿元的贷款，一夜之间不知去向；浙江嘉兴濮院胜利广场项目"停摆"，开发商浙江凯旋万豪置业老板陈飞携带 1 亿多元的巨款潜逃；河南安阳数百亿重大非法集资案中，多位涉案房地产企业老板卷款跑路，加上此前福建宁德房地产商郑小青破产产生 10 亿资金缺口，温州上百位老板跑路，鄂尔多斯房地产老板自杀，中小房企资金链断裂已经成为 2012 年中国无法避免的严重社会问题。而从近期土地市场上的表现来看，在过去的近两个月里，多家一线民企均为"零拿地"，而国资房企则呈现的是更为高调的逆市抄底。比如仅在 2012 年 2 月份，中海地产、中信地产、中建地产就斩获了 8 宗土地。

调控博弈到最后，也许更多只是一场预想中的市场洗牌，而与所谓的老百姓买得起房无关。它加剧了国进民退的步伐，加剧了市场的集中度，等待未来"房奴"们的，可能是更高的房价、更少的选择、更加身不由己的任人宰割。

在严厉的调控政策下，尽管中国楼市将继续低迷，但想真调控却非常困难。财经网 2012 年 4 月 17 日报道，全球三大国际评级机构之一惠誉（Fitch Ratings）2012 年 4 月 17 日发布报告称，尽管在调控政策作用下，中国的房地产市场仍将继续低迷，但中国想要真正控制房价非常困难。惠誉在报告中预计，尽管在调控政策作用下，中国的房地产市场仍将继续低迷，但在中国今明两年仍要继续保持相对较高的经济增速、薪资和消费物价面临巨大上涨压力，且市场需求依旧强劲、断供发生几率极低的背景下，中国想要真正控制房价非常困难，尽管交易量确实有所放缓。调控政策抑制了中国富有人群的购房活动，尤其是对于高档房产的需求。

惠誉还指出，中国的楼市调控举措正在加剧大型开发商和小型开发商之间的两极分化。对于规模较小的地方开发商而言，调控举措将损害其利润率及现金流生成能力，规模和资金方面的薄弱使其很难平稳度过市场低潮期；而相比之下，业内一些大型开发商，如方兴地产和恒大地产，其庞大的经营规模和地产产品的多样化使其保持了强劲的信贷状况和稳健的现金流。

此外，对于中国政府在"十二五"期间建成 3 600 万套保障房的计划，惠誉明确表示，若中国政府要求一些大型的民营开发商参与完成保障房建设目标，将给这些企业带来沉重负担，惠誉将对此持负面看法。

一系列内忧外患之下，现在的楼市调控基本靠吼。知识落后导致手段落后，手段落后导致结果悲催，上下左右包括自己都不满。继续调控，一条道走到黑，结果就是我走后哪管洪水滔天，把风险和责任留给后人。是一种不负责任的表现。

而未来，仍然是唯有房地产才能救经济。中国经济毫无疑问已经硬着陆，也就是从高空摔下来了。内需根本无法消化巨大的"实体经济"产能；地方债解套也完全依靠房地产。楼市越调控，中国经济对房地产的依赖程度越深。但限购如筑坝，炸坝必然会水漫金山，只能逐步放松。

越调控，中国经济对房地产依赖越深

以前我们的教科书里经常说，资本主义每过一段时期就会遭遇供应过剩的经济危机，而且自身永远难以克服。但事实上，以土地储备、招商引资为代表的政府主导型权力市场经济，发生所谓经济危机的概率更加频繁，程度也往往更加深重。因为官员的有效任期往往跟产权的稳定要求形成尖锐矛盾。大多数官员都会争取短暂任期内的政绩最大化，而最后为此收拾残局承担风险的，不是政府这个"市场主体"，而是全体国民和社会——那些被收税的民众，那些被从银行借钱的"债主"。

弗里德曼说过：经济学基本原则适用于所有的国家。在这些经济学基本原理中，重要的一条是经济繁荣与私有产权的关系。经济学中一个简单但很重要的规律就是，人们花自己的钱总比花别人的钱更谨慎。这就解释了，为什么乡镇企业比国有企业更有效率；私人企业比乡镇企业和国有企业更有效率。

2011 年五大国有银行日赚 18 亿元，但正如经济学家许小年所言，三五年后又是大坏账时刻到来。许小年说：从我们国家过去的经验来看，每一轮经济增长高峰之后都是满地坏账，尤其集中在国有银行。2009 年、2010 年时，国家搞"4 万亿"，银行放贷款是有指标的，不是上限而是下限指标，国家逼着银行放贷，放少了要扣年底奖金甚至受罚，这其中隐藏多少风险？等这一轮投资高峰过去，我们再来看看铁道部的账在谁手里，看看赔钱的机场和高速公路还有无法完工的基建项目的账在谁手里，看看政府融资平台上的 10 万亿元账在谁手里，或许会有更多的数据，就知道国有银行的风险控制水平怎样了。国有银行的坏账是体制内生的，很难克服，每一轮的建设高峰都是国家摁着国有银行贷款，甚至不讲效益，国有银行成为政府实现某种政策目标的工具，我们会不会像 2001 年、2002 年那样再来一轮清理坏账？我感觉是跑不了的，下一届政府责任重大。

在这种情况下，以各级政府储备土地做抵押的十几万亿元地方债，反倒成为、也必须成为最安全的银行债务。而这部分债务确保安全的前提条件，就是房地产市场健康发展。

一个高度集权的国家，在政府亲力亲为用尽一切拉动经济的手段之后，一场深刻的变革迫切需要到来。可惜很多人还不知道自己的道路该怎么走。

"缩工保价" 同样刺激房价上涨

楼市调控仍未放松，在土地市场冷清、土地出让金大幅下滑的形势之外，开发商普遍放慢了前几年所拿土地的投资速度，甚至开始放缓拖延开工。2012 年 4 月 21 日《经济观察报》报道，在建房地产项目逼近 48 万公顷，成为当下国土资源部最为担忧的事情之一。

2012 年 4 月 17 日，一场视频会议在国土资源部召开，各省及副省级城市国土部门负责人悉数出现，"形成住房有效供应"在会议上被频频提及。在国土部看来，最需要担心的显然不是开发商"不拿地"，而是开发商"不开工"、"缓施工"。他们最担心的，是一旦经济出现下滑，这些供应出去的土地会不会成为烂尾工程。

国土部的担心并非多余。截至 2011 年底，国内尚在开发过程中的房地产用地宗数和面积分别达到 15.04 万宗和 47.99 万公顷，这个数字相当于过去三年年均供应量的 4 倍。而 2008 年出现的那场"缩工保价"运动，第一不拿地，第二不开工，第三缓施工，带来了 2009 年之后楼市有效供应的大幅下滑。而在 2009 年，刺激楼市政策的密集出台带来了需求量的暴涨，供不应求，随之而来的则是房价的报复性上涨。现在，一切都有可能"昨日重现"。

在庞大的数字压力下，国土部已将防治土地闲置放在首要位置，其工作的重点是"促供给"，但住建系统强调的是继续"控需求"。二者形成尖锐矛盾。

世间任何事物，最忌讳的是骤冷骤热骤开骤阖，宏观调控也不例外。从2010年4月开始对需求闸门的骤然关闭，必然反过来全面传导到供给的全面减少。如果此时再骤然放开需求闸门，就像将已经蓄满水的大坝贸然炸开，结果必是水漫金山，2009年末开始的那种需求和价格暴涨现象必将重演。这是任何人都不愿意看到的景象。

因此，下一步政策面，控制投资性需求短期内不能放松，但是对于首套房和改善性住房的需求逐步放开甚至给予政策优惠，带动有效需求，也是必然要做的工作。

而在需求的积蓄、需求的逐步释放过程中，供给的短板现象似乎难以避免。因为在限购等政策下需求减少的同时，开发商"缩工保价"导致的供应减少可能来得更快。尽管在调控过程中，一些人、一些机构为了迅速达到调控目的，说谎等下三滥的东西也出来了。但是说谎永远代表不了事实本身，说谎能够欺骗少数人，但不能欺骗所有人；能够欺骗一时，不能欺骗一世。

在本轮调控中，北京就曾出现过存量房"迅速增加"又迅速回归常态的数字乌龙现象。存量房一直是判断市场供应状态的一个重要指标，业内不少人把10万套存量房作为北京房地产市场供需平衡的一个关键点。调控开始之后，北京的存量房一度迅速"上升"到10万套、12万套、13万套，并由此判断房价下跌成为必然。但是2012年3月30日，北京市住建委对商品房存量的重复数据进行了集中清理，在去掉无效以及重复登记的商品房存量后，北京可售期房存量与现房存量从不久前公布的12.4万多套变为9.1万多套，实际市场存量与之前旧有数据相差高达27%。

让我们先看一下北京存量房的走势图。2010年9月29日，距离"新国十条"发布将近半年，国家有关部委再次出台五项措施：各地要加大贯彻落实房地产市场宏观调控政策措施的力度、完善差别化的住房信贷政策、调整住房交易环节的契税和个人所得税优惠政策、切实增加住房有效供给、加大住房交易市场检查力度。史称"二次调控"。2010年11月4日，《北京商报》报道，截至2010年10月31日，北京住宅库存量（可售期房与可售现房之和）达到101 524套，成为2010年来唯一一个每日库存量都在10万套以上的月份。由于自2009年以后北京存量房一直低于10万套这一反映市场供不应求的"警戒线"，此次突破被评价为"房价下跌成为了目前市场的主流观点"。2011年8月23日，《法制晚报》报道称，京城库存量或将突破 11 万套大关，而这个数字也是在近几年楼市中罕有的。相关机构据此预测"房价拐点已逐步显现，降价将是大势所趋"。2011 年 11 月 10 日，《法制晚报》再次报道，截至 11 月 9 日，北京商品住宅库存达到了 120 411 套。继 2009 年 5 月后再次回到 12 万套的高位。相关机构再次预测"开发商在销售难有起色的情况下，将再次受到去库存的巨大压力。本轮调控如果能够持续到明年，那么预期明确的拐点很可能出现在明年 3 月左右"。据此，不少媒体、专家纷纷预测："价格战一触即发"。2011 年 12 月 8 日，又有媒体报道，距离上次突破 12 万套仅用了 29 天，北京存量房达到 130 049 套，创造了近 971 天的新高，并表示："限购导致滞销增 4 成。"

但是 2012 年 3 月 30 日，北京市住建委对商品房存量的重复数据进行了集中清理，在去掉无效以及重复登记的商品房存量后，北京可售期房存量约为 67 192 套，与清理前相差 20%，清理掉 16 998 套，现房存量约 23 964 套，与清理前相差约 40%，清理掉 16 256 套。当前北京商品房整体存量在经过清理之后，仅有约 91 156 套，实际市场存量与之前旧有数据相差约 27%。半年来不断增加的北京存量房至此突然灰飞烟灭。

很显然，这样高比例的数据乌龙，绝对不是统计方法的问题，而是统计数据为了达到某一目的故意造假，有着很强的现实目的，让数据为现实政策服务，唯独不对事实负责。

而北京每年净增人口至少在 60 万到 80 万，平均每 3 人需要一套房（不论租还是买），每年就需要二三十万套住房。

这样的供应短板，在引发房价上涨的同时，也会引发征地和购地价格的水涨船高，为下一轮房价上涨埋下伏笔。这是购房人应该看清楚的"宏观大势"。

是房价等工资还是工资追房价？

中国的土地和房地产问题可以说聚焦了最多的社会思潮，观点纷呈，貌似公说公有理婆说婆有理。分析和解构背后各色人等的思维方式，就是一件极其趣味的事情。

一直有两种理论，一种认为应该是涨工资来适应高房价；另一种则认为应该通过打压高房价来等工资。如果不考虑现实约束条件，这两种理论都对。反正效果是一样的。但是一旦考虑现实约束条件和路径依赖，就一定会有对错之分。

在调控派和房价等工资派中，马光远先生是一个代表人物，他在微博中写道："有人说，政府为什么要控制房价，而不去提高工资？我不知道这是真傻，还是装傻。其一，现在的房价，工资需要涨到多少才能买房，在北京月薪一万的买个100平的，不吃不喝需要至少20年；其二，口口声声喊市场经济，怎么房价政府不能决定，工资就政府能决定？其三，涨工资是为了去填高房价的窟窿吗？"

持此论者，不知道真傻还是装傻，不知道是真的对社会现实患了失明症还是患了"选择性失明症"。相对于大多数普通老百姓的收入而言，中国大陆哪一样东西是便宜的？从垄断行业的石油价、电价、水价、燃气价、电信资费价、教育价格、医疗价格，到非垄断行业的车价，乃至百姓日常生活需要的粮油食品、蔬菜肉类等价格，哪一样不是比发达国家高出几倍甚至几十倍（按货币收入的相对购买力而言）？！不从根子上解决物价高的原因，单单打压房价能够解决问题？毛都没抓着还想吃到肉？

我在2011年12月12日写的《同归于尽还是绝地求生？》一文中写道："至于政府能不能决定涨工资，能不能决定跌房价？我是这样看的：政府还真能决定涨工资！只要立即停止投资型政府、打破行政垄断、推行自由公正的市场经济。则，物价不变而民众工资涨4倍都没问题。"2012年3月14日，国际货币基金组织（IMF）驻华代表处首席代表李一衡的团队发表的一份报告证实了我的判断，报告称，如果中国对国内市场进行去垄断化改革，从长期来看，中国的人均GDP将增长10倍。报告指出，美国普通民众的生产率是我国普通民众的10倍，平均工资是我国普通民众的9倍，而垄断恰恰是造成这些差异的根源。

与此同时，政府还真不能决定降房价！因为十几万亿元甚至更高额的地方债和上下游几十个实业全依赖于它。今天中国就剩房地产一个唯一产能没有过剩的行业了！因为过去半个多世纪被人为阻止的城市化和只筑坡不筑窝的做法得到了井喷式的补课，因为中国房地产的市场化之路从1998年起到今天也不过13年历史，还要补的课太多了。

当然，政府也可以不管不顾失业问题，像一些论者所说的经过"必要的阵痛"，坚决阻止房屋市场，让人家买不了也卖不了，逼迫房价下降；

但姑且不论政府在缺乏失业保障的情况下根本不能无视就业民生，就是能够对中小企业倒闭和大量失业视而不见，还有政府自己高额的地方债在那儿摆着！当然，鉴于大部分国有银行也是政府所有，政府自然也可以宣布一笔勾销银行的地方债。但如何勾销？想来想去，除了打劫，我看也只有印钞票一途。那样，还不得使房价物价更高，而且是在大量民众失业的情况下让房价物价变得更高！

可以说，不努力从根源上解决问题而只试图逞一时之快打压房地产，走的是一条房地产与实体经济同归于尽的自取灭亡之路。相反，从源头做起，土地归农，发展权利还给市场，财富藏之于民，虽然异常艰难，但却是真正的绝地求生之路。

本轮楼市调控已近结束并且正在回调

事实上，历时两年多的此轮史上最严厉楼市调控正在重蹈以往的覆辙，在严峻的多方经济压力下正在被迫回调。

一方面是政策正在放松。

首先是二三线城市纷纷上调公积金贷款额度。2012 年 4 月 23 日《上海证券报》报道，呼和浩特、南昌等国内二三线城市纷纷上调住房公积金贷款额度上限，上调幅度普遍在 15% 至 25% 之间。至于银行存款准备金率下调、首套房贷款利率由最严时的上浮到回归基准利率甚至普遍下浮15%，更是不在话下。

其次是住建部正在酝酿刺激刚需政策。2012 年 4 月 24 日《上海证券报》报道，住建部相关人士向记者证实，近期包括住建部等相关部门的研究机构，正共同研究新一轮刺激楼市刚需入市的政策储备。一旦房地产投资增速下降过快，就可能有储备政策推出，来平衡下滑趋势。消息称，住建部将针对居民购买首套住房的优惠政策常态化、制度化，并以此为契机，研究建立一套保证合理、非投机投资住房消费的长效政策机制。

4 月 25 日《南方日报》报道，多位房地产行业专家在受访时分析认为：无论是近期各地上调公积金额度，还是首套房 8.5 折利率，均显示了楼市政策对刚需的倾斜。对于上述政策趋势，受访的业界人士普遍认为，在楼市严调之下，房地产投资明显放缓，已经拖累中国经济投资增长，中央急需刺激政策以达到以价换量，稳定投资。

虽然对于投资性需求的限购暂时不能放开，但如果针对首套房的刚需刺激政策不明显，势必要对改善性住房等逐步放开口子，甚至对合理的长期投资需求适当开放。

另一方面是成交量正在回暖、成交价格也在小幅上扬。

据搜房网数据监控中心统计，2012 年第 16 周（4 月 16 日—4 月 22 日）北京市住宅签约达 2 590 套，其中期房签约 2 047 套，现房签约 543 套，住宅总签约量环比上周上涨 39.92%，同比去年同期大涨 94.3%。根据搜房网数据监控中心分析师分析：第 15 周环比第 14 周上涨有 61.38%，而第 16 周环比第 15 周上涨幅度也达到近 4 成。

2012 年 4 月 25 日中国新闻网报道，链家地产统计数据，3 月份北京二手房成交量超过 1 万套，与去年 3 月份持平，环比 2 月份上涨 90%，4 月份，北京二手住宅成交均价为 21 975 元/平方米，与 3 月全月的成交价格相比每平方米均价小幅上涨了 342 元，涨幅为 1.6%。（2012 年 5 月 9 日《新京报》报道：北京 4 月楼市环比【和当年 3 月比】成交价涨 5.12%。）

中国世代投资集团董事局主席禹晋永，就是那个为中国最著名的职业经理人唐骏的野鸡大学文凭辩护的禹晋永，当然我们不能因言废人也不能因人废言，他在 2012 年 4 月 25 日 19：26 的新浪微博中说：房地产暴涨已经必然，时间出乎意料的会提前到本届。一季度全国税收总收入完成 25 857.81 亿元，比去年同期增速回落 22.1 个百分点，为近三年同期最低。其中房地产的萎缩成为营业税收入回落的首因。这意味着抑制房地产中央财政遭到自杀式的强烈冲击，地方财政压力凸显，靠房地产拉动经济缓解财政已无可争议。

我基本上赞同他的判断。货币超发的手不斩断、投资型政府不改，想单方面抑制房价，基本上等于白日做梦。我告诉大家一个真实的通胀例子，是我太太从美容院姑娘们身上得到的第一手资料：北京某区妇幼保健院首次孕检（含建档）费用、生产费用：2010 年元月，500 元左右、顺产不到 1 600 元；2010 年 12 月，近 800 元、顺产 2 900 多；2011 年 2 月，1 100 多、剖腹产 1 万多；2012 年 4 月，孕检（含建档）费用近 2 000 元。两年时间，费用涨了 4 倍，出错却越来越多。

所以，可能我们需要一千一万次强调，别只盯住房价上涨，没用的，要盯住物价上涨的源头：货币超发和花别人钱办别人的事既不讲节约也不讲效率的政府投资和发展模式。

前天晚上（2012年4月25日），一个14人的饭局，有人说在温总理届满之前肯定会把房价压下一个台阶，为了面子也要这样。饭后，在往地铁站的路上，我跟其中3个人说（"面子说"那位朋友也在场），你们记住了，我今天把话放在这里，别做梦了，要买房最好上半年最迟别超过今年。时势终归比人强，任何人都抗拒不了规律。这个规律，就是房地产背后复杂的经济关系。

课后作业

    1. 中国农民为什么勤劳而不富有？

    2. 从苹果公司富可敌国看人口、资源与财富的关系？

    3. 房地产调控为什么每次都半途而废？

    4. 一人一票真有那么美好吗？

    5. 乌坎模式能否成为星星之火？

2012 年 4 月 27 日

第六讲
中国城市化的歧路与正途

这是人类最后的迁徙

从乡村到城市，全球三分之一的人口正在进行最后的大迁移。根据法国国家人口研究所的一项报告，截至 2007 年，世界上已有 33 亿人生活在城市，超过了全球人口总数的 50%。中国更是这场人类历史上最后迁徙、最后也是最大城市化进程的急先锋。这个世界第一人口、同时也是人类历史上城市化运动被人为阻隔得最厉害的国度，正在做着城市化最后的冲刺。这场牵涉到 13 亿人的人口和财富变迁，将和每个人的命运息息相关。它会形成一股巨大的时代潮流，你若不是弄潮儿，就将被潮流裹着走，最坏的结果，是被潮流抛在身后、埋在泥里。

早在 2000 年，诺贝尔经济学奖获得者斯蒂格利茨就说过，21 世纪影响人类进程的两件事：一是以美国为首的新技术革命；二是中国的城市化。美国新技术革命的威力大家都看到了，最典型的就是互相网、手机和 iPad 上网等技术，实现了人类历史上第一次从技术上对意识形态和信息垄断的突破，微博、推特、脸谱等传播方式使每个人都成为信息源，成为记者、作家，成为谣言、谎言和真相的传播者和解构者、揭露者。一条信息，有可能在很短的时间内以神奇的速度发生裂变式传播，其中会在哪个环节发生裂变，你简直无法预料。以笔者获得《南方周末》2011 中国年度传媒致敬之年度时评的那条新浪微博《中国，请停下你飞奔的脚步》为例，当时我的实名新浪微博粉丝只有 3 000 多，但短短一天多时间，该微博被转载 28 万多次，评论 4 万多条，第二天就上了《纽约时报》并被海内外众多大媒体关注和评论。而且，关于这条微博的一条评论，大概意思是"中国就像一列风险列车，每个人都是风险列车上的乘客"，也在众多评论中脱颖而出，迅速浮出水面，次日又被《纽约时报》引用。

温州高铁事件，网友全程直播。江西宜黄钟如九家的强拆自焚事件、重庆副市长王立军进入美国领事馆事件等，各种信息都被网友们第一时间披露并广为转发，几乎都是全程、全方位直播，来自世界各地的专业分析也一定会在最短时间内去粗取精、去伪存真地呈现出来，并得到最大限度的传播。互联网的自净功能与信息的优胜劣汰功能在实践中表现得淋漓尽致。

而在这些新技术之前，1975 年 8 月的河南省驻马店地区包括两座大型水库在内的数十座水库漫顶垮坝，死亡人数超过 23 万，经济损失近百亿元，成为世界最大的水库垮坝惨剧；1971 年 9 月 13 日前后的林彪事件；1976 年 7 月 28 日的唐山大地震，当时全国能有几人知道？有关驻马店水库溃坝事件的伤亡人数，一直都被中央政府以"国家机密"为理由禁止对外公布。直到 2005 年，由于法律经过修订，有关数据才得以公开，但外界人士认为有人修改过伤亡数字及受灾范围。到底有多少人死于这次水库溃坝灾难，有各种不同的说法。关于唐山大地震，钱钢的报告文学《唐山大地震》首次发表是在唐山大地震 10 周年的 1986 年，刊载于《解放军文艺》。

新技术的力量如此巨大，中国城市化的力量同样巨大甚至对中国的变迁来说影响将更加直接和巨大。可惜，城市化浪潮是于无声处听惊雷，它不像突发事件和灾难一样一下子就能吸引全中国甚至全世界人的目光，所以常常不为人所关注。但是它的影响却远比突发事件深远，每一个人都不能置身度外。因为，城市化就是一列高速前行的时代列车，而我们每个人，都是这辆车上的乘客。

当代中国的城市化，是对于中华民族命运攸关的重大现实和历史问题，但是，由于一系列观念和政策失误，中国的城市化充满曲折与吊诡，既浪费了宝贵的资源与环境，也整整耽误了不止两代人，1978 年以前计划经济不让人流动的时代还不算。而且，这个问题并没有得到应有的反思，至今仍在继续浪费资源与破坏环境，仍在继续耽误着民众尤其是底层民众的前途和命运。

在这节课中，我先讲现象，再分析规律和逻辑。

"富饶的废墟" 之不该重建的汶川

2012 年 5 月 7 日，汶川地震四周年前夕，闾丘露薇在《国际先驱导报》发表了一篇短文《重回汶川》，描述了 2008 年汶川地震的震中汶川县城和映秀镇的现状，文章写道：

现在的映秀镇，看上去就像一个漂亮的住宅小区，整齐的连排住宅，统一的颜色，统一的样式，我忽然想起了不少人经常讲的一句话：一场地震，让这个地方跃进了二十年。

但是，只要在这个小镇随便走上几分钟，就会有这样的疑问：一楼全部都是铺面，到处挂满了客栈的招牌，但是游客呢？主街上只剩下招牌，丢空的商铺已经说明了不少问题。再和这里的居民多聊聊，就会体会到他们的担忧。这里没有耕地，吃的东西全部来自外界，虽然过去没有这样漂亮的楼房，但至少可以自给自足，现在，连养鸡养鸭也没有了地方。工厂也因为地质安全原因搬走了，除了能够在学校、机关工作的公务员还有稳定的收入，下岗或者失业在家只能靠自己，这也是为何这里几乎家家都是商铺，因为经商已经成为唯一的选择。

一场地震，让映秀的人口从原来的一万多减少到四千，原本的外来人口主要是因为附近的大坝，而地震之后，水电站自己设立了生活区。夜晚的映秀，商店早早地关门了，倒是江边响起了音乐声，只要不下雨，当地的一些妇女就会在江边跳舞，自娱自乐。

我又想起了那句"跃进二十年"的话。对于外人来说，这可能是一个事实，但是对于生活在这里的人来说，这只不过是一个表象。房子是自己住的，其实只要能够挡风遮雨，结实就可以了，日子是一天天要自己过的，如果这个地方已经缺少了一种经济生态，那么若非要比较的话，身在其中，反而是一种倒退。只是很可惜，这样的倒退，不是外人能够体会，也不是外人愿意关心的。

特地开车去了一次汶川县城，四年前，当地官员和不少专家都建议，县城整体搬迁，但是最后不了了之，问起当地官员，对方很无奈地说，应该是没有地的缘故。新县城出现在眼前，不管是速度还是规划都不会让我吃惊，因为在中国，只要想做，甚至可以做得更好。但依然是同样的问题，县城的外貌、规模都跨越了，但是当地的生产活动却无法像这些硬件一样，还是需要一点一点地进行，准确地说，是一点点地恢复。

看到有人批评有些灾区民众过于依赖政府，就连当地的官员也表示，不能够助长民众过于依靠政府的心态。只是，如果政府只是给民众一套好看的房子——事实上每户人家还是要掏点钱的——这样，是否就够了呢？对民众的批评，是否公平呢？

间丘露薇向我们描述的是一个表面富饶内心空洞的灾后重建场景，这样的场景，四年前就可以预料，当时，很多人、包括灾民自身都呼吁异地重建，离汶川千里之外的笔者，对于灾后重建也写了三篇文章，分别是《灾后安置与重建需要"以空间换空间"》、《分散式异地重建优势极其明显》、《汶川重建是科学问题，更是民主问题》，收录在《世纪大迁徙：决定中国命运的大城市化》一书里。但是，言者谆谆，听者藐藐，总之就是没人理你。反对异地重建者，甚至称异地重建和安置是"逃跑行为"；支持者则认为，在重建问题上，再也不能坚持人定胜天的观念。央视新闻调查栏目将这两种观点一同播出之后，持有前种观点的中科院专家张信宝激怒了在安置点苦苦支撑的汶川村民，2008年7月9日，一些激动的村民聚集起来，准备凑钱租车到成都，将张信宝接到汶川，"让他过过我们的日子！"反对异地重建的四川省地质调查队刘洪涛认为，老百姓已被地震吓到极限，"什么地质灾害点都是可以治理的"，"汶川还是能够恢复到灾前的样子的。"同样反对异地重建的中科院专家张信宝则认为"汶川县城有2000多年的历史，是我们的祖先用生命和鲜血找到的这个安全岛，不应轻言放弃。"（《京华时报》2008年7月12日）

2008年7月14日《新京报》的报道显示，大多数汶川人并不愿意就地重建，在757人参与的问卷调查中，739人要求异地重建，比例高达97.6%，甚至有村民表示："就是迁到新疆边陲，也不再回去了。"他们的理由几乎一致：担心泥石流毁灭家园。你可以说他们被吓破了胆，但这就是他们的真实感受。

但是，我们看到的最终结果，既不是科学占了上风，也不是民主占了上风，而是革命英雄主义、浪漫理想主义和一言堂占了上风。也许，不就地重建无法体现制度优越性，也无法体现革命乐观主义精神。不仅要就地重建，而且要大干快上加倍奢侈地重建。

我国灾害救助的一个重要形式是"对口支援"，相当于地区间财富转移支付。财政资金来源于居民、企业纳税，财政资金转移支付实际上体现了国民财富的再分配。汶川地震后，民政部曾指定由北京等21个省区分别对口支持四川省的一个重灾县。我只看到资金支持灾区，没有看到对口省份通过城市接纳移民的方式支持灾区。2012年5月11日，我在曾任职的《中国保险报》"论道"版编发了王和、王季薇的文章《构建巨灾风险管理新架构刻不容缓》，其中写道："19个对口支援省市共投入对口支援资金843.8亿元，完成了对口支援项目4 121个。灾后，无论是北川、绵竹，还是映秀的恢复重建情况，均大大超过了山东、江苏和广东的一些地区，特别是偏远地区的现状，这无疑存在着不公平情况。其次，灾民之间可能存在不公平。财政救助往往有广覆盖、一刀切等特点，这导致无法根据个体受灾情况实行差异化的救助安排。"

然而，几乎不惜代价进行就地重建，矗立起来的仍然只能称之为"富饶的废墟"，外表很光鲜，很富裕妖娆的样子，基本的生产生活却难以维系，繁荣更是镜花水月遥遥无期。

回望汶川，展望未来，我们应该吸取更多的经验教训，在灾后重建中应该更多地尊重规律、尊重科学和民意；甚至在很多时候，应该适当打提前量，防患于未然，防止一些生态脆弱地区人口的超负荷过载。在这方面，我们一直在大城市进行着所谓"人口资源承载力"方面的研究，并且以此为由限制大城市发展，然而，对于更需要进行"人口资源承载力"研究的生态脆弱地区，这方面的研究却往往付之阙如。

汶川重建，只不过是我们的城市化误入歧途的一个典型标本。对迫在眼前的灾难仍然无知无畏，对人口过度留在生态脆弱地区从事农业生产的慢性病似的生态灾难，就更是几十年都不当回事了。

从2003年SARS期间起，温家宝多次说过"一个民族在灾难中失去的，必将在民族的进步中获得补偿"、"多难兴邦"，然而，如果没有思想和观念进步，以及进步的思想观念指引下的制度进步，社会和国家、民族进步就犹似无源之水无本之木！

在人类几千年历史上，曾经湮灭过多少城市，庞贝古城、楼兰和尼雅古城等，数不胜数，它们或废弃于沙漠，或深藏于山峦，或淹没于水域与丛林……但考古调查却发现，那些湮没的城市，消失之前死人并不多，因为在湮没之前，人都搬走了。

城可灭，人不可灭。因为只有人，才是城市的真正主人。相反，如果人只是城市的附庸，那么，不仅人不可活，城也不可活。

2012年6月4日《南方都市报》以《通天河生态噩梦》为题报道：两年前，青海玉树地震，重建两年，却让长江源遭遇灾难。扬尘、尾气、垃圾已成为净土上的毒瘤，虫草采挖者踏遍每一座山头，上百家采砂场已开进三江源国家保护区核心区，非法采矿淘金之徒伺机进入，长江干流源头面临毁灭性的生态噩梦。在2012年5月20日举行的民间讨论会上，"自然之友"发起人、执行理事梁晓燕质疑，玉树重建规划未考虑青藏高原地区的实际生态承载能力，也没有顾及藏区的建筑传统，一味照搬照套平原地区行政州府的规模重建古镇，势必导致成倍增长的建筑材料需求和过量的建设规模，通天河挖沙在劫难逃。实际上，超规模建设的问题已经显现出来。在玉树目前已交付使用的几所小学、中学和职业高中里，实际使用的教室、宿舍数量远远低于设计规模，大量房间闲置，甚至出现整栋楼都无人使用的情况。"情况已经这样，由重建带来的垃圾、尾气、荒漠化已不可逆转，政府是否该给出一个生态恢复方案？三年重建完成后，脆弱的青藏高原生态该如何恢复、是否可以恢复、资金在哪里、有没有预算、政府有没有基本的生态影响评估，这些问题，仍待追问"，梁晓燕说。

不论是当年的知青下乡，还是今天的城市化浪潮；不论是汶川重建还是玉树重建，我们都面临同样的问题：是认真研究并遵循规律，还是人定胜天意志为先？人类不能在同一个地方不断跌倒。大自然永远不会犯错，犯错的只是人类自身。而破坏比建设要容易得多。

"富饶的废墟"之回光返照的乡村

1949年以后，中国至少有长达30年时间是严厉阻止农民进城的，乃至于像1960年前后的所谓"三年困难时期"，大量粮食上缴入库，各地官员拒不放粮，农民饿死也不能进城讨饭。

改革开放以后，尤其是随着粮食供应市场化和劳动力市场化的到来，中国的城市化出现井喷式的补课效应，在农民大量进城的同时，中国农村也迅速沉寂，乃至于很多文人和知识分子在感叹"乡村沦陷"。中国社会科学院发布的2009年《农村经济绿皮书》指出，农民住房空置率已经达到30%以上。

在农村呈现整体凋落的同时，我们也看到短暂的回光返照现象：在一些人口聚居的农村集镇，大量新式房屋正拔地而起，但村镇的人口与房屋却远远不能成正比，其中大部分新建房屋常年空置，或者大栋房屋常年只有少数几个人居住，而大量青壮年仍然在城市打工，故乡的家，只是一年住几天的旅馆。

时至今日，即使在史无前例的城市化背景下，即使明明知道自己的孩子一走上社会，大部分时间都是在城市尤其是大城市工作，很多人还是在传统的观念里造着自己臆想中的房子，家中有一个男孩，就要给他盖一层楼（相当于一套房），有多少个男孩就盖多少层，加上父母亲自己一层，外加半层做晒台用。其实孩子们原本每人有一间房就足够，每年也就过年回家住几天，甚至刚开始工作时很多人不一定每年都回家过年。

但是人们还是要锲而不舍地盖房，勒紧腰带省吃俭用地盖房，东挪西借求爷告奶地盖房，互相攀比你追我赶地盖房。房子的外表越来越光鲜，贴瓷砖、盖琉璃，但里面却空空如也，甚至多年都只是水泥地。有些人财力不足，没有钱做外墙装修，也要建上三四层，家里什么都没有，"家徒四壁"，一年到头也没有几个人住。而每盖这样的一层楼，七八十平方米毛坯，按今天的工价材料价，至少也是五六万元打底。

我总纳闷，这些钱，为什么不省下来把有限的房屋空间收拾得更温暖舒适干净整洁些？为什么不把钱积攒下来留给孩子读书创业，或者帮助孩子在他所工作的城市做首付按揭买房呢？

像这样产权不能分割的房子，将会很快成为房地产市场上食之无味弃之可惜的淘汰品种，取而代之的是更为舒适、小巧，更容易交易、处置的套房。豪宅除外。大量的现有自建房名为有天有地，实则鸡肋而已；既极端浪费，也极不温暖舒适。除了留守乡下的父母辈自住几间，其他时间大部分空着。买卖时必须整栋买卖，随着小家庭化趋势越来越明显，整栋买的人会越来越少。它也无法实现后代间的合理分割，后辈们不能根据需要及时处置属于自己的那部分产权。

同样的房子，城市房屋比乡下房屋还略有优势：一是可以部分出租；

二是可以和银行进行抵押贷款。至于乡村，在我眼里已经是满目"繁荣的废墟"！随着农村人口的不断转移和减少，未来农村很快将衰败下去，那里的房子将不再有现今的价值，或者说，有价无市，恐怕城镇和部分县城也不例外。

更有甚者，但凡儿女稍有点出息的，家中的老人都会雄心不改，明里暗里呼唤：回来盖房，祖屋不能荒，某某邻居都盖房了！你得有异常坚强的神经，才能抵挡内心"不孝"的嘀咕！

近几年，随着城市化的脚步加快，越来越多的人在感叹"乡村沦陷"，但是在我看来，中国的乡村，至少我看到的房屋越来越漂亮的中国南方乡村，事实上从来没有"崛起"过，它的文化和精神，与近百年前赛珍珠写的《大地三部曲》里的各色人等没有任何两样。人人都麻木无知地生活在别人的评价和世界里，没有人能够谛听自己内心真实的声音；人人都按着本能和惯性生活，没有人思考人与世界、与时代的关系；人人都以自我为中心，不知道也不思考别人会怎么样、未来会怎么样。物质再繁荣，精神和文化也是巨大的空洞。甚至，物质繁荣本身也是假象，因为没有内在的精致、精细、精美、精微、精到。这是粗鄙文化造就的"贫穷的富饶"、"繁荣的废墟"！

听说，日本北海道的小房子，小小的，各不相同，而且整体都非常整洁，几乎没看到过死角儿，哪里都拾掇得干干净净。今年春节回家，最温馨的一幕是在一家咖啡厅，小小的包间，两排沙发对座，五六个人，一壶茶，几碟干鲜果盘，开着空调，朋友们来来去去，一屋子的温暖与温情。

小，是美好的。

布鲁代尔在谈论历史的时候，认为文明有一个最高核准权，经济力量再强大也无法完全征服精神生活，文明的最高核准权最终还是在精神层面。最终，是无的力量在决定有的质量。智者寥寥数语，往往有洞穿千年的光芒，让人不由得不信。

中国城市化的陷阱

2012 年 2 月 9 日，中国首部国际城市蓝皮书《国际城市发展报告2012》指出，中国大型城市正步入"城市病"的集中爆发期。

《蓝皮书》认为，到 2011 年末，我国城镇人口占总人口的比重达到了51.27%，首次超过 50%。从统计学意义上来看，中国已成为一个"城市化"的国家。预计到 2020 年，中国"城市化"率将达到 55%。这期间，1.5 亿中国人将完成从农民到市民的身份转换。尽管这是按照常住人口来统计的，即将在城市生活半年以上的农业户籍人口也计算为"城镇常住人口"。但是，这些群体的"城市化"劳动与生活仍是常态性的，他们真实地支撑着中国"城市化"的进程。与此同时，大量的人口往中心城市集聚，加速了大型城市的资源压力。

《蓝皮书》指出，从我国地方发展情况看，各大城市发展阶段参差不齐，但是都在步入郊区化、大都市化的关键阶段。在此阶段，城市人口快速膨胀，由于人口和城市布局缺乏预见性规划，城市基础设施承载力严重不足，带来了交通拥堵、环境污染、秩序紊乱、运营低效、行政区划分割等一系列问题，这些因素都制约着城市的持续发展。未来一段时期将是我国"城市病"的集中爆发期，"城市病"将成为影响城市和谐稳定的隐患。由此，加强城市治理刻不容缓。

是什么原因导致中国大城市的"城市病"集中爆发？一种观点认为，是大城市人口发展过快导致，于是大城市应该不遗余力地限制人口增长。我们过去持的就是这么一种观点。

在我看来，这是一种极端错误的观点。正是这种观点及其制度导致了今天大城市病的集中爆发且愈演愈烈。

在城市化进程中，我们过去的主流观点和制度是极其落后的，这种观点和政策认为大城市资源有限，必须限制人口增长，甚至对人口增长幅度定出控制性指标，导致城市交通、医疗、教育等基础设施建设严重滞后于人口增长，并导致"城市病"集中爆发。然而此后，这种观念和制度丝毫不检讨自身的过失，反而一味将"城市病"的原因归结为人口增长过快，导致恶性循环。

就以北京为例。北京市"十五"和"十一五"规划都在试图严格控制新移民。《北京市"十一五"时期水资源保护及利用规划》就"根据水资源承载能力分析"，确立"每年净增人口不宜突破 20 万人"的行政目标，"十五"规划也是每年人口净增长不超过 20 万人。但是这两个五年规划过去，北京市常住人口从不到 1 400 万人，到 2010 年底 2 200 万人，人口净增加了 800 万人，平均每年净增 80 万人。

按年增 20 万人的控制标准来进行基础设计建设，却要承载年增 80 万的实际人口，"城市病"不爆发才是咄咄怪事！

大城市人口控制是个不可能的任务，"城市资源承载力"也是个伪命题，然而，时至今日，我们仍然在控制大城市人口并盲目、过度地发展中小城镇的道路上气宇轩昂地阔步向前，不是因为我们有多少"临城市病而不乱"的勇气，而是因为我们无知无畏。

2012 年 2 月下旬，国务院发布通知要求对于户口迁移政策实行分类，在县级市有合法职业和住所，即可落户；在设区的市有合法职业满三年可落户。令人哭笑不得的是，《通知》仍然要求继续控制直辖市、副省级市和其他大城市人口规模。可谓一条道走到黑，不知道到底是"明知不可而为之"，还是因为根本不知道城市发展的规律是什么。

正是在落后、无知的观念指导下，今天的中国化正面临着两个巨大的陷阱：一是过度发展中小城市和限制大城市；二是只见物不见人，城市化进程中不保障人的权利和自由，导致社会底层的上升成本大大提高。

中国的城市化，不能只看到现行体系的统计数据。2011 年末，城市化率达 51.27% 的数据，是包含 6 个月以上的"常住人口"，如按户籍人口统计、扣除候鸟般在城市没有根的农民工，实际城市化率不到 35%。2.2 亿左右的常住人口根本没有融入城市生活，没有公平享受教育、医疗、就业等福利。中国的城市化率实际不到 35%，暴露出的问题就已经如此严峻，还有三分之二的城市化进程，再不改邪归正，还不知道会闹出多大的事！

中国的城市化，应该回到尊重规律、尊重人权、保护生态的正确道路上来！否则，"城市病"病入膏肓，权利贫困制造阶层对立和仇恨，为时就晚了。

中国城市化的陷阱，就是违背规律，过度控制大城市化，同时又在中小城市进行着城市化大跃进。

当代中国城市化的最大特点，是国家一直在鼓励中小城市，俗称小城镇化发展战略，却在限制大城市的发展。这是一种从根本上违背城市发展规律的做法，却被坚持了长达十多年之久，而且至今不见改弦更张的趋势。人们不遵从人聚财聚的基本规律和逻辑，却在一相情愿地认为用物质堆砌筑好了鸟巢就一定能够引来凤凰。

中国社会科学院发布的《中国城市发展报告》显示，2001 年至 2007 年，地级以上城市市辖区建成区面积增长了 70.1%，人口增长却只有

30%。在大城市发展一直受限制的背景下，这一数据足以说明，中小城市大跃进到了何等严重的地步。这样的城市化，只见人们大肆圈地盖楼，却不见生机勃勃的人，有很多地方形成巨大空城，浪费了资源、破坏了环境。

因盛产优质煤而人均 GDP 一跃超过香港的内蒙古鄂尔多斯市，花 5 年时间、耗资 50 多亿元打造了一座面积达 32 平方公里却几乎无人居住的康巴什"鬼城"，昆明呈贡新城也几成空城，内蒙古清水河县十年建设留下"烂尾城"。全国各地的征地和造城大跃进，大同小异，只是程度不同而已。

除了政府直接唱主角的新城建设，一些貌似以市场为主导力量的"造城运动"也每每唱出一幕幕的空城计。

中央电视台经济半小时 2010 年 7、8 月间，用了多期节目报道了北京、天津的空城计。地方政府和开发商在距离大城市中心城区 50 公里之外的遥远区域造城，不知道准备给谁住。比如红磡领世郡——天津赫赫有名的明星楼盘，它虽然只是个住宅项目，但占地面积，比天津市中心的和平区还要大，相当于 8 个天安门广场的面积。小区占地 5 000 亩，居住人口可以达到 6 万到 7 万之间，住房套数在两万套左右。在距离天津市中心 30 公里的东丽湖边，一个占地 4095 亩的区域就是天津东丽湖万科城，这个项目依东丽湖而建，占据了整个东丽湖北岸。是万科开发的最大一个项目。规划 3 万户，15 万人，独栋别墅、联排别墅、洋房、小高层，各种业态一应俱全。

这些项目一手房都已经基本卖光，而且已经入住，但是真实入住率低得惊人。然而，比起被誉为"亚洲最大别墅区"的京津新城，上述项目只能是小巫见大巫。该项目位于京津腹地，南距天津 50 公里，车程 50 分钟，西北距北京 120 公里，车程一个小时，东距唐山 105 公里，总规划面积 25 000 亩，相当于 33 个天安门广场，5 个颐和园。按照规划，这里将有 8 000 座别墅，可供 50 万人生活、居住、娱乐，是亚洲最大的一个别墅区。五星级酒店、27 洞高尔夫球场、马术俱乐部、商业区、温泉度假村在这里一应俱全。

5 年的时光，合生创展集团在天津宝坻这片远离尘嚣的土地上营建起 1 000 座高端别墅，而这尚不及京津新城总体规划开发量的 1/10。而入住率更是只有 10%，空置率高达 90%，俨然一座空城。

北京周边的情况也是彼此彼此，大兴、燕郊、昌平这些远郊区，大规模开发的小区，入住率不到三分之一的并不鲜见。如大兴龙熙顺景、永定河孔雀城等。

一个个空城已经出现，但是造城者的热情却并没有减退，其中不乏大品牌开发商的强力介入。还是在天津，一个叫"星耀五洲"的项目计划占地4 100亩，在7 000亩水面周边建设约300万平方米的建筑，计划将五大地块，设计为功能多样、个性鲜明的五大洲板块。《时代周报》2011年12月的一则报道说，星耀五洲项目地价款62.9亿元，两年半的销售额不足50亿元。

这就是不顾市场规律的长官意志必然受到的惩罚。

我们在城市化的战略指导思想上出了问题，对于规律的研究和准备不足，对于有着强烈自发需求的大城市化过于谨慎甚至害怕，导致各地纷纷出现"反城市化的城市化"——最该城市化的大城市及其周边土地和基础设施供应不足，人口准入的门槛奇高甚至没有公平透明的准入标准，比获得外国国籍还难；不该城市化或者说市场本身没有城市化需求的偏远地区却搞城市化大跃进。

美国麻省理工学院斯隆商学院黄亚生教授的研究表明，根据中国城市统计年鉴所提供的数据可以看出，从1996年到2007年，也即在中国的城市化突飞猛进的时期，中国内地中型城市的人口密度实际是在降低的。这也证实了我的一个基本判断：在中国城市化进程中，伴随着一线大城市、大城市群、大城市圈的迅速崛起，我们的一些中小城市则是要不断衰落的。

可以想象，在各地方政府拔苗助长式的城市化大跃进中，我们正在为未来埋下极大的风险，这个风险将表现为土地和房屋资源的极大浪费，以及生态环境的破坏。并不是所有的城市都能在这场千年未有的城市化运动中存活下来，如果违背市场和自然社会的发展规律，你追逐得越快、越热烈，可能死得越惨、越难看！——透支了大量地方财政和百姓未来的收入，摧毁了城市原有的文化和精神谱系，打乱了百姓世世代代传承有序的正常生活，建起的却是一堆堆毫无生机而且注定要被淘汰、被风化的钢筋水泥丛林！

中国城市化的第二大陷阱，是见物不见人，在控制大城市过程中严重漠视甚至公然侵害公民权利，使城市和乡村之间失去正常的连接纽带，使儿童权利受到严重侵害，使社会底层和中上层之间失去足够的弹性空间。

表现之一是城市尤其是大城市户籍管制和儿童权利保护落后，儿童不能在流入地平等地上学和高考，导致了问题严峻的留守儿童和流动儿童问题，他们的教育和权利贫困，为未来社会埋下严重隐患。全国妇联 2005 年 1% 人口抽样数据显示，当年全国 14 岁以下的留守儿童已高达 5 800 万。在全部农村儿童中，留守儿童比例达 28.29%。如果按照联合国标准，18 岁以下都算儿童，绝对数字还要更高。国务院《中国儿童发展纲要 (2001—2010)》显示，2005 年，全国范围内不能在当地平等就学和高考的流动儿童已达到 2 000 万。

各方数据和调查显示，留守儿童和流动儿童要么亲情缺失，要么权利缺失，心理负担重、学业较差、易受侵害、违法犯罪倾向和行为明显高于正常的普通儿童。

表现之二是丝毫严重漠视新生代移民的居住权利，越是流入人口多的大中城市，越是攻城略地，大量斩草除根似地拔除城中村，使城市尤其是大中城市的新移民失去落脚点，既阻碍着底层人口的正常上升，更有可能因此阻碍流动人口的子女和父母在一起生活的法定权利实现，加剧代际贫困的世袭与传承，为社会制造不平等和动荡的基因。

加拿大《环球邮报》欧洲记者站站长，曾四次获得代表加拿大新闻界最高荣誉"国家新闻奖"的作家道格·桑德斯，走访了全球五大洲二十多个国家与地区，对从乡村到城市的迁移潮和发展中国家的城市化现象进行深度调查，撰写了《落脚城市》（*Arrival City*）一书，并于 2012 年初携书来到中国，四处宣传他的调查结论和理念。在他看来，新移民进入城市的最初落脚点不能轻易毁去，城中村是农村及城市发展的引擎。

落脚城市，指的是农村居民前往城市后，最初落脚并聚集定居的地方。桑德斯认为，适宜的政策和支持会让落脚之地获得接纳，城市新移民也得以融入正常的社会；反之则会导致经济停滞、极端势力增长。遗憾的是，直到今天，仍有政府把落脚城市定义为健康都市的不良增生物；一般民众更是因为这些地区的贫穷脏乱将其鄙夷为恒久不变、无可救药的贫民窟；更具杀伤力的思维则认为，这些拥挤的社区是都市杂乱蔓延以及人口过剩的罪魁祸首。

政府一方面出于面子考虑，另一方面是拆旧建新中巨大的政绩和利益驱动，往往倾向于把城中村拔除，把贫民窟改建成漂亮的大楼。但在这个过程中，原有的刚刚落脚城市的进城农民和刚毕业的大学生并没有因此留在原地，而是被迫搬到了更为偏远，交通、医疗和教育更为不便，治安状况更坏的地区。典型的是北京著名的城中村唐家岭。

唐家岭，位于北京市区西北五环外的西北旺镇，属于比较典型的城乡结合部，与上地信息产业基地和中关村软件园只有一路之隔。当地聚集了5万名以上外来人口，包括1.7万名大学毕业生。

该地因为一个大学教师的一份调查而声名远扬。该调查发现，这里聚居了很多刚毕业落脚城市的大学生，他们居住在拥挤、杂乱但租金相对便宜的环境里。这位调查者把这群大学生称为像蚂蚁一样洞穴式蜗居生存的"蚁族"，一个带有歧视性的称谓符号，给唐家岭和调查者本人都带来了极大的名声，却也引来了地方政府的推土机，他们要迅速把这个地方改造成光鲜漂亮的所在。为了改变现状，北京市2010年3月29号启动唐家岭地区整体腾退改造工程。虽然在改造过程中也考虑到解决该地区外来人口的住房需求，将在村集体建设用地上启动不少于10万平方米的公租房建设。但是，这并没有给所谓"蚁族"的大学生们带来任何福利，相反，变得昂贵的租金使他们被迫搬离了这个地方。

像这样好心办坏事的，全国遍地皆是。用桑德斯的话来说，"这毁坏的不仅是落脚城市的经济结构，也可能毁掉了这批移民孩子的教育和未来。"桑德斯说，其实世界各地也有不少政府在对待落脚城市上，走过弯路。而在巴西，脏乱差的贫民窟法维拉没有被取缔，而是通过来自政府的援助对它进行改造，使人们有机会在这里立足，政府承认他们的合法地位，并且提供社会流动的机会，使他们不必搬离这个贫困社区而有望更快地进入中产阶层。

支持桑德斯观点的，还有著名学者秦晖教授。秦晖走访过世界各地好几处贫民窟，他认为："世界上没有人会说贫民窟是个好东西。但是比贫民窟更不好的是什么呢？是家庭离散。所有人都认为他们不能忍受这种状态，他们愿意全家住在一起。我们国家实际上是以3亿人口的家庭离散作为代价换得了城市的光鲜，我认为这是非常不好的信息。"

桑德斯则以欧美等经历过城市化的国家的历史为鉴，他们也产生过误区，第一是阻止农业人口进入城市，第二是已经迁移落脚到城市的居民，不给他们正式的存在身份。这直接造成了激烈的暴乱和冲突。相反的例子是，伊斯坦布尔的奥扎尔公布了第280号法案，将占地居民转变为合法纳税人，让他们对自己临时搭建的房屋及土地取得所有权后，一个混乱敌对的地区转变成了繁荣的社区。最好的例子是发生在1789年的法国大革命，那时候有很多落脚城市发展起来。当时在巴黎墙内居住的人民非常富裕，生活很好，有政府给予他们的正式身份。但是墙外有一些法国人，类似于城中村之类的城市形式，各地农村居民在那里聚集，他们的各种合法权益受到限制，他们不能合法地应聘工作，甚至连面包有时候都领不到。这样一股愤怒的情绪最后导致他们对巴士底狱的一场攻击，当然，并不是说这些暴动都是这些落脚城市的居民发起的，但他们绝对是这些暴动的主体。

在城市居民或城市中产阶级尤其是城市管理者看来，解决城市贫民窟或者城中村的最直接手段就是将其铲除。这种手段非常愚蠢。在城市化过程中，我们要首先考虑的始终是人，不是把城中村和贫民窟铲除了，贫民就不存在了。他们只能被迫住到就业、就医和孩子就学更难，治安和区域社会心理状态及群体示范效应更差的偏远地方去了！因此，解决贫民窟和城中村最为人道和人性的办法，不是铲平那里，然后在那里建造一些公寓，而是要切实以新移民为本位，改善他们这个群体的社会文化环境，而不仅仅是改善空间意义上的这个区域的居住条件，尤其要改善这个地区的交通、医疗和教育环境，并以此提升区域社会文化环境。具体来说，就像桑德斯所说的，那里不能只是一个居住区，而应是集居住、工业、商业、教育等于一体的社会，那里居住的人是紧密相连的，而不是像大多数公寓居民那样独门独户老死不相往来的。因为只有那样，贫民窟里面的那些人才能够在这样一个区域居住、生活、受教育，更重要的是得到工作和受教育的机会，也就是生存和发展的机会。

消灭贫民窟、城中村等城市新移民的落脚点，同时也在加剧交通拥堵等大城市病。更为可耻和无知的做法是，为了达到根本不可能的控制大城市人口的目的，不仅城中村和贫民窟要消灭，连地下室也要消灭，成套房屋还不能打隔断出租。北京住房限购之初，就有领导指示：以房地产调控之机，行人口调控之实。之后开始清理地下室，百万北漂面临无处可居的困境。接着又来个租房新规，规定人均居住面积不得低于5平方米，出租房的单个房间居住人数不得超2人。

城市也有自己的社会生态环境，城市新移民就像一个自然生态系统中的微生物一样，也有它的自由、尊严，也有它不可剥夺的生存和发展权利！

人类是一个整体，任何人、任何群体都不可能独自生存。城市因鱼龙混杂而具有活力。通过城中村贫民窟这样一个城市和乡村紧密联结的纽带，一个中间过渡地带，城市新移民、低收入群体和社会各阶层之间彼此混杂、亲密有间，很大程度上降低了新移民的就业和发展成本，也在很大程度上降低了市民的生活成本。城中村和贫民窟恰恰是城市的福利。以较低成本容纳大量商业服务业的流动或临时摊贩，是城市经济和人文社会意义上的"肺"。他们可以向周边提供较廉价、方便、齐全的生活服务，为大量服务人员提供较好的创业环境，为大量城市流动人口提供栖息、就业之地，为老居民带来巨大的出租房屋等财富空间。对于城中村周边居民来说，它有一股十分强大的后拉力，为城市生活提供源源不断的商业支撑，帮助城市走出高能耗低效率的发展误区。

中国人民大学非营利组织研究所所长康晓光说，中国农民工是作为劳动力，而不是作为人进入城市的，经济衰退的时候，就赶他们回农村，生老病死成本由农村承担，城市享受一切成果。中国乡村的空巢老人、留守儿童等无数问题，我们是需要歉疚的。

清华大学教授秦晖说：

都市化过程中出现大量城市新移民，如何让他们在城市住下来，最终融入城市？在民主时代，或者允许贫民自由解决住房而容忍贫民窟，或者以福利国家方式消除贫民窟，而普遍趋势是自由与福利兼有，尽管各有利弊，但今天，既不给自由也不给福利的做法已为人道的底线所不容。

中国其实也有贫民窟，但更多的进城农民无疑还是住在工棚里。中印工业化进程都导致大量农民进城，但不同的是：印度农民往往卖掉土地，举家进城后占地搭建简易住房，形成为人诟病的贫民窟。但是这些新移民相对易于在城市建立家庭生活，同时形成社会保障压力。而中国农民没有地权，不可能卖地，但可能被征地而赤手空拳流入城市。他们不能在城市占地，政府不许建立简易住房，又租不起更买不起常规住房，造成大量成家的新移民只能在城里过集体生活，形成表面上比贫民窟好看的集体宿舍（工棚），并把家庭留在农村，而且自己也不可能扎根于城市，通常在出卖青春之后便回乡度过余生。

中国因此表面上避免了贫民窟问题。集体工棚与贫民窟对于农民工而言哪个痛苦更小姑且不论，但前者的"优越性"在于：城市不但因此更好看，而且可以把养老和社会保障负担留给农村，农民工工资中不包括这些部分，因此劳动力价格可以更低。

其实，中国真正的"奇迹"并不是没有贫民窟，如果说这是一个"奇迹"，也不是中国才有的，巴黎在奥斯曼时代就已经做到了，种族隔离时期的南非也做到了。但是，中国现在真正的"奇迹"是什么呢？真正的"奇迹"是一方面城里有数亿农民工住在工棚里，另外一个方面，农村出现数亿的留守老人、留守儿童、留守妇女。这一种现象造成的问题，还不光是过年回家交通的问题，这个问题太小太小。其实最大的问题是什么呢？最大的问题是这些人35岁之前没有家庭生活，35岁之后没有社会保障，这样的现象如果持续下去，会比贫民窟引起的问题严重得多。

在这里，我要对秦晖教授有所补充的是：即使中国的进城农民还不能卖故乡的土地房屋、还不能到城市周边"占了政府的地"，至少对现有的城中村不要拔除干净，同时在教育、医疗、治安、交通等方面多加完善贫民社区，也是一件为民众、为子孙后代积德的事吧？

从"逃离北上广"到"逃回北上广"

很长一段时期以来，一股"大城市房价太高，导致白领纷纷逃离北（京）、上（海）、广（东）、深（圳）"的说法甚嚣尘上，到2010年，很多人开始真正付诸行动，"逃离北上广"成为一股小浪花。但是其中的多数人很快发现，梦想就像冬天窗外美丽的冰花，用手轻轻一碰就立即成了惨不忍睹的豆腐渣。大城市固然有房价高、交通繁忙而遥远等坏处，中小城市却像一张巨大的蜘蛛网，把你从头到尾网在中央不能动弹。大城市固然有很多时候来去匆匆身影繁忙，中小城市也未必真能心安自得悠闲自在。同时，中小城市的生活成本其实并不低，别看物价低（主要也只是房价低），办个厂天天有人来你这儿整点油水，找份工作不请客送礼根本找不着门，办个芝麻蒜皮的小事都要托关系走后门还要送礼。如果说大城市人们还多少有点时间、精力和聪明才智用在琢磨事上，那么在中小城市，人一半以上的生命必须耗费在人际关系，耗费在无谓的琢磨人、跑关系和各种应酬上面。只有百万人口以上的城市，人才能逐步摆脱关系网、获得相对独立自由的生存和发展空间。越大的城市，机会越多，人的自由度越大。在北上广深，即使创业和就业初期物质生活显得更艰难，却因为有相对公平的竞争环境、相对独立和自由的上升空间，平民子弟的前景会更加光明灿烂。

都说好马不吃回头草，但是在经历了短暂的"逃离北上广"之后，人们很快就开始了新一轮的"逃回北上广"。对于一个一直关注此现象的观察思考者而言，我最开心的是，在"逃离北上广"又"逃回北上广"的人群中，我们非常欣喜地看到，即使有"拼爹"资本的年轻人，也正在努力挣脱父母的卵翼和关系网，追求更为自由广阔的"自己的天空"。显然，对于自己自由、对于堂堂正正做人的追求，某种程度上超越了简单的物欲。《南方周末》报道了其中这样一个年轻人：

（回故乡）三个月后，张一轩受够了老家那个长江边上的地级市，回到北京。就像2010年9月，他受够了北京，头也不回地投奔老家一样。

张一轩的父母在当地颇有声望，张一轩甚至没有参加统一的公务员招考，当地烟草局就收了他，领导很大气，说，明年考一个试就完了，你肯定过。工作性价比很高，月薪三千，他一个人占了会议室那么大的办公室，工作内容基本是偶尔发发传真和每天陪领导吃饭。多数时间坐着玩电脑，下班跟爹妈吃饭、看电视、睡觉。日子懒洋洋的。

但很快，怀着专栏作家梦的张一轩发现了一个糟糕的信号，他写不出东西了。

一天上班，领导说，走，查烟。张一轩很好奇，学着领导，把"烟草稽查"的袖章一个个往身上戴，一脸严肃地列队出门。所谓查烟，就是查云烟、湘烟，发现一条罚一千。当地的烟商看样子也不缺钱，人民币一摞一摞地拿出来，毕恭毕敬。一天下来，少说几万元到手，报纸一包就扔公车上。这笔罚款在财政体系运作之外。不用入账，拿了钱，哪里贵就往哪里去"烧钱"。查禁的烟呢，领导对张一轩说，拿回去给你爸抽。那一天，张一轩"觉得自己特像个狗腿子"。第二次查烟以后，张一轩说什么也不去上班了。

现在，逃回北京的张一轩，仍然延续着两年前"快餐吃到恶心"的生活。这位1988年出生的中国传媒大学本科生，在北京拿着4000元的工资，偶尔还得"啃老"，依然面对高房价和城市的拥挤。不过他的心态已放得很平和。他喜欢每天下班回家，调暗灯光，喝点清酒，看部电影，周末踩着单车环游西山。更重要的，开始有杂志约他写专栏了，比如介绍日本舞踏和大野一雄。

在一般人眼里，北京是堵的，贵的，拥挤的，奢侈的，排斥人的，是人家的北上广。而回到小城市，是势利的，关系的，拼爹的，依旧是别人的。但是，一旦你真正身临其境，才会发现物质高压下的大都市，恰恰才是自由精神野蛮生长的好土壤。在这方面，小城市是琐碎的、家长里短的、鸡零狗碎的。你的精神和眼界，一点点被世俗的平庸所固化。大隐隐于市。而在小城市，你的一切都将被别人随时评价。很多时候，你生活在别人的眼光里，唯独没有自己。除了物质的堆积，你几乎看不到精神的生长。你可以一眼看到坟墓。而在大都市，只要你有自己的逻辑、自己的手筋、自己的定势，既持之以恒，又根据时代的需要随时调整，那么未来一切便是充满希望的，随时都有意想不到的惊喜。

这，便是自由的魅力。一切财富，都是自由的副产品；何况自由本身，带给人的不仅仅是物质财富，更有从一开始就形影不离、伴随始终的精神享受。这也是大城市的魅力。城市就像大海，海越深越广，人就越自由；城市就像磁铁，越大吸引力也越强。大城市是个人生能量"核聚变"的伟大梦工场，你的自由和人生价值都有可能在这场核聚变中以链式反应的速度加倍实现。

大城市不仅带来自由、公平和机会，也带来实际效率的提高。聚集经济是城市活动集中的主要原因，就像核聚变似的。正如恩格斯在描述当时全世界的商业首都伦敦时所说的那样："这种大规模的集中，250万人这样聚集在一个地方，使这250万人的力量增加了100倍。"在这种聚集效应的推动下，城市不断地集中，效率、公平性和自由度则不断提升。

G. A. 卡利诺于1979年和1982年通过实证性研究尝试区分"城市化经济"、"地方性经济"和"内部规模经济"对产业聚集的影响。所谓城市化经济就是当城市的总产出增加时，不同类型的生产厂家的生产成本下降，而所谓的地方化经济就是当整个工业的全部产出增加时，这一工业中的某一生产过程的生产成本下降。而内部规模经济是指当生产企业本身规模的增加面导致本企业生产成本的下降。经研究他发现，对于产业聚集的影响而言，内部规模经济并不起作用，它只对企业本身的发展有影响，因此只有从外部规模经济上去寻找解释聚集效益的原因。在两类外部规模经济中，他发现，作为引导城市集中的要素而言，地方性经济不及城市化经济来得重要。也就是说，对于工业的整体而言，城市的规模只有达到一定的程度才具有经济性。当然，聚集就产出而言是经济的，即使是在成本－产出的整体中仍处于经济的时候，而就成本而言也可能是不经济的。这类不经济主要表现在地价或建筑面积租金的昂贵和劳动力价格的提高，以及环境质量的下降等。不过根据卡利诺 1982 年的研究，城市人口少于 330 万时，聚集经济性超过不经济性，当人口超过 330 万时，则聚集不经济性超过经济性。

也就是说，当城市人口少于 330 万时，聚焦效应带来的能量是递增的；超过 330 万，带来的可能就是负能量。比如交通拥堵、热岛效应、基础设施不堪重负等。当然，这项研究是针对制造业而进行的，而且是一般情况下的。同时，由于城市轨道交通的兴起，大城市的商贸业和高新技术产业逐渐取代原有的制造业而成为主流，330 万的门槛势必要改写。现在一千万人口以上甚至三四千万人口的超级大都市越来越多。

真实调查数据也显示，所谓"逃离北上广"不过是"城里的人想出去，城外的人想进来"的"围城效应"，而且进来的是在奋不顾身地进来，而真正出去的却总是少数。2010 年 5 月，智联招聘宣布，根据对过去三年的毕业生就业所在地以及迁移状况进行的数据分析，发现就业 3 年之内的职场人，行动上并未真正"逃离大城市"，但有离开大都市想法的人超过了八成。

调查方智联招聘表示，此次调查涉及的简历库数据量为 30 000 份，网上调查数据为 7 000 余人。调查通过分析毕业就业所在地、毕业三年后工作地点迁移状况，以及一线城市职场人目前就业城市期望地等一系列数据，得到职场人城市迁徙行为的实际数据。分析数据显示，高校毕业生的初次就业工作地主要集中在北京、上海、广州、深圳四个城市，比例分别为 29.7%、14.9%、5.6%、3.9%。毕业三年后的工作地也基本集中在这四个城市，比例分别为 30.4%、18.6%、5.0% 和 3.3%。这个数据最能说明真实情况：人们不是在逃离北上广，而是在不断奔向北上广！

一线城市的高房价确实是很多职场人需要背负的经济压力；而大城市的生活节奏快、工作压力大也是不争的事实，但是，大城市的机会成本更低、时间价值更高，竞争更自由、更公平，也是不争的事实。

2010 年 5 月 29 日，国金证券首席经济学家金岩石先生在他的博客文章《正视"不公平的合理性"》一文中写道:"在最近的一期'头脑风暴'节目中,我作为现场嘉宾参与讨论了'80后——幸福在哪里?'主持人——零点调查公司袁岳先生请现场观众们决策,在积累了一定财富后选择在哪里生活?投票结果是:大城市,77%;中小城镇,17%;乡村生活,6%。"

不必去抱怨大城市房价有多高。人聚财聚、人散财散,这是极其简单的道理和常识。人聚集的地方房价一定高,这是世界性的规律,并没有什么特殊的"中国国情"。美国、日本甚至俄罗斯、印度、越南,大城市的房价都高得离谱,高得让年轻人根本不去指望。

有人说,中国的高房价,毁灭了年轻人的爱情也毁灭了年轻人的想象力。不要相信这样的鬼话和牢骚,正如旅美学者薛涌所言:"俺从大学毕业到33岁出国,就12平方米一间。寄住父母家。结婚时没有床。似乎想象力和爱情并没有被毁灭。美国大学生号称毕业后要到纽约地下室和老鼠当同屋。这叫人生开始。大学生一毕业就想着买房,哪里还有心思干大事业?难道是'天将降大任于斯人也,必予其房'?"

房子只是身体的居所,不是灵魂的居所。外出打工者,哪个家里没有房子甚至是大房子好房子?可为什么"宁要北上广一张床,不要故乡一栋房"?因为自由、机会和公平都在这里!

以前我们说"生命诚可贵,爱情价更高,若为自由故,二者皆可抛",现在社会有所进步了,很多时候自由无需拿生命和爱情来换,这首诗也可以改了,改成"财富诚可贵,幸福价更高,若问何处有,自由丛中笑。"财富和幸福在哪里?它就在自由丛中笑着向你招手!

大城市人口承载力是个伪命题

知识分子的使命就是寻道、问道、守道、论道、传道,道也就是宇宙天地人间的运行法则和规律,就是普世价值。可是当代中国人文社科类知识分子有一个反过来的传统:不是他们研究和守持的"道"成为政策、法律的决策依据,反过来,他们中多数人的理论研究却是在为已有的决策或即将出台的决策做注解,寻找合理性。

在城市化问题上,我们对大城市化的恐惧也一直派生出许多荒谬的理论。最典型的就是所谓"城市人口承载力"研究。由于研究者先入为主和缺乏独立的立场、加上自身知识与视野的局限，总是有意无意地低估了技术、制度创新和管理手段进步对城市人口容纳力、国家人口承载力的动态影响，更忽视了市场机制本身对人口流动、人口增长的重大调节作用。因此，这些研究对特定区域人口极限容纳力的估计很快被现实发展所突破。

前面我们已经谈到过，北京市"十五"和"十一五"规划都在试图以"人口承载力"和"水资源承载能力"为由，试图将每年净增人口控制在20万人以内，但实际结果却是十年间平均每年净增80万人。

北京从20世纪80年代提出城市人口承载力问题，到现在北京实际人口远远超过"承载力"的标准，并且打着承载力的旗号阻止移民、阻止户籍和高考制度改革、限制一系列小到买车买房、大到户籍和高考等新移民权利，但人们还是源源不断地涌进来，而且这些人在北京活得更好了而不是更差了，原有北京户口的人也是生活得更好了而不是更差了。他们中的不少人甚至在拆迁征地中获得巨额补偿，一夜之间成为百万千万富翁。而小地方的人们，流汗流泪流血也争不来几块钱拆迁补偿，更别指望一夜暴富。不是北京的政府当局格外慷慨仁慈，而是小地方没有外来人口买单，征地拆迁在招商引资背景下还要补贴工业用地。

"城市人口承载力"的相关理论研究和决策，应当被视为当代中国城市化过程中最大的失误。"城市人口承载力极限"的理论和决策，一再被现实的人口增长所突破，而且，城市本身的"容量"仍在不断增加，这个最简单的事实本身，即以说明这个理论和决策已经不断被现实所证伪，从本质上已经成为彻头彻尾的伪科学。

我们都知道，人类生存发展所需的大部分资源，都可以随着人口的流动而流动。尽管这些年主张控制大城市人口的人们找出了一个最不容易流动的资源——水资源来为大城市控制人口理论强词夺理，但这个理由仍然是"为赋新辞强说愁"，牵强附会而已。

首先，北京并不是一座天生缺水的城市。新中国成立之初，也就是20世纪50年代，北京最头疼的不是缺水，而是洪水威胁。因此治理思路一开始就偏重工程治理办法，忽视恢复生态环境、利用森林植被保持水土。结果是大建水库，增加了中上游的蒸发量。对于整个流域来说，水资源就减少了。还有就是河道扯直和硬化，不仅使河水一泻千里，而且蒸发量也加大，还破坏了流域生态和水质。通过恢复流域生态，有效水资源乃至整个区域的生态环境是完全有好转可能的。

其次，是城市人口对水资源的数量要求很低，北京现有水资源利用效率也极低。北京 2010 年城市总用水量是一年 34.5 亿立方米。工业用水高峰时是 10 亿立方米，现在是 5 亿立方米，工业用水节约了一半。农业用水从高峰时 30.8 亿立方米减少到 12 亿立方米。虽然农业用水绝对量下降了很多，但仍占全市总用水量的 34.8%，但是它所创造的产值，不到全市 GDP 的 2.4%。如果水价大幅上涨，按照比较成本计算的农业生产对北京市 GDP 的贡献将是负的。

因此，减少农民、减少农业，将对北京的水资源构成极大利好。2011 年 2 月，北京市农委相关负责人透露，预计在几年或更长时间，北京市现有的近 270 万农民当中，上百万农民将变成正式的城里人，享受城镇均等化的公共服务和福利。

百万农民成为市民，如果他们全部脱离农业，或者退耕还林，农民不再以农业为生而以林业为生，每年将直接节约出 4.44 亿立方米水资源。这是个什么概念？北京生活用水十年前是 13 亿立方米，现在是 14.7 亿立方米，这十年间城市人口净增 800 万。也就是说，增加 800 万人每年才增加生活用水 1.7 亿立方米，人均 58 升/日，包括了桑拿、娱乐、酒店、餐饮、学校、医院等人均分摊，甚至有可能包括新增绿地等的分摊。如果按照这个比例，仅节约出来的水资源，就可以使北京再容纳 2 091 万人。如果农业用地林业化以后，还会为北京涵养、"生产"出更多更好的水资源。也就是说，只要我们的聪明智慧用对地方，北京现在是 2 200 多万人口，再增加两三千万甚至更多人口，根本没有任何问题！

思路决定出路。这么一算账，也许人们应该换换脑筋，彻底放下"大城市恐惧症"了。北京市"十五"期间，人均综合用水量由同期 330 立方米下降到 245 立方米。但是人们的生活质量更高了而不是更糟了。随着人们生活水平和城市中水利用率的提高，人均用水量会相应降低。比如城市绿化、抽水马桶等卫生设施全部采用中水等。因此，"水资源承载力局限"之类，也许是我们人类自我预设的一个画地为牢的思维陷阱。

再次，说"北京承载力过高"是指主城区过高还是整个北京市？主城区存在人口过密的问题，可是对 1.68 万平方公里的北京行政辖区而言，北京人口密度与世界上很多同等类型的城市相比并不高。

人类生活水平的提高，很大程度上依赖于人口的增长和人口的聚集。

过去两百年间，人口的爆炸带来了人类生活水平的巨大提高。诚如易富贤所言，过去人类大多数的战争是为了争夺现有资源，但今后人类生活水平的提高主要依赖新的资源的开发，而不是竞争现有资源。而人力资源已经成为科技进步最重要的必要条件。

如果按照"城市人口承载力极限"的理论，中国的香港、美国的拉斯维加斯这两座城市，乃至于日本和以色列这两个资源严重匮乏的国家，根本就不适合人类生存。但全世界的人都知道，这两座城市、这两个国家，却无一例外是今天世界上最发达的地区之一。尤其是拉斯维加斯这座沙漠之城，更是窥一斑而知全豹，让人叹为观止的同时，更看出"城市人口承载力极限"理论的极度荒谬。

拉斯维加斯建于1854年，开埠于1905年。如今的拉斯维加斯已经成为美国内华达州的最大城市，以赌博业为中心，是世界知名的度假胜地之一。由赌城起家的它，已从一个巨型游乐场变成一个活色生香的城市。每年来拉斯维加斯旅游的3 890万旅客中，来购物和享受美食的占了大多数，专程来赌博的只占少数。在这里，你可以找到美食、找到艺术、找到娱乐，找到一个多元化城市的所有要素。

拉斯维加斯以及克拉克郡的居民人口超过150万人，每年人口的增长率为4%，平均每个月有5 000人移居到此地。拉斯维加斯是全美国发展最快的城市，市区道路以及公共设施已经跟不上人口的增长速度，官方预计在2012年拉斯维加斯和克拉克郡的居民人口超过200万人。

物质不灭，能量守恒，世界上的资源永远不会枯竭，关键是怎样才能合理有效地循环利用。技术、制度创新和管理手段进步可以大幅度提高城市人口的承载力，否则难以解释美国拉斯维加斯和以色列这两个资源严重匮乏、根本就不适合人类生存的不毛之地，却发展成为世界上最发达的地区之一。

在城市化的问题上，还有一个深入人心但谬种流传、害人不浅的说法，就是区域均衡发展，普通百姓有多少人对此抱有幻想我不管，可怕的是不少高官和专家学者也死死抱着这个乌托邦。

不少人相信并坚持认为，大城市人口规划屡屡被突破，是因为其集多重功能于一身，借助国家赋予的特殊政策和资源的倾斜投入，使自己变成一块巨大的磁铁，将全国的人才、资源源源不断地吸引过来。因此，从全国来说，必须调整非均衡发展战略，向全面均衡发展战略转移。

持这种观点的人，不知道"集聚经济学"为何物。"城市的空气使人自由"。一百多年前，恩格斯说过，250万人集中于伦敦，使每个人的力量增加了一百倍。假设中小城市10个人应聘1个职位，大城市100个人应聘10个职位，比例都是10∶1，但是对于个人和企业，机会都增加了10倍。而且，由于人数增加，城市又派生出许多专门为这些人服务的行业和机构。这就是集聚经济学的最佳写照。

不少人想当然地认为，在我们这个政府可以调配巨大资源的国度，"北上广深"等大都市的发展都是国家政策倾斜的结果。但如果我们放眼世界，就会发现那些政府权力小得多的国家和地区，人口的聚焦效应和集中度比我们国家更加明显。比如日本只有1.2亿多人口，但日本东京就至少聚集了3 500万人；美国的人口和财富也高度集中于大都市，美国约18%的产出来自该国三大都市区，而英国大伦敦（Greater London）地区的生产率比英国其他地区高出50%以上；印度孟买等城市也大同小异。

古今中外，世界上没有任何一个国家和地区是可以做到地区性的均衡发展的，唯一能做的是"人的均衡发展"。而人的均衡，也只是人的权利方面的自由与均衡发展，比如：平等的受教育权、社会保障权，以及自由迁徙、自由选举等权利。

从人均占有资源的角度来看，世界上几乎没有一个国家和地区，没有一座城市是靠自己的资源优势和平均占有资源多而成功的。在发展经济学中，很多学者都注意到一些资源丰裕的国家却往往发展停滞。于是有一个名词被大家记住了，叫"资源的诅咒"（resourcecurse），这通常指一些矿业资源丰富的国家和地区，比如有丰富的石油或煤矿，却非常落后，经济水平低，政治腐败。易富贤认为：

从世界范围看，在自然条件差不多的地区，人口越稠密经济越发达，这就是规模效应。人口规模优势和密度优势使得"人多力量大"，能够主导世界市场，更容易获取全球资源。比如日本自然资源缺乏，但是能够获取全球资源，而一些资源丰富的国家，反而只能廉价出卖资源。今后如果资源短缺的话，最先出现问题的是资源输出国，而不是消费国。

我们现在不少偏远落后地区，人均占有的资源甚至有可能比城市居民多，但是他们的收入和生活水平却绝对更低。一条道路，城市也许10万人天天在用，农村也许只有几百人用；一条昂贵的光缆和电线，城市同时服务成千上万人，农村可能只有几个用户；而人均占用土地面积之比，按建成面积计算，我国200万人以上的大城市、20万人口以下的小城市、建制镇三者人均占地的比例是1∶2∶3.1。这还不算农村居民砍伐、开荒耕种等活动面积。"均衡发展"的结果，可能是生态环境破坏得更厉害，而发展效率更低。

2010年是中国实施西部大开发战略十周年。官方数据显示，十年来，西部12省市区先后建设了120个重点工程，总投资约2.2万亿人民币。虽然在官方的政策倾斜和大力投入下，西部地区与东部地区的经济相对增长速度差距在缩小，但绝对差距仍在扩大。国家发改委副主任杜鹰称，2000年，西部和东部的人均GDP相差7 000元，十年后，这一差距拉大到了21 000元。国务院西部开发办原副主任李子彬坦陈，西部地区相对落后、欠发达的状况不可能在十年内得到解决。在生产总值、地区财政收入水平、人均生产总值水平上，"再经过100年，（西部地区）也不一定能够和东部地区拉平"。

同样的一笔钱，投入到大城市、中小城市和乡村，效用之比可能是5∶3∶1，甚至更高。这就是城市的魅力：人均占用和破坏的资源大大减少，效率和自由度大大提高！

那么，城市的效率和富裕来自哪里？就来自四个字：集聚、自由。人的集聚带来财富的集聚，人的自由带来智慧和财富的核聚变一般的能量递增。

哈佛大学经济学教授、《城市的胜利》一书作者爱德华·格莱泽于2011年3月29日在英国《金融时报》上发表了《为什么应该为城市松绑？》一文。他写道：

我们属于群居物种，我们从周围更聪明的人身上学到知识。长期以来，城市一直在加快这种思想流动。在18世纪的伯明翰，纺织业的创新者们互相借鉴、取长补短，给我们带来了工业革命。如今，年代较老、气候较冷的美国城市（例如波士顿和芝加哥）通过抓住金融、电脑和生物技术领域的创新，从去工业化进程中存活下来。

这些城市的复苏让增长理论家们更好地理解了"集聚"（agglomeration）经济学，也就是说理解了为何人们和企业在人口稠密地区比邻而居会提高生产率。地理位置上的接近使得产品、服务和思想得以自由流动，这也推动了合作和经济增长。合作创造了一切，从福特（Ford）T 型车（Model T）到 Facebook。

如果吸取了这些教训，增长政策会是什么样子呢？首先，它将把交通运输基础设施建设抛在脑后。19 世纪的城市是围绕交通运输发展起来的，但在 20 世纪，美国的高速公路体系却把人们从高生产率的城市推向别处。如今，新的大型投资（例如英国 2 号高铁 ［High Speed Two rail line］）的回报率正逐渐下滑——该项目造价数十亿，却只为节省几分钟车程。

繁荣城市真正需要的是楼宇。如果私人不出资新建住宅和写字楼，那么高企的楼宇需求会导致楼价过高、通勤里程过长，参与生机勃勃的城市经济的人过少。纽约设置了过多的土地使用限制；伦敦则更甚。这两个城市确实应当保护其建筑财富，但城市不是博物馆。伦敦尤其还应该减少楼宇高度限制。

我们的城市之所以高效，是因为它们放大了人类最伟大的财富：我们从周围人身上学习知识的能力。未来几年，随着创新变得更为重要，这一财富也只会变得更为重要。我们的城市不需要恩惠，但它们理应享有公平的竞争环境。如果它们繁荣发展，我们的经济也会增长。

也就是说，城市的发展不需要任何物质的恩赐，需要的只是自由公平的环境。

控制中国城市化的神秘左右手

左手：自然地理线——不可逾越的胡焕庸线

1935 年，胡焕庸首次揭示了中国人口分布规律。即自黑龙江瑷珲至云南腾冲画一条直线（约为 45°），线东南半壁 36% 的土地供养了全国 96% 的人口；西北半壁 64% 的土地仅供养 4% 的人口。二者平均人口密度比为 42.6∶1。

在工业文明的今天，胡焕庸线所揭示的人口分布规律依然没有被打破。

胡焕庸线主要描述了人口密度在不同地区的分布，并由此得出我国第一张人口密度图。

自古以来，中国东南地狭人稠、西北地广人稀早已成为事实，但没有人对这种现象加以有力的理论论证。瑷珲—腾冲线的出现廓清了这一分界，影响深远，成为研究和决策的重要参考依据。多年后，美国学者将之称为"胡焕庸线"。

随着时间的推移，人们逐渐发现，这条人口分割线与气象上的降雨线、地貌区域分割线、文化转换的分割线以及民族界线均存在某种程度的重合。

胡焕庸线以西是唐代边塞诗描写的古道西风瘦马，以东则是小桥流水人家。

胡焕庸线的形成有其自然背景。"它是气候变化的产物。"中国科学院科技政策与管理科学研究所教授王铮曾向《科学时报》记者表示，现在认为胡焕庸线是我国东南季风的影响范围，而在1230年以前，气候形势并不如此。1230—1260年的气候突变，基本奠定了中国的现代气候特征。由此时期开始，各种旱涝灾害特别是大洪涝灾害空间频率分布的走向与胡焕庸线日趋吻合，越到近代越明显。

在汉唐时期，西部的黄土高原及关中地区气候较为温暖湿润，因而能够承载更多的人口，从而成为历代中国政治、经济中心。唐中期曾频繁从长安迁都洛阳，除了政治、经济上的解释，长安地区不断发生的自然灾害也是重要原因之一。宋代以后，气候变化日益表现出"胡焕庸方向"的趋势，中国人口、文化、经济重心遂逐渐南迁长江流域。明清两代，政府虽大力经营甘肃，但胡焕庸线以西，生态环境日益恶化，粮食自给已成问题。

1982年和1990年我国进行的第三、第四次人口普查数据表明，自1935年以来，我国人口分布的格局基本不变。以东南部地区为例，1982年面积占比42.9%，人口占比94.4%，1990年人口占比为94.2%，经历了55年时间，东西部人口比例变化不大。我国东西部所占全国人口之百分比仅有1.8%的增减变化。两次人口普查结果还表明，我国人口的60%集中在距海500千米的东部地区。

2000年第五次人口普查发现，东南、西北两部分的人口比例还是94.2%比5.8%。与当年相比虽然相差不大，但是线东南的人口数量已非4亿多，而变成12亿多。中科院国情小组根据2000年资料统计分析，胡焕庸线东南侧以占全国43.18%的国土面积，集聚了全国93.77%的人口和

95.70%的GDP，压倒性地显示出高密度的经济、社会功能。胡焕庸线西北侧地广人稀，受生态胁迫，其发展经济、集聚人口的功能较弱，总体以生态恢复和保护为主体功能。

2011年4月28日，国家统计局发布了《2010年第六次全国人口普查主要数据公报》，根据公报，2010年11月1日全国总人口为1 370 536 875人。其中：普查登记的大陆31个省、自治区、直辖市和现役军人的人口共1 339 724 852人；香港特别行政区人口为7 097 600人；澳门特别行政区人口为552 300人；台湾地区人口为23 162 123人。大陆31个省、自治区、直辖市平均每个家庭户的人口为3.10人，比2000年第五次全国人口普查的3.44人减少0.34人。

普查数据显示，中国人口的地理分布正在发生深刻变化，出现了东部和西部省份高增长、中部省份"空心化"的趋势。

过去10年间，中国人口总量还是呈增长态势。同第五次全国人口普查时的1 265 825 048人相比，10年共增加73 899 804人，增长5.84%，年平均增长率为0.57%。但人口变化的地区差异非常大。东部沿海发达省市，常住人口急速增长，西部的少数民族聚居地区，人口也有较快增长。但与此同时，中西部大部分省市区人口增长减缓，其中六个省份常住人口出现负增长。如此规模的省域人口负增长，是城市化的枷锁被市场经济解除以后，中国人口和财富流动呈现出的新现象。虽然户籍制度还在，但随着户籍的含金量越来越低，人口在流动过程中"无视户籍"的现象越来越明显。同2000年第五次全国人口普查相比，居住地与户口登记地所在的乡镇街道不一致且离开户口登记地半年以上的人口增加116 995 327人，增长81.03%。

东部发达地区和西部少数民族聚居地区，人口增加幅度都比较大，但原因完全不同。北京、上海和天津的人口增长，绝大部分是因外来人口大量迁入。在上海，迁入人口占该市人口增加的97%，自然增长只占人口增加量的3%。广东和浙江的增长虽有自然增加的部分，但大头还是外来人口迁入，分别占总增长的62%和72%。

与之相反，西部少数民族聚居的西藏、新疆和宁夏，人口增加的主要动力是自然增长。这些地区生育率相对较高，虽有外来人口迁入，但只占总增长的一小部分。海南省虽属沿海地区，但其人口增长主要是自然增长，生育率较高，与西部少数民族聚居地区类似。

人口负增长的六个省（市），都有数量巨大的人口迁出。重庆和湖北10年间净迁出的人口是自然增加数的3倍。四川10年间净流出546万人。如果贵州、安徽和甘肃不是出生率相对较高，其人口下降的速度和幅度无疑更大。人口外流是导致中部人口"空心化"的主要原因。

对于近年来出现的所谓逃离"北上广"的说法，此次普查数据亦可见，"北上广"恰是过去10年人口增长最快的地区。所谓"逃离"更大程度上只是人们的牢骚。

社会经济发展有一个很多人没有说出来的普遍规律：人都是往钱价高（钱的利息或者钱的投资产出高）、人价高（工资福利待遇高）、物价房价高的领域和地区流动，即"人往高处走，水往低处流"。人们一边在抱怨大城市房价高，一边忙不迭地拥往大城市，即是如此。而人越往这些地区流动，越助长这些地区的房价人价钱价。随着人口外流加速加剧、低生育率持续，中西部地区人口将继续向东部扩散，中部人口"空心化"会日益加剧。

沧海桑田、物换星移，其间种种自然和人为的人口迁徙并没有撼动胡焕庸线确定的人口分布格局。

我国农村人口占全国的73.11%，非农业人口百万以上的特大城市共30个，除兰州和乌鲁木齐在西部外，其余28个都在东部地区。我国台湾省的台北和高雄，港澳地区的香港人口也在百万以上。

我们也可以说，胡焕庸线是中国农牧业为主的乡村文明和工商业为主的城市文明的主要分水岭。农牧业文明与工商业文明的最大区别，就是维持农牧业基本生存和发展所需要的人均可使用土地面积和其他资源大大高于工商业文明的人均土地和资源占有。在当代社会的城市文明中，越来越多的宅男宅女"宅"在小小的蜗居中就可以为社会创造财富、为个人创造幸福生活，这在乡村文明里，几乎是完全不可想象的事。

通常，社会的发达程度、环境保护的程度是由人口密度优势和规模优势决定的，而不是传统观念所认为的人均占有资源决定社会发展和富裕程度。

新中国成立后近半个世纪的时间里，通过严格的户籍管制人为阻碍城市化，知识青年上山下乡，大规模砍伐树木以大炼钢铁和大规模开垦土地，让我们付出了惨重的环境代价。若干年前，中科院通过卫星遥感，曾对我国西部12省区的土地承载力进行了评估，结果表明，西部有五分之一的土地承载力处于超负荷状态，严重超载造成许多地区自然生态环境恶化。有人计算了一下，中国目前适宜生存的好地方只占国土总面积的三分之一。半个多世纪以来，荒漠化及严重水土流失地区的面积各增加了约1.5倍，相当于中国丢失了大约350万平方公里土地。而中科院《1999年中国可持续发展战略报告》显示，中国人每年搬动的土石方量是世界人均值的1.4倍。中国的人类活动具有明显的破坏性，高出世界平均水平3至3.5倍。国家环保总局副局长潘岳曾指出，新中国成立以来，我们的人口从6亿增长到了13亿，多了一倍，而可居住土地由于水土流失从600多万平方公里减少到300多万平方公里，少了一半。

右手：人文社会线——神秘的百万人口线

当代中国的城市化有一个迥异于世界各国的特殊经验：它不是从小城镇起步，而是直接由大城市引领，大城市化才是它的主要特征。

托克维尔说美国的民主始于乡村，因为乡村自治传统是美国基层社会自由、平等、富裕、幸福的根基，甚至连乡镇警察都是镇里自雇的。而我们却没有这样的传统，我们是公共权力一竿子插到底，而且权力是自上而下的，直到村一级。越到基层，越到人口稀少的地方，资源的有限性越厉害，社会资源的单极控制和垄断特征也越明显，各种无处不在的关系网和拉帮结派的"窝里斗"也越显威力。

根据我的观察，这种情况，只有在人口100万以上的城市才略见改观。城市越大，内耗越小，个人的自由度就越大，城市的集聚效益也越大。虽然超大城市的交通不便抵消了其中的一部分效益，但是比较而言，由此造成的时间、精力、才智与心力损耗，比起人与人之间过于复杂的人际关系损耗，比起权力单极控制下的徘徊与无望，几乎可以忽略不计！这就是大城市最大的魅力所大。

经济与文化到底有何关系？阿根廷的法学教授马里亚诺·格龙多纳曾有论述：经济发展是一个文化过程，理由是短期的经济行为可以由经济逻辑来解释，但长期的经济行为靠经济逻辑则无法给出答案，必须求助于文化逻辑。格龙多纳认为，个人、家庭、民族、国家莫不如此。就个人或者一个家庭来说，长期赚钱的目的在于用货币来达到非货币的目的，如人们所追求的幸福、自由和安全。长期经济行为的目的在于当人们的衣食温饱获得基本满足后，必须面对非货币的文化命题：幸福、自由、尊严、慈善等。短期经济行为使货币目的得以实现后，文化目的就快速替代经济目的。文化价值观最终决定了经济发展的程度。当然，非经济目的并不是"反经济"的，而是"亲经济"的。格氏指出，文化在整个经济发展过程中起着指引作用，因此一个国家或者一个家庭的不富裕，也可以归因于其文化心态的指引。他的结论是：从一个国家或者地区文化观念上的某种特征，就可判断其经济发达的程度。只要具备了某些特征，一个国家或地区即使现在不发达，一段时间后也会发达起来。

大城市是一个极其包容、自由的地方，可进可退，可攻可守，什么性格的人都能找到自己的生活圈子。中国有句古话：大隐隐于市；中国还有句古话：龙游浅水遭虾戏，虎落平阳被犬欺。只有大城市这样的大海才能生长出大鱼来。

过去半个多世纪城市化被人为延缓导致的"补课效应"，使中国的城市化，确切地说是大城市化来得特别迅猛。据联合国统计，城市人口增长最快的是 100 万人口以下、5 万人口以上的城市。而我国的情况刚好相反，我国是 100 万人口以上的城市发展最快，说明我国的中小城市发展缺乏活力。

根据中国城市统计年鉴所提供的数据可以看出，从 1996 年到 2007 年，也即在中国的城市化突飞猛进的时期，中型城市的人口密度实际是在降低。这还是在鼓励中小城市、限制大城市发展的政策下取得的结果。

城市化有它自身的规律，既无法人为提速，也无法人为阻止。石家庄市全面放开户籍制度，试图短期内增加 30% 人口，结果只达到 5%。同理，要人为阻止大量人口向大中城市迁移，事实上也是不可能的，北京、上海的例子已经说明问题。

城市化背景下农业怎么办？

同学们，今天讲了很多关于城市化尤其是大城市化的必要性和必然性的问题，讲了城市化的规律就是大城市化，这个趋势任何人无法逆转。我知道很多同学学的专业跟农业有关系，你们一定会问：老师你一直在鼓吹城市化尤其是大城市化，那么农业怎么办？

在这里，我要非常乐观地告诉大家，城市化对农业和农村只有益没有害。越尊重城市化的自身规律，中国的城市化速度就越快，中国农业的前景也越广阔越光明。

中国现在的情形，是城市化受到人为阻碍，导致过多人口滞留在农村和农业上面，人均耕地面积只有一两亩，有的地方农民人均耕地面积只有几分，农业呈现出极度的碎片化和原子化的特征，农业的效率和收益都极其低下。

只有通过城市化，将大部分农业人口从农业转移到工商业上来，然后辅之以土地制度改革，中国的农业才有前途。

2012年5月13日，中科院中国现代化研究中心发布《中国现代化报告2012：农业现代化研究》。报告指出，截至2008年，中国农业经济水平比美国落后约100年。农业现代化已经成为中国现代化的一块短板。

中国农业生产率与发达国家有多少差距？据分析，美国是中国的90多倍，日本和法国是中国的100多倍。2008年中国农业水平与英国相差约150年，与美国相差108年，与韩国差36年。

报告指出，2008年，中国农业经济水平比美国落后约100年，中国农业劳动生产率比中国工业劳动生产率低约10倍，中国农业现代化水平比国家现代化水平低约10%。

报告测算，未来40年，中国需要把2.8亿农民转移出去，农业劳动力总数将从3.1亿下降到0.31亿。

为此，专家们提出建议，逐步取消户籍制度，建立信用管理制度，加快农业劳动力的转移，是必然的选择。目前，中国农业现代化面临着诸多挑战，比如，2008年以来，中国人均可耕地面积仅为世界平均值的40%；2008年，中国人均淡水资源仅为世界平均值的33%；目前中国农业劳动生产率仅为发达国家的2%，仅为美国的1%。

中国农业生产率只有美国的1%，这1%是巨大的差距，也意味着中国农业还有上百倍的上升空间。只要户籍制度和土地制度改革到位，人们可以较快地从农业撤出，那么，中国农业"广阔天地，大有可为"绝非虚言。

另一方面，是当下中国食品安全问题搞得人们谈虎色变，如果城市化转移了大批农民，农业由现有的碎片化家庭作坊式生产向现代化工业化模式转变，不论从资本、技术投入还是质量管理上，都可以取得长足的进步，生态农业、安全食品也将会给农业带来更高的收益。

因此，社会的良性循环通常是一通百通。一旦阻塞，则处处疼痛。

63年来，我们一直和城市化规律较劲

最后一部分，我要怀着沉痛的心情，以最具标志性的户籍为入口，和同学们一起，对1949年以来的中国城市化政策作一个简单的历史性回顾。基本上可以说，63年来，我们的意志、我们的政策，一直是在和城市化的规律拧着来，和城市化唱对台戏，进行着"逆城市化的城市化"、"反城市化的城市化"。所以，人与政策的矛盾、人与自然的矛盾始终比较尖锐地存在着。

中国现行户籍管理制度和与之紧密相关的城市化战略是新中国成立后逐步建立起来的，大致经历了1958年前的自由迁徙期、1958年至1978年的严格控制期和1978年以来至今的半控制半开放期三个阶段。

北大教授周其仁在《录以备考的迁徙自由》一文中写道：

1954年至1956年是我国历史上户口迁移最频繁的时期，全国迁移人数达7700万，包括大量农民进入城镇居住并被企业招工（见《当代中国研究》2007年第4期）。可是，很快也遇到新问题。有人检索法律文档，发现从1955年6月到1957年12月，政府先后就"建立经常户口登记制度"、"防止农民盲目流入城市"、"制止农村人口外流"等问题发布了7个政策文件，实际上限制农民进城。1958年1月9日，全国人大常委会通过了《中华人民共和国户口登记条例》，规定："公民由农村迁往城市，必须持有城市劳动部门的录用证明，学校的录取证明，或者城市户口登记机关的准予迁入证明，向常住户口登记机关申请办理迁出手续"（《建国以来重要文献选编》第11册，中央文献出版社1994年版，第18页）。从此，多了一个中文词汇——"盲流"。

1958年，《中华人民共和国户口登记条例》颁布，户籍管理制度确立，正式确立了户口迁移审批制度和凭证落户制度。在粮油统购统销的背景下，农民向城市的迁徙，除了从军和上大学，基本上被完全切断。乃至于1960年前后，粮食过度上缴而致农村大范围饥馑的时候，农民甚至连进城讨饭的路都没有，直接饿死数千万人；

1963 年，公安部依据是否吃国家计划供应的商品粮，将户口分为"农业户口"和"非农业户口"；

1975 年，"文化大革命"期间修正的《宪法》颁布，正式取消了关于公民迁移自由的条文；

1977 年 11 月确立从农村迁往城市、从小市迁往大市的控制原则；

1980 年 10 月确定对于迁移进行指标与政策的双重控制；

1984 年国务院发文允许农民自理口粮进城镇落户；

1992 年底国务院户籍制度改革文件起草小组成立；

1993 年 9 月 30 日国务院召开会议研究户籍制度改革问题，小城镇户籍制度改革由此起步；

1997 年开始小城镇户籍制度改革试点；

1998 年 7 月 22 日国务院批转公安部《关于解决当前户口管理工作中几个突出问题的意见》，旨在解决夫妻投靠、未成年子女落户随父随母自由和上学等部分城市户口迁移当中的突出问题；

2001 年 3 月 30 日国务院批转公安部《关于推进小城镇户籍管理制度改革的意见》，小城镇户籍制度改革在全国全面推开；

2012 年 2 月 23 日，国务院办公厅发布《关于积极稳妥推进户籍管理制度改革的通知》，提出分类户口迁移政策。仍然在坚持放宽中西部控制大城市的政策。

回顾 63 年以来的户籍和城市化政策，不能不着重提一下中外历史上最大规模的一次逆城市化运动——知识青年上山下乡运动。

对当时的知青来说，让他们到农村去，起初是为了消灭"三大差别"（即工农差别、城乡差别和体力与脑力劳动差别），带有积极的理想主义色彩。到后来，上山下乡的动机就是为了解决 2 000 万学生的就业，是为现实的政治服务。

上山下乡运动最早可以追溯到 1955 年，60 名北京青年组成了青年志愿垦荒队，远赴黑龙江省去垦荒。真正有组织、大规模地把大批城镇青年送到农村去，则是在"文革"后期，毛泽东决定给红卫兵运动刹车的时候。那时候，中国经历了所谓"三年自然灾害时期"（后来的研究证明那三年中国大地其实风调雨顺），农业劳动力大量减少；正在进行的如火如荼的"文革"则对我国经济造成了极大的破坏，很多工厂处于停顿状态，城市已经无法安置 2 000 多万初中以上的毕业生就业。

毛泽东说："农村是一个广阔的天地，到那里是可以大有作为的。"1968 年 12 月，毛下达了"知识青年到农村去，接受贫下中农的再教育，很有必要"的指示，上山下乡运动大规模展开。1968 年，当年在校的初中和高中生（1966、1967、1968 年三届学生，后来被称为"老三届"），全部前往农村。"文革"中上山下乡的知识青年总人数达到 1 600 多万人，十分之一的城市人口来到了乡村。这是人类现代历史上罕见的从城市到乡村的人口大迁移。全国城市居民家庭中，几乎没有一家不和"知青"下乡联系在一起。进入 20 世纪 70 年代以后，开始允许知识青年以招工、考试、病退、顶职、独生子女、身边无人、工农兵学员等各种各样名目繁多的名义返回城市。到 20 世纪 70 年代后期，出现了大规模的抗争，知青们通过请愿、罢工、卧轨甚至绝食等方式强烈要求回城，其中以西双版纳的抗争最为出名。

知识青年上山下乡运动客观上并没有解决我国农村的三大差别，上千万知青回城后，也并未出现某些官员担心的城市因容纳不下这么多人而引发混乱。相反，由于这个决定得到了全国人民的欢迎反而使得城市社会和农村社会都更加和谐稳定。

知识青年上山下乡运动不仅造成了中国知识界的断层，从农村经济发展的角度看，知青也是农民的一个负担。只有在那些缺乏基础教育的地方，极少数能够从事这种工作的知青才有益于农村的发展。但这些有限的贡献远不能抵消知青给农村社区造成的损失。在农村的基本政策漏洞百出的情况下，下放知青的努力并不能给农村的发展带来多少好处。知青离开后实行的大刀阔斧的包产到户的农村改革，才为农村带来了实质性的改进。

邓小平在 1978 年曾说："国家花了三百个亿，买了三个不满意。知青不满意，家长不满意，农民也不满意。"

但知识青年上山下乡运动带来的负面影响，远远不是知青和农民的现实困惑和矛盾，更深远的伤害和影响，还在于对生态环境的破坏。兰州大学文学院教授王喜绒和杨励轩曾合写了一篇文章《生态批评视域下的中国知青小说》，其中写道：

如果不是从单一的社会政治文化而是从生态学的视野，反观 1968 年兴起的那场轰轰烈烈的上山下乡运动，我们就会看到，它是我国"人与自然"关系史上非常特殊而又十分重要的一页。伴随着从城镇到农村的位移，知青与大自然的关系几乎在一夜间便发生了根本性变化。

与人类文明发展史上是从乡野往城市迁徙的总趋向相反，上山下乡运动让人数多达百余万（应该是千余万）的知识青年，从繁华城镇倒流回相对落后、甚至是穷乡僻壤的山村。这是生存环境的根本性变迁。知青们一下走进了大自然的怀抱，特别是当时尚未开发的北大荒、内蒙古大草原、新疆戈壁滩……

然而，特殊年代的特殊人生又使知青们在走进自然的同时，不自觉地把自己放在了自然的对立面。当年的知青们把上山下乡戏称为"修地球"，他们在年复一年的改造自然、征服自然的艰苦劳作中，争做穷山恶水生态环境中的强者，是其中一个主要内容。这就使知识青年与自然的关系，从一开始便被固定在了对立与抗衡的位置上。

在人定胜天的狂热时代氛围下，缺乏生态意识的知青们十年的战天斗地，事实已经证明使不少地方的生态平衡遭到了严重破坏。2002 年由中国工人出版社出版的纪实小说《逃亡》，给我们提供的当年的兵团知青由于"滥砍滥伐滥打井滥垦耕地滥修水库极其严重，并且盲目掘堤引水盲目建泵站抽水"，引发的塔里木河及其两岸原始森林出现荒漠化的本真情境，是那样的触目惊心，又是那样的令人痛心。请看主人公刘争重返当年生产建设兵团所在地时见到的真实一幕：

他跑上一座高高的沙丘，放眼望去。这一望，心都空了，不仅塔里木河没有了，那么多大大小小的水沼、河汊、河湾都没有了！当年的茂密的苇浪浮浮荡荡，一望无际，现在就像根本没有存在过。他向更远处望去，一座又一座的原始森林也没有了。塔里木河两岸斑斓绚丽的白桦林、梧桐林、红柳林、灌木丛……全部被利斧伐尽。

刘争冲下沙丘，向塔里木河床远处走去。所到之处，只有无边无际的荒凉的沙海。当年，他就是在这里一棵苍老的胡杨树下掩埋了焚烧成灰烬的周翔的信件。那棵树呢，无影无踪！

他的脚步踉跄起来，双腿软软的，呵，那么多的马鹿、黄羊、新疆虎、野猪呢？那么多憨傻的鱼群呢？那遮天蔽日、飞来掠去的水鸟呢？那鸟类王国的千鸣百啭呢？

一切生灵都荡然无存！几茎枯黄的断苇，轻轻颤鸣着。半截雪白的鱼骨露出沙土。

　　这就是塔里木河——教科书上曾经称为"中国最长的内陆河、世界第二大内陆河"的遗迹。其实，就像作者所慨叹的："哪里还有什么遗迹？"早已经是一无所有了，这消失了的不仅是世界第二大内陆河，还有当年知青们的青春和血汗。也就是《逃亡》的作者在篇末借主人公之口悲怆质问的："这就是自己和千千万万支边青年抛掷几十年光阴挥洒无数血汗亲手铸就的事业吗？这究竟是一种什么事业呢？""人在世间有了劫难，可以逃亡，哪怕逃到天涯海角；大自然遭遇了人的劫难，可以逃亡到哪里去呢？"

　　63 年来，我们就是这样一直和城市化的规律较劲，是战功赫赫呢，还是伤痕累累？一开始，也许是因为我们愚昧、无知，可是一个甲子已经过去，今天的我们仍在重蹈覆辙，仍然在跌倒的地方不断跌倒。这是因为无知呢，还是因为对自己的历史缺乏反省，对自己的过错缺乏反思，对人类和自然缺乏应有的敬畏和忏悔之心？

课后作业

　　为什么大城市不存在人口承载力问题，相反，中西部地广人稀的地方，人口承载力问题反而更严峻？

2012 年 5 月 26 日

第七讲
中国经济转型的可能路径

奇迹的黄昏：经济下行，房价上涨

一个国家最惊心动魄、最能决定其兴衰的历史，不是战争史，不是英雄史，更不是口号史，而是财政史。不论战争年代的财力支持，还是和平年代的经济稳定，都是一国政治社会稳定的根基。

2012年，我们一直津津乐道的中国经济增长奇迹正式进入黄昏。

这一年，中国经济进入进退两难的境地，投资、消费和出口三驾马车同时放慢脚步，全国工业企业利润持续下跌，各级财政收入增幅下降甚至负增长，持续了两年多的史上最严厉房地产调控似乎又进入骑虎难下的新十字路口，要不要、该不该进行新一轮投资刺激，成为社会争议的焦点。

最近流传着一个中国及欧美经济走势图。图中，星条旗代表美国，正处在谷底也即将走出谷底；蓝色旗帜代表欧盟，正在走下坡路而且谁都知道在走下坡路，对中国出口影响最深的也是欧盟；红旗代表中国，正准备驶入谷底但暂时仍然处在高地上，所以很多人至今自我感觉良好。

事实上，经济的下滑比人们预想的要严重得多。

目前，世界上第二大经济体的发展速度逐步放缓，输往欧洲和美国的商品量不断下降。除此之外，一部分经济增长带来的结果仅仅是家电、玩具和煤炭大量积压，仓库和港口的库存堆积如山。

中国及欧美经济走势图

2012 年 9 月 24 日《参考消息》官方网站刊登了一篇文章，标题是《港媒：中国实际经济增长率仅为 1.6%》。报道说，据经济咨询公司隆巴德街研究公司总裁查尔斯·杜马分析，中国今年的实际经济增长率为1.6%。用任何人的标准来衡量，这都是"硬着陆"。这份来自香港《南华早报》的报道是这样分析的：

在中国经济增长放缓的背后，是过去几年的巨额投资增长。一方面，突然的大量投资导致大量产业的产能严重过剩，过剩的产能如今对价格产生压力。另一方面，政府努力抑制房地产价格，这就压制了国内需求。

供应过量和需求不足同时发生的结果是从价格上涨突然转向通货紧缩。然而，这一转向趋势没有在居民消费价格指数（CPI）中表现出来。该指数 8 月份涨至 2%，而此前一个月为 1.8%。

但考虑到家庭支出只占到中国经济的一小部分，CPI 不是正确的观察指标。在固定投资和出口总共占到国内生产总值的 73% 的情况下，企业商品价格指数是更好的指标，能反映出总体经济真正的情况。

这一指数显示，通胀率从去年夏天的 9.7% 下降到今年 7 月份的3.7%。同时，工资仍在以两位数的速度上涨。工资上涨的部分原因是生产率提高带来的，估计生产率以每年大约 5% 的速度提高，但单位劳动力成本仍然每年上升 6%，即使出厂价格在下降。

其结果是，企业利润空间受到严重挤压，这使得私人部门投资失去信心。

报道指出，对此，正常反应是降低利率。但在中国已经面临资金外流以及银行在拼命吸引存款者的情况下——企业存款增长率在 8 月份已从一年前的 73% 猛跌至个位数——降低利率的空间有限。目前，中国的实际贷款利率在 9.7% 左右。实际贷款利率是银行贷款利率减去通胀率。结果是中国经济增长突然减速。

再次，这一"硬着陆"没有反映在官方的实际经济增长率的数据中。官方数据显示，今年第二季度经济的同比增长率为健康的 7.6%。但经济咨询公司隆巴德街研究公司总裁查尔斯·杜马表示，中国官方只公布了一个孤立的数字说明实际国内生产总值的增长率，却没有公布任何关于实际国内生产总值的数据来支持它。

在政府确实公布的仅有的"硬数字"（名义国内生产总值）的基础上，杜马构建了一个缩减指数，试图推算出中国的实际国内生产总值增长率的真实数字。据其分析，与去年同期相比，中国今年第二季度的实际经济增长率缩水至 0.4%，这相当于年增长率仅为 1.6%。用任何人的标准来衡量，这都是"硬着陆"。

报道称，因为中国政府已重新开始努力刺激经济，中国的经济活动应该会在今年年底有小幅度的回升。但杜马警告说，一旦缩水的企业利润令工资增长放缓，消费者支出停滞不前时，经济增长很可能在明年再次放缓。消费者支出目前正因工资大幅上涨而强劲增加。

与此相印证的还有下面几个数字：

中钢协名誉会长称，整个钢材市场已经处于崩盘状态。"现在的钢材价格相比于年初每吨下降了 1 000 元，钢企再怎么降低成本，能降下每吨 1 000 元的成本吗？任何一家钢企，包括宝钢股份在这种钢材价格下，都必然亏损。不该上的项目乱上，该上的项目不上，国家审批制度已经形同虚设了。"2012 年 9 月 1 日，中国钢铁工业协会名誉会长吴溪淳在冶金工业规划研究院承办的"2012 年中国钢铁技术经济高端论坛"上告诉《证券市场周刊》记者。

中国金属学会理事长徐匡迪也对记者表示，改革开放 30 年以来，仅仅 1995 年、1996 年出现过类似情况，但当时主要是投资过热，且当时只有 1 亿吨左右钢铁产能，所以很快就调整好了。"但这一次，我真的不乐观，产能太庞大，目前看不到好转希望。"

吴溪淳认为，钢铁行业陷入当前困境与 2008 年实施的"4 万亿元"扩大投资计划有关，"产能过剩不能全赖钢企，没有 4 万亿投资哪有如此高的产能？"

在"4 万亿元"刺激政策之下，国内钢铁产量增加同时，大幅度的增加铁矿石进口，直接刺激了铁矿石价格的上涨，三大矿山获利丰厚。吴溪淳说，"严重的产能过剩和进口铁矿石价格过高是当前钢铁行业陷入困境的根本原因。"

2012 年 9 月 28 日《第一财经日报》报道：最大民营钢企沙钢董事局主席沈文荣谈钢铁业寒冬："现在一般特种钢铁利润 100 元都不到，一吨普通钢连这盘小炒肉的利润都没有，不少钢铁企业一亏就是几十亿。"他称："炼了快 40 年的钢铁，20 年前，一吨普通钢利润在 2 000 元以上，10 年前，还有 1 000 多元。"

可是，就在中国钢铁产能严重过剩的前提下，2012 年 5 月 27 日，国家发改委正式核准广东湛江钢铁基地项目动工建设。湛江市长王中丙在国家发改委门前难抑激动亲吻批复文件。一时之间，"吻增长"一词红遍神州。在钢铁业正处于产能严重过剩的时期，一批重大钢铁建设项目相继获批，让很多人看不明白。在产能过剩的情况下，除上述湛江千万吨钢铁项目获批外，首钢和广西防城港等地也有一批重大钢铁建设项目相继获批。这些钢铁项目相加，总投资额度将在千亿元以上。发改委的解释是要通过淘汰落后产能来保证新增产能。但是市场明显已经过剩，淘汰落后产能难道不是市场自己会做的选择吗？

再看出口方面，浙江的温州、义乌等地，历来是中国出口经济的晴雨表，但据 2012 年 9 月 24 日《新闻晚报》报道，2012 年以来，温州经济增速全省倒数第一，商铺集体关门。传统制造业的加速恶化，即使是订单最好的企业，今年在欧洲的订单也下降了 30%—50%，一些企业一个单子都没接到，整体订单的金额量也少了 50% 以上。报关单明显少了，交通运输公司的司机都被迫转行。

作为改革开放和外向型经济的标志性城市，东莞也遇到了麻烦。2012 年 9 月 28 日香港《南华早报》报道：东莞大量被遗弃的厂房和巨额的财政赤字再次引起了对经济减速的担忧，改革开放标志性城市东莞已到破产边缘。中山大学研究发现，东莞超 60% 的乡镇存在财政赤字，中国曾经最富有的城市今天的遭遇，可能预示着中国经济降速将带来更大范围的地方财政危机。

专家发现东莞的乡镇负债问题有两大根源：对土地财政的高度依赖，世界经济减速使工厂倒闭，进而把地方财政拖下水；在不成熟的乡镇选举制度下，乡镇一把手有巨大的政治压力给村民慷慨"分红"。"在少数案例中，候选人甚至承诺给予每月一万元的'分红'。"其实，这些"分红"就是源于对工厂收取的土地租金。很快，乡镇一把手就发现难以达成他们的承诺。面对资金困境，他们不会选择收回他们的承诺，因为这样可能会激起民愤，他们会选择寻找农信社的帮助（其实就是地方银行），农信社一般会提供利息高达30%的短期贷款支持。银行愿意贷款，因为银行知道如果出了问题，上级政府将不得不救助这些乡镇。

2012年上半年，东莞的GDP增长下滑到2.5%，而过去8年的平均增长率约为11%。

春江水暖鸭先知，企业家们又是如何感受市场冷暖的呢？最新数据显示，企业家信心跌至三年来最低，只有房地产企业家信心指数则稳中有升。一切都应验了那句话：群众已经过河，领导还在摸石头。

显然，这一切意味着"中国模式"的破产和终结。没有社会结构的重大改革，经济转型是不可能成功的。

2012年9月9日，中国房地产业最大的企业集团——中国房地产开发集团总裁孟晓苏说："调控虽抑制了经济增长，却没能抑制住房价上涨。"有人认为房价在调控期间逆势上涨，是利益集团阻力太大，导致调控执行不力。这个判断也是错误的。根本的原因是调控本身不符合经济规律，导致了经济的全面下滑，当局不得不放松货币政策。在2012年"中国房地产品牌发展高峰论坛"上，住建部政策研究中心主任秦虹公开承认了这一事实。她表示，房地产市场调整主要源于货币政策有限的放松，今年目前为止有两次降息，限购政策没有放松，市场变化主要由货币政策的调控引起。（2012年9月7日《每日经济新闻》）

保增长和限楼市事实上从一开始就是互相矛盾的，通过限楼市来调整经济结构更是缘木求鱼。就像我一再强调的，在各地方政府竞相招商引资的背景下，中国的房地产行业是补贴实体经济的，地方政府招商引资过程中廉价供应的土地，最终都要由房地产来买单。打压了房地产，实体经济只能更加萎缩。据说，发改委内部人士曾称，调控房地产引发的经济真空比预想的情况还要严重。事实正是如此，在中国，不懂房地产就不懂中国经济；不懂房地产背后的逻辑就不懂中国经济的逻辑。

在经济下行周期，投资型政府导致的各种债务安全性极低。不管是央企的贷款，还是基础设施建设的贷款，都是如此。正如经济学家许小年所言，从我们国家过去的经验来看，每一轮经济增长高峰之后都是满地坏账，尤其集中在国有银行。在这种情况下，以各级政府储备土地做抵押的十几万亿元地方债，反倒成为、也必须成为最安全的银行债务。而这部分债务确保安全的前提条件，就是房地产市场健康稳定的发展。

所以，调控到了最后，连一再支持调控并且希望通过房地产调控带动国内经济结构调整的资深财经评论人叶檀女士也不得不承认：

本想通过此次经济下行周期，倒逼出中国的经济结构转型，倒逼出中国的投资与内需平衡经济，很可惜，到目前为止，倒逼出的是投资经济与房地产经济的复活——2012 年 1 到 8 月，国家发改委批准了 1 555 个重点项目，将使未来投资增加 1 万亿元以上，拿着项目审批报告嗷嗷待哺的地方政府，毫不迟疑地把目光投向房地产。房地产对于经济的捆绑力度之强远超过我们的想象，它是用世界上最强的强力胶粘成的。希望房地产价格下挫 50% 的人要失望了，此轮房地产调控只证明了一点，房地产价格不上升，土地无法套现，地方财政岌岌可危，只能恢复房地产的套现地位。（叶檀：《土地依然是最大宗的套现品种》，2012 年 9 月 12 日《每日经济新闻》）

事实上，2003 年以来的数次楼市调控，包括 2010 年至今、运用了很多强硬行政手段的"史上最严厉楼市调控"，每一次都是轰轰烈烈开局，静静悄悄收尾，每一次都是以楼价上涨告终。但是，能不能放开楼市调控，纵容房价不断地火箭上升？这又似乎有一柄达摩克利斯剑悬在头上，那就是会不会重蹈日本 20 世纪 80 年代楼市崩盘的覆辙？

也许正因为对房价失控的投鼠忌器，今天的我们，哪怕在出口下降、经济下滑的火烧眉毛之际，仍然不敢放开这部分"内需"，而试图依旧采取凯恩斯主义的投资救市道路。

那么，凯恩斯主义真的是灵丹妙药而不是毒药吗？还是先看看我们过去的历史吧。

投资刺激是饮鸩止渴的慢性毒药

正当经济进入衰退、房地产调控进退两难、人们纷纷检讨过去 4 万亿刺激利弊、寻找未来中国经济道路之际，2012 年 9 月 12 日，温家宝在天津出席 2012 年夏季达沃斯论坛年会开幕式并致辞时指出，有人不顾事实地歪曲金融危机以来的调控措施，认为付出了不必要的代价，这种言论是不顾事实的，正是因为应对危机的一揽子计划，中国避免了大规模的企业倒闭和工人失业，发展因此未出现大波折。他还表示，将适时动用一万亿元财政收支余额稳增长。

与此同时，"御用经济学家"林毅夫也在天津举办的达沃斯论坛上火上浇油说，投资在短期内仍是拉动经济、摆脱危机的重要工具。中国经济目前面临的问题主要是出口疲软，同时 4 万亿元计划项目也大多走向尾期。在这种情况下，中国可以考虑再来一轮新的经济刺激，而这轮经济刺激要更多依赖于财政支出，而非信贷增长。

温家宝和林毅夫的话很快迎来反弹。网络舆论做了很多专题针对此问题展开讨论。

我开玩笑说林毅夫是台湾用苦肉计派过来的间谍（当年以连长身份游泳偷渡到大陆），决心要把大陆搞穷搞乱然后台湾就可以不费吹灰之力反攻大陆。当然这只是个玩笑，笔者一向对阴谋论深恶痛绝。但睁开眼睛看看我们今天的现实：外贸下滑，内需不振，很多中小企业面临倒闭风险，各级政府财政收入锐减。政府自己又不创造财富，哪里有钱直接用于投资，最终还是依赖信贷增长！

过去十年，我们的所谓高增长正是依赖高投入高信贷高通胀支撑着。十年间，美国货币发行量增加了 50%，我国增加了 500%。我国十年来房价物价高涨的一个重要因素甚至根本因素，就是货币超发。央行数据显示，2009 年 1 月中国广义货币供应量为 49.6 万亿元人民币，而截至 2012年 7 月，中国广义货币供应量为 91.9 万亿元人民币。不到四年时间，货币供应量增加将近一倍。

投资刺激加上通货膨胀（它们经常互为表里），事实上是财富的再分配而不是财富的创造。它使社会财富大规模、成建制、系统性地转移到官僚阶层和官商阶层手里——优质低息信贷首先进入国有企业或被扶植企业，国有实为官有，升官无望的官员就到国企里当大官拿高薪，8%的垄断企业员工常年拿着全民工资总额的55%以上，民众在经济增长中获得了可怜的低工资，相对财富却被剥夺或在通货膨胀中大幅缩水。民众获得了极低水平的社会保障"恩赐"，如医保，却在征地、拆迁、通胀、国进民退等过程中被以"市场"的名义剥夺了更多的财富和自由。同时，环境破坏与污染的巨额经济和健康成本却要由他们来负担！

产能过剩空前，环境污染空前，腐败和两极分化空前，地方债和基础设施建设债务空前——光铁路系统就欠债2.4万多亿，而且仍然是个无底洞，且全铁路系统已经全线亏损，公路等基础设施欠债2万多亿，地方债十数万亿。这些债最终都要由老百姓来还，可谓一任政绩，世代还债。4万亿投资刺激掩盖了问题、延缓了改革，并把矛盾和风险掩盖且拖延了显露的时间，却把更多的问题留给了后人。

市场经济和官僚政客掌握经济命脉之间存在着永远不可调和的矛盾，不管这种"掌握"是以政府的政策投资刺激方式、还是以政府亲力亲为招商引资的形式、还是国企的形式，都是如此。市场经济、资源有效配置的最基本要求是产权长期稳定和自由，而官员的任期却极其有限甚至在任命制下可能完全身不由己，这就导致官员短期政绩的要求与市场经济的要求水火不容。国有体制和投资刺激使包括人、资金、土地等所有的资源要素，都变成官员短期政绩和经济增长的工具！这种情况下，包括人的价值和价格，资金、土地的价值和价格，统统都被强行扭曲的，主要表现如下：

银行沦为政策工具。银行的放款、利率的高低不是根据银行自己对于风险和收益的判断，而是根据政策的重点。每一轮投资刺激之后，就是大量的呆坏账。这两年已经有4成以上的地方债到期，但在政策要求下被迫展期。

土地沦为政策的工具。各地招商引资过程中，土地价格被严重低估，农民被征地后入不敷出毫无保障，大量用于招商引资补贴"实体经济"的土地成本被全部压到商品房（含住宅和商业用房）上，导致房价畸高，也导致"实体经济"全面过剩，环境和人的价值被严重压低。决策者却还不知道其中的逻辑，头痛医头脚痛医脚，试图通过打压房价来保"实体经济"。结果正如中国房地产开发集团总裁孟晓苏所言："调控虽抑制了经济增长，却没能抑制住房价上涨。"

人和环境沦为政策工具。前几天在澳大利亚，看着到处开卖写着"Made In China"的毛绒玩具，在我们这边出厂价最多三五元人民币，在那儿要卖十几二十几澳元（1澳元约等于6.65元人民币），而且相当多中国游客买。看了心里直滴血。我们牺牲了环境和人，利润却都归了别人！政府以经济增长为核心、以GDP为核心，产能过剩和环境破坏就是孪生兄弟。浙江绍兴一地一年染织的布匹，足够全世界人每人一套衣服；宁波的衬衫产能，足够13亿中国人一人一件……为了保增长，钢铁产能已严重过剩，发改委仍在大批特批，而且是超大产能的钢铁项目。

我们以投资和出口为导向的外向型经济，诚如《第一财经日报》徐以升先生所言，实际上是以内部实体资产置换对外金融资产，中国这种"成本大于收益"的"以对外金融资产置换国内实体资产"的开放模式，已经到了尽头。

可以说，3万亿美元的外汇储备，如果不能换来真正的海外优质实物资产（矿山、优质企业、优质产品、服务和技术等），那它就什么也不是。

过去十年，政府一直在做投资刺激和紧缩两件事：水多了加面，面多了加水。末了，大厨双手一摊，看着大量过剩的面糊糊，对一干人等说："瞧，我留下了一个多大的产业！"这时，有个3岁的孩子探进头来说："我饿了，什么时候才能吃饭啊？"窗外有个声音传来："面还没和好，但我们都成了饺子馅。"

弗里德曼说过：经济学基本原理适用于所有的国家。在这些经济学基本原理中，重要的一条是经济繁荣与私有产权的关系。经济学中一个简单但很重要的规律就是，人们花自己的钱总比花别人的钱更谨慎。这就解释了为什么乡镇企业比国有企业更有效率；私人企业比乡镇企业和国有企业更有效率。

政府亲力亲为的招商引资和投资刺激，把人、资源和环境都当成了其短期政绩的工具，它的本质仍然是计划经济。在它的背后，如秋风所说的：计划体制隐含着一个政治上的主奴结构：计划者是人，被计划者则是物。庸众是没有意识的动物，必须由那些有能力操纵模型的"智者"来安排。

然而事实上，政府官员既非比普通百姓和企业家更具智慧的智者，也非比普通民众和企业家更有道德的道德家（尤其在任命制而非选举制度下，某种程度上甚至可能劣胜优汰），他们同样有自己的私利和诉求，同样在乎短期的政绩。甚至，因为他们掌握了更多的权力和资源，他们更倾向于作恶，倾向于用公共权力为自己谋取私利。正是由于政府过多过深地介入了微观经济活动，才导致今天中国相当普遍的"我走后哪管洪水滔天"的局面，弄得人人没有安全感，千方百计求移民。

政府投资刺激经济是中华民族的一条不归路，是中国经济社会饮鸩止渴的一剂毒药，切不可中毒上瘾。未来中国，自由市场之路是唯一生路。尊重人性和市场规律，将发展的权利还给民众，将土地、金融等要素资源还给市场，是中华民族的生死突围之路。继续放投资刺激和政府招商引资的卫星，是对中华民族整体利益和长远利益的犯罪。

哪些经济学家和学者反对经济刺激

吴敬琏：政府必须耐得住寂寞

经济学家吴敬琏 2012 年 5 月 20 日表示，2009 年政府手里的钱好像是无限的，4 万亿投资、10 万亿贷款，一个高铁建设就砸进去了 3 万多亿，现在行不行呢？不行了，不能再"浮财"了。所以必须耐得住寂寞，一心一意地提高效率，提高竞争力。

当前经济增速出现下滑，部分人士希望政府通过放松银根刺激经济发展。吴敬琏认为这一做法非常危险。"现在国内正是尝到了 2009 年放松银根的苦果。"他表示，货币超发会引发资产价格上涨，但物价上涨、房地产价格上涨存在滞后性。宏观调控应该着眼长期性，把长期政策和短期政策结合起来。

陈志武：经济刺激带来的 GDP 乘数效应非常有限

2008 年 11 月陈志武在接受《中国新闻周刊》采访时说道：按照这次 4 万亿方案，2009 年增速达到 8% 以上会有一些困难。主要原因在该方案过多重视基础设施投资，仅铁路就占 2 万亿，而不是用这些钱重点刺激民间消费，放在降低老百姓储蓄压力、推动百姓消费。这种方案能带来的 GDP 乘数效应非常有限。

有一个简单的判断政府投资是否过头的办法，就是看政府的奢侈大楼、形象工程是否越来越多。20 世纪 80 年代，没有几个地方政府盖奢侈大楼，其至90年代也很少，但是，近几年则到处都是，这说明，不能由政府继续掌握那么多投资的钱了，是扭转"国富民穷"局面的时候了。

周其仁：经济刺激代价巨大　中国要坚定地退出

2010年2月3日，经济学家周其仁在《搜狐2010中国新视角高峰论坛》上发表演讲说："在中国的经济刺激当中，我们也看到了刺激政策的一些代价，主要是大量货币的发放，对市场物价的整个形势产生了一些不利的影响。这个我们在市场上已经看到了。"

"问题的解决方向，不是说由于担心政府退出，经济速度就会下滑，所以政府要继续保持高强度的刺激。也就是说，高额的负债和过量的货币。我认为，正确的解决办法是让经济回到能够持续增长的可靠基础上来，最重要的是供给一方进行结构性的改革，所以退出和进入要组合。政府的负债、过量的货币供应要退出，坚决有步骤地退出，但是结构性的改革要进入，要加快。"

胡释之：政府滥用货币政策把企业折腾成"猪"

2012年5月，新锐经济学家胡释之在接受媒体采访时指出："货币宽松任何时候都不是好事，最后证明都会带来悲剧性后果，这种教训我们已经很多。回过头看，金融危机以后，2008年年底、2009年全年不停的投放货币。现在的所有问题其实都是那时候来的。一个是通胀非常厉害，另外一个是错误的投资非常多，所以现在很多半拉子工程、烂尾楼都出现了。这就是因为之前的投资都是货币刺激下的错误投资，是本来不划算的投资，是因为有了货币刺激才投下来的，现在证明这都不是市场所欢迎的，所以现在都要全部清算。"

同年，胡释之在凤凰卫视《一虎一席谈》中再次指出："咱们知道货币政策是最全局性的一个东西，你老这么折腾。一会降息，大家觉得炼钢是最赚钱的，一会加息，像武钢，就觉得养猪开始最赚钱了。一年炼钢，一年养猪，最后企业变成啥？自己变成猪了。所以没病都折腾出病来，不是熨平经济周期，而是制造经济周期。"

张维迎：大规模刺激投资会对中国经济带来灾难

北大光华管理学院教授、经济学家张维迎在"中国企业家夏季高峰论坛"上表示："2008 年、2009 年强烈的经济刺激政策，导致通货膨胀，随后又紧跟通缩的经济政策。如今又一个月内两次降息，想办法刺激，如果我们现在又开始新一轮刺激，大规模的投资，对未来中国经济是灾难性的。""如果 2008 年、2009 年不要这么强烈的刺激，中国的投资不这么快，今天的状况会比现在好很多。"

张维迎认为，中国经济经历了 20 年的快速增长，如今到了一个需要调整的阶段，只有经历一段低速增长，才能转型，未来才更有希望。"但是我们的政府舍不得休息，一定要跑，可能结果会跑死掉。"

2012 年 8 月，张维迎在接受搜狐财经第一访谈时说：4 万亿计划加剧了 2012 的经济危机。运用凯恩斯的刺激方式，刺激越强，最后的问题越严重。现在很多地方投资都超 GDP 了，怎么办？结构扭曲了，还不断盖工厂，挖矿，最后经济是要崩溃的。我们现在出现的问题不是市场造成的，而是错误的经济政策造成的。

许小年：政府刺激经济是抽鸦片

2011 年 11 月，经济学家许小年在《中国与世界》论坛上发表演讲指出："政府已经使了九牛二虎之力，但是全球经济还是无法挽回地下滑。有人说是二次探底，我觉得是还没有从一次探底中走出来，实际上是 2008 年金融危机的继续。几个月的复苏是因为政府大量地投入资源，像鸦片一样，使得病人的病体恢复。但病根没有除。政府的治病，短期像兴奋剂一样有一定的作用，但是这个兴奋剂很快就过去了，全球的经济再一次下滑。从 2009 年开始我们执行了极度宽松的财政和货币政策，4 万亿到今天仍然是黑箱。4 万亿元的结果是什么？我们今天都看到 4 万亿的结果是什么，就是高铁、电网大跃进，货币政策极度宽松，发货币都发疯掉了，在这种情况下怎么没有通胀呢？肯定有通货膨胀。"

有网友批评我对林毅夫之流的投资刺激论太尖刻，我说他们祸国殃民太久还想一条道走到黑。2012 年 9 月 26 日看许小年的评价，比我更尖锐："经济下行比预想的还快，降价潮正从钢铁、水泥等资本品蔓延到消费品。企业为求生存，不得不削减成本，大批裁员。产能过剩的环境中，货币政策失灵，企业不想借，银行也不敢贷。政府用 1 万亿投资应对，只是打个水漂听个响而已。与其扔钱为投资驱动的增长模式陪葬，不如发给抬棺材的，留作失业救济、维稳更有效。"作为自由经济的信奉者，许小年先生始终坚持世上没有救世主，坚持为投资刺激型经济送葬。

成思危：过度经济刺激政策负面效应明显

2012 年 9 月 18 日上午，原全国人大常委会副委员长、著名经济学家成思危、在中青年改革开放论坛莫干山会议上称，据其测算如果没有 2008 年的经济刺激计划，2009 年经济的增长只有 2.4%，结果增长了 9.2%。但是，任何事物都有两面性，过度经济刺激政策的负面效应也很明显。成思危列举了过度经济刺激政策带来的负面影响：

1. 过量投资引发产能过剩。目前 24 个部门 21 个过剩。钢铁 6 亿吨产量过剩 2 亿吨，如果按照每吨产能投资 5000 元计算就是一万亿资金投资。"投入的时候拉动了 GDP，但是再也不能继续拉动了"。

2. 库存积压。由于外需减少，加上产能过剩内需积压。

3. 投资效益下降。一段时期投资的弹性系数，即投资增长 1% GDP 增长多少？最少应该是 0.5。但是 2009 年投资增长了 30.1%，GDP 增长 9.2%，系数只有 0.3。

4. 环境成本大量增加。2005 年环境成本由于能源效率低环境污染生态破坏占 GDP 13.5%，当年 GDP 增长 10.4%，把对环境的债务留给了子孙后代。

此外，大量货币投放的结果之一是造成了通货膨胀。之二是地方债务迅速增加，其中三分之一地方政府没有偿债能力。成思危援引地方政府官员的说法称："2009 年，地方政府逼企业向银行贷款，于是企业就大幅举债，有钱不借是傻子，借少了也是傻子，借了还想着还的更是傻子。"

如是情况下要实现经济增长就要转变经济发展方式，成思危提出了三个"外转内"的观点：外需引导转为内需引导、外延增长转为内涵增长、外力驱动转为内力驱动。

学者蔡慎坤：中国用投资支撑的经济将面临崩溃

林毅夫先生极力推崇的大规模政府投资计划，固然可以保持中国 GDP 持续增长以及中国模式神话的延续，但是，林毅夫先生显然忽视了中国乃至世界为此付出的代价。为了推动 GDP 增长，中国只能疯狂地增发货币，中国的货币总量已接近 GDP 的 2 倍，而负债累累的美国，货币总量也只占 GDP 的 70%。1990 年中国货币总量只有 1.5 万亿，到 2012 年年底可能逾

100 万亿。也就是说，从 1990 年到现在，中国的 M2 增长了 60 倍，而美国同期只增长 1.99 倍。

靠货币注水的 GDP，对中国经济乃至中国人民的危害，现在仅仅体现在通货膨胀和物价、房价上涨等方面，对资源的掠夺、对环境的破坏、对贪腐的纵容、对公平的践踏、对弱者的蔑视、对野蛮的赞美，最终将会导致这个庞然大物轰然倒地！而牺牲的不仅是我们这一代人，还有我们的子孙后代。近年来频频曝光的大案要案告诉我们，权贵们转移到境外的资金已经远远超出我们的想象力，大官小官都在纷纷向境外转移资金转移财产，他们在拼命掏空中国的同时，却在残酷地掠夺苦待自己的人民。

不可否认三十年的经济增长，使少数人积累了惊人的财富。然而，这种以国家为主导的发展模式越来越受到各阶层甚至是利益集团的质疑甚至挑战。每个阶层都有自己的不满，而且这种不满正成为一种趋势。无论是弱势群体还是城市的中产阶级，甚至是既得利益集团和富豪们对现有的发展模式也越来越没有信心。对于前者来说，社会不公、分配不公、司法不公，是常见的不满，而表达不满的方式是个体乃至群体的上访和维权。对于后者来说，最大的担忧莫过于未来的不确定性，而表达没有信心的一个方式就是用脚投票——跑路和移民。

据不完全统计，地方政府已背负着高达 10.7 万亿的地方债，今年是集中还款期，而地方政府承诺用土地出让收入作为还债来源的占了债务的 37.9%，土地收入一旦枯竭，地方政府就得纷纷破产。由于统计数据混乱，外界很难了解真实的债务情况，中金、花旗等分析机构曾经分析，2011 年底，仅地方债务就已超过 12 万亿元。如果再加上高悬的、没有进入统计数据的隐性债务，真实的负债水平已经占到 GDP 的 70%—80%，即高达 23 万亿—27 万亿元之间。

过去的十年，地方政府权力急剧膨胀，体制赋予的地方的权力原本就不小，而中央政府这十年对地方政府的监督约束基本处于失控无序状态，形形色色的权力外延和超越限定的权力侵占，促使各地出现了你追我赶比拼投资的高潮，不仅大建形象工程政绩工程，而且用强拆暴力来大规模改造城市，大建开发区工业园科技园，让亢奋的 GDP 一再刷新纪录。为了GDP，官员们可以拆掉刚建的大楼，可以重复修建同一条马路，可以重复修建同一个广场……目的就是编项目编故事把财政的钱花出去，不管这钱值不值得花！于是，百年大计在中国已成为一个笑话，如果一幢楼可以使用百年，如果一座桥可以使用百年，如果一条路可以使用百年，一茬又一茬的官员拿什么去博政绩？又编什么故事说给官员听？

在任官员在位时都热衷于建新区建新城，致使一个城市四分五裂，不同的书记不同的市长给城市留下不同的烂摊子，动辄投资数亿元的豪华楼宇比比皆是，后任者往往又要另起炉灶疯狂举债，压根儿就没想到如何偿还。为了集聚政绩，不惜一切手段搞什么大规划、大场面、大手笔、大形象、大举债，结果必然是大掠夺、大腐败、大破坏、大窟窿、大崩溃！

空头大师查诺斯警告，中国用投资支撑的经济将面临崩溃，而不是如林毅夫等经济学家预测的持续繁荣。查诺斯并不理会中国的 GDP 数字。他说："经济活动不等于创造财富。你如果盖一座桥，然后这座桥每隔 5 年就要塌一次或拆一次，于是你每过五年就要盖同一座桥，这能转化成为很多 GDP 增长，但显然不会增加国民的福祉。"

同样的警告也来自人民银行原副行长、全国人大财经委副主任委员吴晓灵，她坦承过去 30 年中国经济的快速发展以及 GDP 的高增长都是以超量的货币供给来推动的，这意味着，没有货币超发，中国经济数据不可能如此光鲜亮丽。中国对货币超发带来的繁荣产生了极大的依赖，每次应对经济减速，央行祭出的法宝都是货币刺激，1992—1993 年、1998—1999 年、2002—2003 年用的全是这招，时至今日用的还是这招！

白重恩：中国的后发优势越来越弱

2012 年 9 月 17 日，清华大学经济与管理学院副院长白重恩在北京大学国家发展研究院举办的新结构经济学研讨会上称，过去，中国作为一个小型经济，日本、韩国、台湾地区及新加坡的经验，对中国非常有参照意义。但是，现在中国再跟在别人后面看怎么走，其示范作用会变得更加有限。

他表示，中国是一个特别大的国家，中国做什么产品，其价格就会低到其他国家不能赚钱的程度，甚至是中国都不能忍受的程度。"比如光伏产品，中国去做，大家都不赚钱。因为中国大，只要全力以赴，这件事就一定无利可图。因为经济体量巨大，中国的后发优势比其他国家小得多。未来能不能实现这么快的增长，需要把体量考虑进去。"

白重恩认为，虽然中国作为一个发展中国家，还有巨大的投资增长空间，但这并不代表中国的投资能继续加快。投资必须与现期的全要素生产力相符。而全要素生产力是缓慢增长的。"我们的全要素生产力每年涨4%就不错了。如果投资增速超越了全要素增长速度，过快的投资会导致投资成本更高。比如全国各地都修地铁，就会造成设备、材料的供不应求，成本上升。高铁、核电都有这个问题。"他强调，投资必须与全要素生产力的增速一致，与经济增速相吻合。

根据白重恩的研究，改革前28年，投资基本与经济增速一致，单位GDP的资本存量基本很稳。但在2005年以后，单位GDP的资本存量快速增加，GDP的增长很大程度上来自于单位GDP的资本存量，而不是来自于改革。效率远远慢于前面20年。他称："'中国人均资本占有量离美国还差很远，所以还有很大的投资空间'，这个话是对的，但是听的人如果没有理解背后的含义，就可能造成投资过度，或者投资增速过快。"

刘胜军：中国未来高增长唯有解除市场经济发展的制度性障碍

2012年9月25日，中欧陆家嘴国际金融研究院执行副院长刘胜军为英国《金融时报》中文网撰稿《与林毅夫商榷：中国未来高增长靠什么?》，文章指出：

2008年金融危机之后，中国政府快速推出4万亿元财政刺激计划，实现了经济触底后的迅速回升。但是这一计划也产生了明显的"副作用"：信贷投放失控，通胀迅速抬头；地方政府债务逼近危险水平；在流动性的推动下，房价再度猛升。面对这些问题，中央被迫再度急刹车：银监会开始对地方债平台进行整顿；央行连续12次提高存款准备金率，最终引爆温州和鄂尔多斯等地的高利贷；政府不惜以包括限购令在内的行政措施打压房地产。结果，由于几个主要的投资引擎同时熄火，经济增长势头难以维系，从2011年第四季度起GDP增速一路下行至今，甚至引发硬着陆的担忧。

过去30年，"政府主导＋基础设施投资"的模式，为中国经济奇迹做出了贡献。但政府主导的经济模式，是目前社会收入分配严重失衡的重要原因。迅速拉大的收入差距，已经威胁到了社会稳定。温家宝在演讲中曾引用现代经济学之父亚当·斯密在《道德情操论》中的一段话："如果一个社会的经济发展成果不能真正分流到大众手中，那么它在道义上将是不得人心的，而且是有风险的，因为它注定要威胁社会稳定。"

过去 30 年的中国奇迹，固然离不开强势政府所创造的稳定环境，但其真正的、根本的动力还是市场经济的活力，是民营企业追逐利润所带来的资源配置效率的提升，是社会主义市场经济体制的确立，是中国加入世界贸易组织带来的全球化红利。将政府主导投资理解为中国经济奇迹的主因，无疑是对中国经济的误读和误导。

因此，要延续中国经济快速增长的奇迹，唯有依靠改革进一步解除市场经济发展的制度性障碍，释放企业的活力和创造力。唯有如此，中国企业才有可能从制造走向创造，建设创新型社会才有可能，转变经济发展方式的"惊险一跳"才有可能实现。

以后谁还敢当县长？

网友"寒夜流年"2012 年 8 月 9 日写了一个帖子《不仅是震惊：与一个县长的聊天》，文章说：

在安徽一个县城，一望无际的住宅让我感叹，接待我的县长告诉我，现在的县长真的不能做了，一开门首先遇到的问题就是债务。最近三年来，该县与全国其他 2 200 个县级建制行政区一样，不顾一切保增长，到目前为止，累计债务 170 亿元人民币，而本县财政名义上去年突破 10 亿元，这是领导要求这样上报的，实际上只有 6.5 亿，另外 3.8 亿是去江苏一个县买的税收。买税，就是税收造假，充当增长指标。从这里可看出，所谓财政收入增长 32% 完全是一个泡沫。6.5 亿财政收入还 170 亿贷款的利息都不够，2009 年当年有 50 亿贷款到期，现在一分钱也还不了。更可怕的是，前两年都是用新增贷款还利息，今年因为没有新增贷款，现在连利息也支付不了。

这个县长帮我算了一笔账，问我的博客里提到的地方政府债务 12 万亿元数据从哪里来的，我回答是央行公布的。县长说，远远不止。道理是，从这个县债务水平是中间值来算，2 200 个县总债务已经高达 37.4 万亿。600 个三四线城市基本中间值为 1 000 亿元，这里就是 60 万亿。像昆明、南昌、合肥、武汉、长沙等等这样的城市有 70 个，以昆明总负债 2 000 亿为中间值，也有 14 万亿。实际地方政府总负债已经突破 111 万亿元。

这些钱他们县和其他县根本就没法还，其他县也差不多。但是，明年就是偿债的高峰，他已经不想当县长了，有个人大常委会主任的位置就足矣。其他县长与他的想法一致，都不知如何处理这么巨大的债务，也就没人敢当县长了。今年搞了一个项目，向社会上发标，但是，付款方式没有一家公司接受，原因是"433"式的付款方式谁也不放心（所谓433，就是地方政府请民营企业投资，项目完成后第一年付款40%，第二年付款30%，第三年付清30%），这个项目就流产了。原先卖地还可以收点现金，今年到现在一块地都没有拍出。

这位县长还说，"城市化"害死人，他们县城现在已经盖好的房子，把全县农民全部迁到县城住，都起码还有一半空房子，养猪都嫌多。后面两届政府，以后什么也不要做，每年只要想办法偿还利息就够了，该修的路已经全部修通，该盖的大楼这三年也全部盖起来了，什么文化公园、体育馆也全部落成。就是说，不管哪一级政府，以后什么事也不要做，只要做一件事——还债。

这是我迄今为止看到的最高额的地方债数字，可以用触目惊心四个字来形容。当然，实际不可能有这么高。因为政府的地方债主要来自银行，以土地做抵押。根据中国银监会《中国银行业监督管理委员会2011年报》显示，截至2011年底，我国银行业金融机构资产总额113.3万亿元，负债总额106.1万亿元，所有者权益7.2万亿元。如果地方债一项都达到111亿元了，那已经接近我国银行业金融机构资产总额，那么其他企业比如国企央企，以及个人住房按揭等等都别想向银行借钱了。

当然，地方政府借钱的方式也不一定只向银行借，可能还有一部分通过地方融资平台，还有一部分通过工程欠款等方式存在。2012年9月19日《新京报》还曝光了另一种几乎完全无法监管的地方政府借贷方式，就是企业家俞铁成在微博中说的："最近了解到好多地方政府平台公司已经向银行借不到钱，于是发明一个新融资方法，即以政府担保，让当地民营企业向银行贷款，贷款中一大半借给政府用。一些民营企业本来也难以贷款，因为有政府平台担保可以贷到款，虽然只能实际使用一部分，但也比贷不到强，于是配合。"这些方面的地方债务，并不在央行的监管视线和范围之内。但这已经可以肯定，地方债可能远远比央行统计的高。而且随着投资型政府的继续，只要GDP一天不退出各级政府的主要工作范畴，这个债务就还会像滚雪球一样地迅速滚大。到那时，虽然政府投资伴随着非常巨大的灰色收入等诱惑，但更巨额的债务积累的确让后来者望而生畏，用不了多久，终有一天，再也没有人敢去当县长了。

文章提到的这位县长，说城市化害死人，其实他没有点中要害，不是城市化害死人，而是投资型政府害死人，或者说投资型政府导致的城市化大跃进、基础设施建设大跃进以及招商引资大跃进害死人。

我们一直津津乐道的所谓中国模式，就是各级政府以经济建设为中心，政府相当于当地最大的公司。但是地方政府既不能印钞票，也不能发债，也没有定税的权力，土地就几乎成为它唯一的工具。竞相压低土地成本进行招商引资，最后势必要将土地成本都集中到房地产上来。政府亲历亲为的投资活动，导致财富大量向少数人群集中的同时，高房价却要由中低收入的人群来承担。这就是多年来中国经济的基本逻辑和秘密。乃至于到了后来，由于实体经济大量过剩，一些被招商引资的对象到处投资，根本就是醉翁之意不在酒，而在于通过以工业用地的方式低价拿地，然后附加建设职工住宅等条件，并要求职工住宅可以按保障房甚至商品房的名目出售！如果地方政府不就范，他们就不投资。而一旦房子卖出去，他们就会找一个合适的时机，将企业项目转让出去。

而地方主政官员由于任期有限，多数不会考虑地方的长远利益，而是着重于考虑在自己的任期内尽一切可能把项目做快做大，至于债务、环境破坏、官民矛盾等，都是由后任和当地百姓来背。这一点，和国企的做法几乎一模一样。

这样的投资模式，衰退甚至猝死都是有可能的，只是时间问题。

房价上涨 VS 投资刺激：谁是经济崩溃的元凶？

现在，一个非常棘手的两难选择摆在中国面前：要保地方债乃至金融安全，房地产必须持续稳定上涨，房价地价也必须持续稳定上涨。而这样一来，又有人担心会像日本 20 世纪 80 年代末一样发生楼价崩盘，进而导致经济学界津津乐道的所谓"日本式衰退"、"失去的十年"。可是如果继续打压楼市，继续走政府投资刺激以稳增长的道路，前面的荆棘可能更多。

中国经济乃至中国下一步向何处去，取决于我们如何来回答这个问题：到底是投资刺激更容易导致经济衰退甚至全线崩溃，还是楼价上涨才是经济衰退甚至崩溃的主因？

传统的观点几乎都认为，是楼市崩盘导致了日本长达十年的"衰退"。但美国《时代》周刊资深记者迈克尔·舒曼显然不这样认为，他认为日本"衰退的十年"的根源是国家操纵经济。他在 2012 年 3 月 2 日发表的文章《为什么中国将发生经济危机》中认为：

上世纪七八十年代，西方分析家认为日本官员近乎超人。今天，中国也正面临着同样的问题，执政者们相信经济可以由人来操纵。正是这种态度毁掉了日本的经济奇迹，中国也正走向同样的命运。日本和韩国都是在启动亚洲发展模式的 35 个年头后遭遇危机，这样算来，中国的危机大约在 2014—2015 年。

在世界上大多数人眼中，中国是坚不可摧的。在其他国家都深陷日益严重的危机之时，中国似乎丝毫不受干扰，甚至有愈战愈勇之势。一些商人和决策者深信，中国的"国家资本主义"（事实上，当下的"国家资本主义"已经被玷污，变成了更为彻底的权贵资本主义——笔者注）模式将是未来应对现代全球经济挑战的一大法宝。

对此我的看法是：请君三思。

"国家资本主义"致价格错位。经济学问题永远逃不出数学规律。而数字上的问题无关于这个国家的经济规模多大、发展速度多快以及国家地位如何强大。中国采取的是亚洲传统发展模式，这种模式源自日本，但东亚很多发展迅猛的国家都不同程度上采用了这种模式。通常来讲，它是这样运行的：1. 通过低工资加速资本积累，再以高投资推动工业化和高出口，获得经济快速增长；2. 国家的手操控整个经济过程；3. 产业政策和政府注资双管齐下，加速发展高精尖产业。这种模式会在短时间内获得巨大的经济进步，但终有一天它会崩溃。日本经济在 1990 年初彻底垮台（至今仍未恢复）；韩国作为日本模式最忠实的复制者，也在 1997—1998 年间遭受了经济危机。

这种模式的发展是以牺牲价格为代价的。艾丽丝·阿姆斯丹在其对韩国经济的研究中将之定义为"价格错位"。为促进高投资、保证高增长，国家会对特定行业或部门直接投资或提供补助，从而增加其吸引力并减少其投资风险。银行并非商业导向，更多是作为政府发展部门调控政策的工具。以上这些行为都会聚敛公共和私人的资本，并将其注入工业化中，创造出一次又一次的亚洲经济奇迹。

问题是价格不能无限期的错误下去。古典经济学家们一直致力于通过市场找到正确的价格水平。只有这样，市场才能向潜在投资者发出正确的信号，指引其资金的流向。一旦价格指标被扭曲，正确的投资方向将不复存在。操纵价格的亚洲模式必然会导致资源浪费和产能过剩。

中国也正沉湎于日本和韩国的这种发展模式中，而且是有过之而无不及。中国投资占国内生产总值（GDP）的比例接近50%，即便是以亚洲标准来衡量，这也太高了。在某些领域，如钢铁和太阳能电池板，这些企业挥霍着通常是从银行借来的钱，疯狂地建设了过多的工厂。此外，中国斥资建设了大量的高速铁路，而其高票价却让大多数国人无法负担得起。与此相比，中国的很多主要城市仍没有地铁。

大量错误投资的另一个去向就是房地产行业。理论上来说，房地产开发是中国快速的城市化进程的必经之路，但这也要看中国开发的是什么类型的房地产。在普通商品房依然紧缺的情况下，无度开发豪华住宅显然是过度开发。而就在我居住的北京的公寓两边，有三个大型商场，但每日进出的顾客却寥寥无几。（商业住宅过剩应该引起警惕，但对于豪宅我个人和作者有不同意见，且按下不表。——笔者注）

更糟的是，中国的大部分投资都依赖于负债。尽管这种状况尚未对中国造成重大的负面影响，但很多分析者担心银行最终会面临不良贷款增加的问题。

以上种种迹象表明，一次危机已渐成雏形：过多的错误投资，包括由贷款和政府官员推动的庞大的房地产热潮。听起来熟悉吗？危机，当然是不可避免的——如果中国领导人不采取行动，重新定位经济方向的话。

日本无法逃脱基本的数学规律。因此，无论决策者是何等有力，中国也不可能违背数学规律。

如果非要给这场危机预测一个时间的话，我们不妨借鉴一下历史。日本和韩国都是在启动亚洲发展模式的35个年头后遭遇的危机，日本是从20世纪50年代初至1989年，韩国是从1962年开始到1997年。这样算来，中国的危机大约在2014—2015年。

我无意于预测某个准确的日期。我想说的是，危机迫在眉睫，要解决经济弊病，中国须快马加鞭了。

很显然，在迈克尔·舒曼眼里，投资型政府才是经济危机的主因；而房地产价格的过度上涨乃至崩盘，只是经济崩盘的一个结果，而不是原因。

今天的中国，投资型政府是产能过剩、传统实业价格恶性竞争、腐败和贫富两极分化、楼价物价畸高、环境破坏和污染的主因。社会的承受总有一个临界点，这个临界点可能是环境与民众的承受力，也可能是被投资刺激强力扭曲的价格体系的自身崩坍。

国务院发展研究中心研究员张文魁认为：现在的政府收入很大程度上就建立在企业经营流量的基础之上，政府在这种游戏中越来越无法自拔，结束游戏意味着财政收入的危机；而金融部门也不敢中断这场游戏，因为企业资产的泡沫绝大部分是由金融杠杆搅拌而成的，资产估值的崩溃意味着金融体系的崩溃。

换句话说，现在的投资型政府必须以资产泡沫的不断膨胀来支撑。但是，资产泡沫又反过来严重威胁百姓的生存质量。而且，因为投资刺激没有从根本上造福百姓，甚至造成了对环境的绝对剥夺、对普通百姓的相对剥夺，只要稍有风吹草动，比如美债危机欧债危机，那么大量过剩的竞争性企业将立即陷入困境，企业经营流量也由此中断。

2012年9月25日，国内某大型出版集团开了一个"中国改革下一步"的学术研讨会，华生、贾康、马光远、李曙光等学者到会参加讨论，大家都对中国的下一步非常不乐观，说中国可能走向南洋模式，像菲律宾和印尼。

印度尼西亚土地面积190万平方公里，2011年人口2.37亿。经济学者叶楚华说：每当用印尼的例子说明不存在所谓中国模式、中国模式早就是炒冷饭的时候，就有人说印尼是小国，中国很大，人口很多，不一样。各位，印尼将近两百万平方公里，人口两亿多。别拍脑袋就说印尼小。印尼在苏哈托政变成功之后，一直用强制的方法推进工业化现代化，而且也在二十多年内保持了高速增长。政府没有清醒地看到，特权集团的勾结、严重的贫富不均和腐败，该国政府非常强势，牢牢控制着社会，集权体制下搞改革，经济高速增长二十多年（年均超过10%）后，到了1997年，一夜崩盘。中国特殊吗？不特殊。

我个人认为，中国经济也有一夜崩盘的危险。中国的未来会怎样，取决于今天的我们作出怎样的选择。

彻底告别凯恩斯主义和"三驾马车"理论

凯恩斯主义是建立在凯恩斯著作《就业、利息和货币通论》的思想基础上的经济理论，主张国家采用扩张性的经济政策，通过增加需求促进经济增长。即扩大政府开支，实行财政赤字。

第二次世界大战后，特别是在20世纪五六十年代，凯恩斯主义在西方经济学界和大学讲坛上占有统治地位。

百度百科这样解释凯恩斯主义：

凯恩斯主义以调节社会总需求（包括消费、投资、出口）、实现经济稳定增长为目标，提出在萧条时期要减低税率、增加政府开支实行赤字预算、增发公债、增加货币供应量、降低利率等以刺激投资和消费；在高涨时期则提高税率、控制政府开支、控制货币供应量增长、提高利率等，以遏制投资和消费。经过凯恩斯主义者的鼓吹和影响，战后许多资本主义国家纷纷把充分就业和经济增长作为政策目标，推行上述凯恩斯主义的财政金融政策。这些政策虽然在战后50—60年代对刺激经济增长、缓和经济危机、减少失业起了一定的作用，但由于它没有也不可能解决资本主义所固有的基本矛盾，财政赤字、通货膨胀有增无已，而危机和失业并未消除，终于到70年代初出现了物价高涨和大量失业并存的"滞胀"。对此，凯恩斯主义者既无法作出自圆其说的解释，更提不出可行的对策，连他们自己也哀叹凯恩斯理论出现了危机，需要重新加以诠释和修补。《通论》所阐发的理论和政策的失灵，正是当前资本主义制度危机加深的一个反映。

但实事求是地说，经济规律不管你是资本主义还是社会主义，不管你是大国还是小国，不管你是市场经济、半市场经济还是完全的计划经济，都一样要起作用。今天我们遭遇的经济困境，同样是凯恩斯主义理论破产的标志。

我们此前应对危机时所追捧的，都是凯恩斯主义所信奉的，无论是财政政策，还是货币政策，都是危机时要求靠政府直接扩大投资、扩大货币供给。所谓经济过热时又紧缩货币，就是老百姓说的水多了加面、面多了加水，把经济当成了政府的提线木偶，把政府当成了万能的圣人一样的道德和智慧存在。殊不知政府也是由人组成的，有着人的一切私利，也有人的一切缺点。甚至于，由于他们做这些事，都是花别人的钱做别人的事，甚至是花别人的钱做自己的事（政绩工程、灰色收入等），真正实施起凯恩斯主义路线和政策时，可能更加肆无忌惮，更加不顾后果。反正每个人的任期都是极其有限的。你看老百姓多聪明，一句"水多了加面，面多了加水"就把凯恩斯主义说透了。老百姓一点也不比政府笨，只不过他们没有决策权。

政府看见经济萧条，就想去救，有时老百姓也会希望政府去救，于是又是投资刺激又是增发货币。结果，有一批原本适应干旱的企业被淹死了！没过两年，政府看见物价上涨太快，老百姓抱怨很大，又来个通货紧缩，结果，又有一批刚刚适应内涝环境的企业被旱死了！如果政府的投资刺激和宽松货币真那么有效，为什么要等到经济危机的时候才让政府出手？为什么不天天搞，月月搞啊，那样经济增长岂不是更快？你会说那是因为投资刺激导致了高通胀，为了打击高通胀所以必须收回货币，把货币老虎关进笼子。但事实上，发出去的货币就像泼出去的水，收是收不回来的。

凯恩斯主义长期暗合了中国政府主导的投资模式。老百姓喜欢，希望一个强大的替自己做主的政府；政府也喜欢，可以不断扩张权力而且收获短时期的群众拥戴。但它却是不可持续的。它最致命的缺陷一是导致腐败、通胀和两极分化，如张维迎在《中国任何事情都讲特权》中写道："一位退休下来的计委官员说，现在的政府投资，100个亿里面只有30个亿最后做项目，另外70亿都被中间拿走了。所以修高速公路，修任何东西，都比别人成本高，为什么？腐败。"二是为增长而增长，把消费作为增长的工具而不是目的。如财政部财政科学研究所副所长刘尚希所说的，凯恩斯主义的经典观点是拉动经济增长有三驾马车，即投资、出口和消费，可以看出消费是作为工具被使用的。加入WTO以后，消费被扔到了一边，2008年金融危机爆发时，中国再次想到了消费这个工具。凯恩斯主义主流经济学是生产本位，而不是消费本位。"正是因为把消费当作偶尔使用的工具，才造成了最终消费支出对经济增长的贡献率由2000年的65.1%下降到2010年的36.8%。"

也正是因为这个原因，才导致了信力建先生所说的中国投资领域出现了一个奇怪的矛盾现象："一方面，不论是数量上还是投资率，中国都存在投资过剩的问题；而另一方面，在投资质量和有效投资率上，我们又看到，中国存在着巨大的投资空缺，产品结构升级、企业技术创新和技术改造升级以及公共产品供给等方面都存在着很大的投资缺口。"

原因很简单，政府主导的投资比民间自发的投资更低效而且充满腐败，而行政垄断又使聪明的民间投资无力可使。这在经济学上称之为"挤出效应"，或者干脆更直接具体地说是政府扩张性财政政策的挤出效应：社会财富的总量是一定的，政府这边占用的资金过多，会使私人部门可占用的资金减少。这个简单的道理，经济学家都明白，但是就是没办法，因为在现实世界中，有权力决策的，通常不会听从研究规律的"书呆子"，尤其是当这种现实规律无助于决策集团的利益，或者短期内不见得能够见效以满足其短期政绩的需要时。"黄钟毁弃，瓦釜雷鸣"几乎是一个必然的结局。

这种情形，断然不合乎经济自身的逻辑，但却非常符合决策集团的逻辑，从上到下都符合。上，则如国家审计署前总审计长李金华说的"跑部钱进"，只要"跑部钱进"工夫深，不信铁杵磨不成针；下，更是全面符合地方官员红道白道黑道灰道全方位的短期利益。

凯恩斯主义最致命的理论缺陷，是把经济增长当成了目的，把投资、消费、出口，把人、资源、环境等最宝贵的财富都当成了服务于经济增长的工具。这不是舍本逐末吗?! 因为人、资源、环境本身都是不可再生的财富，经济增长的原有目的，是为了财富增长，而不是相反——通过牺牲财富来获得经济增长的数字。有时我们走得太远太远，竟然忘记了出发的目的。

所以，我们必须彻底抛弃凯恩斯主义，彻底抛弃"投资、消费、出口三驾马车"理论，重新确立一切经济增长都是为了环境更美好、都是为了人更自由幸福的目标。

对外告别经济民族主义

中国的发展到了一个新的矛盾关头，旧模式已经山穷水尽，新模式还未建立起来，甚至还没有对新的发展模式和方向达成共识。上下左右，都处在一片焦虑当中。

这样的时代关头，迫切需要对外和平对内稳定的发展环境，迫切需要清醒、理性、冷静的态度和方法，否则，一不小心，国际或国内矛盾激化，就有可能随时葬送 200 年来好不容易才有的和平安定的发展环境和 30 多年改革开放的一点成果。

有时候，一个小小的导火索就有可能导致剧烈的情绪激发，并引发严重的后果。所谓太平洋上一只蝴蝶轻轻扇动一下翅膀，就会在遥远的彼岸掀起飓风。2012 年 9 月 15 日，中国抗日浪潮中就出现了不和谐非理性的一页，西安、青岛、长沙等地游行抗议过程中出现了"仇者快、亲者痛"的打砸抢烧行为，其中，青岛的丰田 4S 店被焚毁，损失极为惨重。局面至此，原来，"每个人心中都有一个'文革'"。一些主流媒体长时间背离客观全面报道的操守，煽风点火，挑动民意和仇恨，直接导致广场效应下人们的智力和道德水准急剧下降。理性表达爱国情绪应当支持，但类似向"敌人泻火"、让自己同胞遭殃的悲剧闹剧，除了徒留笑柄、让外资望而生畏之外，不能对中国的繁荣富强、对国土的完整有一丝一毫的构建作用。经过这一次的惨剧悲剧闹剧，所有的中国人将会发现，钓鱼岛依然故我，而我们自己又一次遍体鳞伤！

真正的爱国，就是把人民保护好，把国家建设好，把每个人的自由、权利和尊严捍卫好！一个真正有凝聚力的国家和民族，万水千山也会有八方友好；一个离心离德的国家和民族，同一片屋檐也会咫尺天涯。

有人呼吁抵制日货、打砸日货以示爱国，比如网络上一直有人放言："6 个月不买日货，日本将有一半人失业，数千家企业破产；1 年不买日货，日本经济结构将彻底瓦解！如果三个月没有 100 万人转发此信息，表明中国人真的失败了！让我们行动起来，各转发 20 人，打赢一场新型抗日战争！"

这其实也是血性淹没理性的一个表现。如果通过经济反制日本，我们同样是杀敌一百自伤一千。2011 年我国国内生产总值 471 564 亿元，名义上我们的 GDP 总量是世界第二，事实上有相当多"外强中干"的成分：货币超发使 GDP 总量迅速上升，但核心竞争力和过往的财富积累非常有限。日本人即使不再拥有日本岛，仍可通过其技术雄霸全球。我们的核心竞争力在哪里？北汽董事长徐和谊曾在达沃斯论坛上"吐槽"中国技术：中国经济面临的最大危机是技术空心化。"拿汽车行业来讲，虽然我们是第一制造大国，在核心技术上，像发动机、自动变速箱、电子这些方面，技术非常非常落后，有些甚至只比 0 强一点。"我们不能在领土面前妄自菲薄，也不能在 GDP 面前妄自尊大。正如万科集团总裁王石所言：如果中国不能认真地研究日本学习日本，对日本没什么损失，对我们却是巨大的损失。

《日本经济新闻》报道，据日本贸易振兴机构发表的统计数据表明，2011 年中日贸易额达到 3 449 亿美元，日本对华进口额为 1 834 亿美元。日本对华出口额为 1 614 亿美元，中日贸易额占日本贸易总额的比例为 20.6%。中日经济总量相差极少，切断贸易对彼此的影响旗鼓相当。中日贸易，我们是顺差，也就是我们出口日本的比从日本进口的总价值高。

中国还是日本国债的最大持有国，截至 2011 年底，持有额达史上最高的 18 万亿日元。我们是债权人，日本是债务人，对立起来，我们没有好处。

此外，旅游日本的华人占四成。以统计中的中国游客人均消费 16 万日元（约合 14 000 元人民币）计算，中国游客一年给日本旅游业贡献 42.7 亿元人民币。

另一方面，日本在华投资企业投资额却非常巨大。日本贸易振兴机构发布的数据显示，2011 年上半年日本对外直接投资 334.7 亿美元，其中，对华投资 52.4 亿美元，占日本对外投资总额的 15.6%，仅次于英国。日本在华的总投资额，我没有找到数据，但肯定数额巨大。如果他们反制，我们损失巨大。

现在是全球经济互相渗透，难解难分。诚如中国社科院荣誉学部委员冯昭奎所言，中日经济关系是产业链的关系，日本对外出口主要不是汽车、电视机等最终产品，而是关键的零部件，和中国经济是你中有我、我中有你的关系。网络上有一篇《干掉一辆国产日系车的"抗日效益"浅析》，分析结论是："从交换比上看，干掉一辆售价 23.4 万元（销售收入 20 万 + 增值税 3.4 万）的国产日系车，"爱国青年"在让日本政府少了 1 240 元税收收入的同时，使我国各级财政少了 81 194 元的税收收入，使我国中央财政收入少了 67 220 元；在让"日本鬼子"少了 27 元买子弹的同时，使我国少了 2 400 元买装备。正所谓杀敌不满百，自损过一万……"

电视人万峰说：千万别让"粪青"知道秦山核电站 2 期工程是和三菱重工签的，反应堆压力容器和冷却泵都是日货！……

越是国内外矛盾突出的当口，越要坚定信心和信念守卫和平的价值。和平才是硬道理。除了试图闭关锁国的经济民族主义，对外喊打喊杀的好战思维也需要格外警惕和防范。甲午战争的历史告诉我们，清廷灭亡的根本原因就在于财政。今天的中日力量对比，我们名为 GDP 世界第二，实际上由货币超发支撑，内在空虚，况且今天日本的背后还有美国。《美日安保条约》是有国际法效力的。美日同盟并不是摆设，真发生战争，美国极可能会介入。

一些人长期不加思考地接受"中国经济奇迹"、"中国 GDP 世界第二"、日本"失去十年"等信息，真以为老子天下第二，加上"人口优势"甚至可以天下第一。事实上我们真正的实力还差得远。

而日本，即使在"失去的十年"，也不是想象的那样悲观。《文汇报》2012 年 3 月 6 日报道，埃蒙·芬灵顿 2012 年 2 月初在《纽约时报》撰文列举了一系列被忽视的事实，说明"失落的日本只是一个传说"。"日本似乎总是新产品的第一个使用者。以手机为例，在 20 世纪 90 年代后期，日本仅用了几年就超过美国成为手机普及率最高的国家。""在'失去的十年'里，日本人均发电量的增速是美国的两倍，进入 21 世纪后，日本人均发电量增速继续超过美国。"

早在 2010 年夏天，英国《卫报》网站就发表评论文章称，日本的发展方式可能被长期误读："全球经济正在衰退。在美国，失业率接近 10%，中产阶级的退休前景堪忧。在欧洲，各国都有自己的问题。那么，我们该怎样看待这样一个国家：在那里，失业率始终不高，犯罪率很低，贫富差距现象不明显，全民享受医疗保险，人口预期寿命全球领先。这样一个国家，难道不是需要摆脱困境的诸国应该学习的对象吗？"

日本的对外直接投资额在 1986 年约为 220 亿美元，而在顶峰时期的 1989 年，迅速攀升至 675 亿美元，日本借此成为当时全球最大的对外直接投资国。而在 1986 年到 1991 年的 5 年中，日本的海外投资总额则达到了 4 000 亿美元。另据《日本经济新闻》报道，在 2011 财年，日本 7 大商社对外投资总额将达 3.18 万亿日元，大幅超过历史峰值 2.35 万亿日元。

资本输出国在海外所创造的产值并不被计入国内生产总值，因而国内生产总值增长率并不能反映日本海外经济的实际存在。海南师范大学老师天涯乔木 2012 年 12 月 26 日一则新浪微博说："所谓'日本经济衰退 20 年'，完全没有那回事，自始至终都是日本自制的一个烟幕弹。日本的海外资产，已经超越本土 1.5 倍，日本每年 GDP 都在持续增长，实际上，日本已具备世界第一经济强国的实力，岂有'衰退'之理？"

2011 年末，联合国公布了 2011 年《人类发展报告》。其中，日本在以国民平均寿命、受教育程度和生活水平等为经济社会发展水平指标的"人类发展指数"一项中位列第 12 位。即便在"失去的十年"中，日本的人类发展指数依然是亚洲排名最靠前的。

一些媒体的不当宣传，造成了一些国人"老子天下第二"的自大与狂妄，一些对社会不满的失落者失意者，则趁机发泄心中的不满，趁机试图不顾一切代价地寻找泄气口，甚至不乏有人想趁乱火中取栗。事实上我们的政治、经济、文化、理性、智慧、道德、人心、技术等基础都非常脆弱，经不起折腾。保持清醒、理性、冷静、克制，不能自乱阵脚、自毁形象、自绝现代化的道路。

中国当年在甲午战败后一个至为奇特的现象，是晚清中国留日学生成为这个古老大帝国一景。从 1896 年起，大量中国学生涌入日本学习，仅 1906 年就有大约 8 600 人。这是一场到当时为止世界史上规模最大的留学运动。

2012 年 9 月 17 日，社会科学文献出版社在北京发布的《国际人才蓝皮书：中国留学发展报告》显示，2011 年中国出国留学人数达 33.97 万人，占全球总数的 14%，居世界第一。今天，我们的出国留学和当初的出国留学都是世界规模最大的留学运动，相映成趣。不同的是今天的我们是主动出发，当时的我们是战败后被动出发。理性而有智慧的民族，应主动虚心学习世界最先进制度和经验，而非等战败后被迫而为。

今天的中国，正处在民族复兴的道路上，离真正的强国大国还有很长的道路要走，培养心智健全的人、虚心学习世界上最先进的制度和文化，是第一要义。

对内告别经济民粹主义

每当社会处在贫富差距拉大、新旧矛盾交织的当口，社会上最吃香的思潮往往就是民粹思潮，最吃香的学者往往就是民粹派学者。民粹派算不上真正的学派，但它是一种客观存在的社会现象，以迎合民粹的心理预期为特征，通常以煽动情绪、挑动阶层和社会群体之间的对立与仇恨为能事（比如鼓吹取消房地产开发商），通常鼓吹强化政府权力以加强管制。因为有利于扩大政府和官员权力，制造权力无所不能的幻觉，因此，民粹派学者在一定时期内往往会成为左右逢迎上下讨好的一类人，如鱼得水，吃香喝辣。但他们与真正的学问常常相差十万八千里，他们鼓吹的而且往往也是政府乐于采纳的诸多办法，多数不符合经济和社会发展规律，而是继续延宕和积累矛盾，陷政府于无能、无义、无信，陷市场和民众于奴役与管制。可是，世界上"狗咬吕洞宾——不识好人心"的事很多，那类喜欢煽动民粹主义的家伙，往往最受欢迎，是媒体的宠儿，也是"民众利益的代言人"和万千民众崇拜的偶像。

日本学者三浦展在《下流社会》一书中提出中产阶级下流化的概念。他认为过去二三十年一向稳定的日本中产阶级正在萎缩，年轻一代从中产跻身"上流"者凤毛麟角，沦入"下流"者却源源不断。

据说很多国家出现了与日本类似的现象，它是全球化趋势下先发国家产业向后发国家转移的结果。产业消失了，未到退休年龄的产业工人要么失业，要么屈就于不熟练的岗位，收入下降。日本人痛感特别明显，是因为日本企业文化讲究终身雇佣，导致企业转身缓慢。在数字化、网络化大潮面前，日本电子业比韩国和中国台湾同行还迟钝。这是日本企业过度依赖政府补贴造成的，政府试图以补贴保就业，实际效果是保了颓势产业，挤占了新兴企业的发展空间。

虽然中日两国"下流化"原因有别，但是中国社会整体下流化的感受之深更甚于日本。其中的原因固然复杂多面，但九九归一，主要还是各级政府亲力亲为地主导投资和招商引资，以及税负过重，导致财富大量向政府、向少数阶层转移，而成本和负担则大量向普通民众下压。

政府直接主导的投资中，大量的投资只管投入不管产出，大量成本耗在腐败成本上。它不仅导致大量投资失误和浪费，而且严重挤压了中小企业的生存发展空间。各级政府以土地优惠、廉价劳动力、环境保护滞后为代价招商引资，房地产补贴了大量原本过剩的夕阳工业，导致房价畸高而收入畸低，经济成果少数人摘取，污染和低工资多数人承担。税收增幅远高于 GDP 和工资增幅，货币超发，工资上涨被物价上涨吞没。高税收和高通胀、低利率不断把中等以下收入阶层向下挤压，形成相当大群体的"社会下流化"倾向。

最可怕的还不是短暂的社会下流化倾向，而是在社会下流化过程中伴随着"思潮下流化"倾向。如果说社会下流化背景下，整个社会还能保持清醒和理性、还能坚守正确的价值观和方法论，全社会戮力同心，找准症结对症下药，社会将有可能很快走出下流化陷阱。但如果在社会群体收入下流化的同时，病急乱投医，陷入"思潮下流化"泥潭，社会将有可能陷入恶性循环。

这一点有德国动物学家霍斯特发现的鲦鱼效应为社会心理基础：鲦鱼因个体弱小而常常群居，并以强健者为自然首领。将一只稍强的鲦鱼脑后控制行为的部分割除后，此鱼便失去自制力，行动也发生紊乱，但其他鲦鱼却仍像从前一样盲目追随。鲦鱼效应警示人类社会：一个社会被甩在时代身后的中位数以下人群越多，就越盼着救世主的出现；人们越是期待一个强权机构为自己伸张正义，民众权利被剥夺的奴役之路也越甚，且越发导致多数人被甩到中位数以下。

鲦鱼效应往往跟"靠煽动仇恨驱动的诈骗"紧密相连。"靠煽动仇恨驱动的诈骗"明知社会的主要矛盾在哪里，但是为了一己之私，刻意迎合社会上急于求成的民粹心理，通过迁怒和转移矛盾等方式，达到煽动和挑起民众对某个阶层的仇恨为目的，比如对于高房价高物价，不是耐心细致地解释背后的经济逻辑和原因，不是吁求经济模式的整体变革，而是一味呼吁政府强权，迁怒于开发商和投资者，达以左右逢迎上下讨好的目的，以奠定一己"民众代言人"的地位，大发国难财。甚至有一些民粹派学者，把一切社会矛盾归结于市场经济，鼓吹回到计划经济时代。这些民粹派忽视了一个最根本的逻辑，就是政府管制的权力越大，权力的含金量越大，驯服权力就越成为不可能。他们把政府和权力当成了一个天生道德而且是先知般的存在。而这样的假设是不成立的。经济的基本规律、社会的基本规律、人性的基本规律，任何人、任何机构、任何组织和制度都是无法超越的。

罗杰斯在写给女儿的信中曾说道：一个社会智商在中位数以下的人占一半。更何况，如果一个社会大多数民众收入在中位数以下，那么他们的智商能够保持在中位数以上的人数将会更少。愤怒和仇恨会使人们失去耐心和理智。

世界上从来没有救世主，这时候守住坚定的价值观就特别重要，这样的价值观至少包含以下几个人类历史证明过而且仍将继续证明的普世价值：经济自由市场化（这是一切的基础）、社会法治化、政治民主化。并且怀疑一切宣称和自我宣称可以很快达到效果的各种"非常手段""铁腕政策"。

中国现代化之路箭在弦上

国际国内的大量学者，都不看好当下中国的经济增长模式。当前中国遭遇的经济困境，也让我们看到这种政府主导模式日渐衰竭的迹象。

2012 年 6 月 7 日，瑞士信贷银行 2012 年中国投资研讨会在杭州举行，中国人民大学教授任剑涛在会上对中国政治、经济形势进行了分析，任剑涛表示："中国权势集团已经劫持了国家，垄断了整个国家的经济命脉。而中国经济数据大都是做出来的，中国经济将出现无预警性崩溃。"

2012 年 9 月《财经》杂志封面文章，吴敬琏指出："中国经济社会矛盾几乎到了临界点，当务之急是重启改革议程，切实推进经济改革和政治改革。"

政府主导型经济边际效用越来越低，也就是腐败、通胀和环境污染等负面价值逐渐超过财富和自由增长的正面价值。经济合法性遭破坏反过来瓦解政治合法性。

尽管今天的我们遇到这样那样的麻烦，很多麻烦甚至非常棘手，但我对未来总体持乐观态度。我认为未来中国十年之内必有大变革，甚至不需要十年也等不到十年，最理想的状态是五年之内即有大变革。而且这个变革不是走回头路，而是向富民强国的中国现代化之路上走，是一条重新相信并回到自由市场，相信市场力量，尊重经济规律的自由市场经济道路。

2012 年 9 月 9 日，马云在杭州举办的网商大会上说："经济会越来越糟糕，但是告诉大家一个好消息，十年以后成功的企业一定比今天多，有钱的人一定比今天多，但是不是你，你要想明白，你一定要听消费者，听的是市场，因为市场才能决定未来。改革开放前十年，中国经济靠民营经济、靠政策；后十年靠外企；最近十年靠国企。今天的民企怎么样了，都打得满地找牙，找不到方向感。中国必须恢复到市场经济，而市场经济的主导力量是人，是企业家精神。"

在《2020 我们会不会变得更穷》一书里，我把百年中国分成三个部分：第一个 30 年是计划经济时代；第二个 30 年是政府主导的权力市场经济时代。都是到走不下去了才迫不得已进行改革。接下来的第三个 30 年，毫无疑问应该是自由市场经济时代。今天的中国，用政府投资刺激政策根本没用，因为今天的所有问题都是投资型政府即权力市场经济所导致，再用这种办法只会添乱。经济结构调整的实质是改革投资型政府，把发展的权利还给市场和民众，实施自由市场经济。

中国的改革都是被现实逼到走投无路了才被迫启动。但今后的改革会更理性、更智慧。中国的改革，中国的现代化之路，可以说箭在弦上弯弓待发，可以说万事俱备只欠东风——欠最后决策者的智慧、决心和勇气。现在，各方面的条件都已具备：

1. 从上到下，改革的愿望和压力非常强烈，只是从哪里起步，动力和智慧还不足。未来改革必定从经济改革起步，产权和市场自由还诸民众，是包括政治改革在内一切改革的基础。一种观点认为，经济改革的使命在邓小平时代已经完成，全社会所有问题诸如经济可持续、环境、贫富差距、社会诚信等都应归结到政治体制上来。先有政改，其他改革才有可能。持此观点者不了解现实国情和基本政治常识，经济基础决定上层建筑在今天依然成立。中外历史上大量政府还处在非宪政时期，也不妨碍那时候的经济自由和产权自由。政府只能管公共事务。如果像当下中国农民一样连土地、农房的财产都可以"被民主"，像中国式"市场经济"一样到处充斥行政垄断，则政治和经济都只能成为权贵集团的囊中物！洛克说：财产不能公有，权力不能私有。我们往前推一点点：财产公有必定权力私有！先经济自由和法治（保障经济自由），再政治民主。这条路才走得通、走得直、走得稳。

2. 环境压力、通胀压力、民众生存及官民矛盾压力以及国企效率的迅速衰败和经济下行压力将是改革的四大持续性压力。

3. 新中国成立以后，从计划经济到政府主导的半市场经济，我们都已经尝试过了，只有一条路——完全市场经济的道路还没有尝试过，而世界上大多数国家和地区已经尝试成功了。所以，这基本上也是仅剩的一条能够走得成功的路。世界上没有什么特殊道路，只有特别挫折。任何人都逃脱不了规律和时间。

4. 在贫富两极分化、社会矛盾交织之际，往往是各种民粹和极"左"思潮翻涌的年代。这个时代亦然。所幸"重庆事件"和刚刚发生的借抗日打砸抢烧的915事件，基本切断了极"左"在中国复辟的道路，也使广大民众的理性和智力迅速提高。著名军事评论人赵楚说："毫无疑问，915就是新文革预演，这是任何爱国的口号不能掩盖的，所以事情的直接起点不是日本人购岛（钓鱼岛），而是9月9日，这也是重庆相关案件陆续开庭后新文革分子早已密谋策划的阴谋。"从游行队伍中批量复制的毛主席像和不止一处的"钓鱼岛是中国的，薄熙来是人民的"等标语中可以看出，这个判断有一定道理。同时，9月15日的青岛、西安、长沙等地恶性打砸抢烧事件发生后，迅速得到网民谴责、政府控制，9月16日以后局面迅速冷静下来让张宏良、韩德强等人显得有些气急败坏（韩教授当街打八十老人，张撰文支持），似乎也可以看出端倪。这个事件，在互联网360度的聚光灯下，近乎以直播形式让国人看到了极"左"的可怕之处。公民理性在互联网时代得到加强。十年全国性的"文革"，到四年重庆"唱红打黑"，到不足十天的"抗日小文革"，透明度越来越大，持续时间越来越短，公民理性和社会则在不断进步。

5. 中国最后一批抱残守缺坚定地守着旧观念、旧理论、旧教条不放的打江山辈元老级人物，随着年龄的增长，要么已经相继离世，要么日薄西山年老体弱，逐渐不再成为制度改革的重要阻力。

所有这一切，都为中国未来的市场化改革奠定了基础。

2012年9月28日，北京大学光华管理学院客座教授贾尔斯·钱斯在FT中文网撰文《中国能保持竞争力吗？》：中国在2012年全球竞争力排名中下降三位，传递的讯息是，下降，就是在走向错误的方向。中国要保持繁荣程度的提升，就不能原地踏步，而应继续开放和改革。

文章说，2012年2月，中国国务院发展研究中心和世界银行合作发布"2030年中国发展战略"，该报告指出了中国要继续改善自身境况所需走的道路。这个道路并不好走，但至少是清晰的，它包括：（1）实施基于市场的改革来增强经济活力；（2）加速创新；（3）走向"绿色经济"；（4）为所有中国公民提供更多的机会和社会保障；（5）增强税基以增加政府财政收入；（6）改善中国与其他国家的关系，并进一步对外开放。

文章还说，国务院发展研究中心的"2030年中国发展战略"公布时，在中国政府的一些部门激起了强烈的负面情绪，也引起了中国一些主宰性的、垄断性的国有企业的不满。中国最有才能的学生中，有太多把自己毕业之后的雄心寄托在进入政府或大型国有企业上。中国固然需要把一些最好的学生送进中央政府部门和国有企业，但更多的中国好大学毕业的学生需要被吸引到中小型企业里，需要让他们看到令人激动的、有价值的职业前景，以及不俗的经济回报。中国必须改善创业企业和小企业的成长环境。要做到这一点，就必须让它们能通过更好的渠道来获取利息合理的贷款，并提供一个能保护个人企业所有权、品牌所有权的法律环境。要实现给所有中国人带来有尊严的生活的目标，中国必须鼓励和支持私人企业。"2030年中国发展战略"所设定的一系列方向，需要执行的决心。如果不执行，中国就必然面临经济和社会发展的停滞。

2012年9月18日，美国智库加图研究所公布了全球经济自由度报告，中国香港被认为是最自由的地区，蝉联全球第一位。台湾地区居第15位。美国跌至第18位，中国大陆排名第107位，比2009年的103位还退步了4位。由此亦可见，我们的进步空间可谓巨大，不是一般的大。

我赞同经济学者胡释之的观点，中国改革的路径就四个字——国退民进："我们急需的是要做这个事情。民营经济其实根本不需要政府任何的扶持，它唯一需要的是政府一视同仁，或者叫平等、自由。所以问题关键不在于给民营经济什么特权，而在于削弱国有经济的特权；问题不在于怎么促进民营经济发展，而在于怎么限制国有经济的发展。如此才能真正激发年轻人的创业热情，而不是考公务员进国企的热情，如此才能真正激发企业家的创新热情，而不是移民热情。"

改革的路径和方法很清晰，就是自由市场，先财产自由、市场自由、迁徙自由，实现完全市场经济；同时实施文化民主，言论和出版自由；接着政治民主化水到渠成。有点类似20世纪80年代的台湾。到那时，古老的中国一定会重新焕发出朝阳般的青春活力。

2012年10月13日

第八讲
世上没有"中国模式"

昙花一现的"中国模式"

1978 年改革开放以来，中国经济快速发展，速度堪称世界奇迹，并借此重塑国际大国地位。如今国内经济总量已经超过日本，成为世界老二。然而中国却未遵循西方世界的发展模式，政治改革乃至深层次的经济改革并未伴随经济增长而发生。独特的"中国模式"引发中西学界讨论：西方式的发展模式是否已被中国颠覆？甚至有一个说法是：1989 年资本主义救了世界，到了 2008 年则是中国救了资本主义，理由是中国经济在全球危机下仍能"一枝独秀"，甚至在四万亿元的政府投资刺激下更加灿烂夺目。英国《卫报》将 2008 年称为"中国模式年"。

所谓"中国特色"、"中国道路"、"中国经验"或者中国模式，其实都是一个比较出来的概念，指的是有别于他人的地方。因此我们不必纠缠于到底有没有一个中国模式，而应主要着眼于中国模式到底是怎样的一种模式。中国模式、北京共识，都是一个意思，指的是有别于传统西方发展道路的路径与方式，至于它最终是否能够成为可以推广、可以效仿的模式，并不取决于别人是否认可，而只取决于其自身内在的逻辑和生命力。

所谓西方模式、美国模式或曰华盛顿共识，是指基于四大自由（言论自由、信仰自由、免除恐惧的自由和免除贫穷的自由）基础上的"自由民主＋市场经济"模式；而所谓中国模式或者北京共识，简言之则指"威权政治＋市场经济"模式。

然而，所谓"中国模式"的好景并不长。关于"中国模式"甚嚣尘上的说法刚过三年多，2012年，中国经济即在内忧外患下迅速陷入困顿。在中国奇迹和中国拯救世界经济的欢呼声中，GDP增长从2010年一季度的12%，一路下滑到2012年一季度的8.1%。它标志着一个时代的结束，标志着政府主导、投资驱动的传统增长模式即"中国模式"的终结。中国重新站在危机和转型赛跑、改革和革命赛跑的十字路口上。

中国已落入拉美式"中等收入陷阱"

就经济总量排名而言，中国经济总量2010年就从30多年前的全球排名第13位，跃居全球第二，超过日本，仅次于美国。但国强民弱、官富民贫的社会裂痕却越来越大。据世界银行的统计数据显示，截止到2011年，中国大陆人均收入从1976年的全球排名第69位，被甩到了第133位。

与此同时，居民消费率从2000年占国内生产总值的46.4%到2010年的33.8%，十年内降了13个百分点（刘世锦《中国"挤压式增长"后的速度回落与增长模式转型》）。目前，这个数字在世界上所有大经济体中位于最低水平。即便在美国当前非常不景气的经济情况下，这个比重也在70%左右。即使包括政府消费在内的总体消费率也由62%降到47%，十年内降了15个百分点。

也就是说，"中国模式"带来的是财富在政府和私人间分配的极度不公平，财富和资源大量向政府倾斜，民众在国内和国际的经济地位都在直线下降。它直接导致的后果是内需严重不足，简单说就是经济增长没有增加公民福利，相反却有可能通过环境污染损害公民健康与生命安全。

国务院发展研究中心金融研究所所长夏斌说，美国学者鲁比尼曾预测，2013年中国经济要出事；国外某机构又预测，2016年中国整个银行体系要崩溃。我们可以不信，但应该把这些预测当苦口良药，起到警示作用。中国2 400多家上市公司中，银行股只有16只，但利润却占2 400多家公司利润近一半，如果银行资产质量下降，股市怎么能"由阴转晴"？

作为全球第二大经济体，中国经济在经过三十余年的高歌猛进式的增长后，首次呈现出持续疲软态势，引发了人们关于中国经济将陷入"中等收入陷阱"或者"硬着陆"的担忧。

国务院发展研究中心开展了"跨越中等收入陷阱"的课题研究。中心副主任刘世锦在《中国"挤压式增长"后的速度回落与增长模式转型》一文中介绍：苏联和东欧国家在20世纪70年代中后期普遍出现增长大幅减速，陷入中等收入陷阱。这种增长回落是在苏联和东欧国家传统计划经济体制依然强盛的情况下出现的，说明一旦体制失效，即使这一体制表面看起来仍然强大，增长回落亦未能避免。

我认为，今天的中国同样无法避免其自身发展逻辑的致命缺陷，同样无法避免陷入"中等收入陷阱"，甚至可以说，我们已经陷入拉美式失败国家的"中等收入陷阱"。只有更加彻底的改革，才能使我们走出这个泥沼和陷阱。

国务院发展研究中心课题组将先后踏入工业化进程的国家和地区分为五类：（1）英美等先行发展、始终处在技术前沿的国家；（2）成功追赶技术前沿国家的欧洲后发国家；（3）发挥后发优势，实现较长时间的高速增长，并在创新驱动方面取得一定进展的东亚新兴工业化国家和地区；（4）曾长期奉行进口替代战略并创造增长奇迹，后来一度落入"中等收入陷阱"的拉美和类拉美东南亚国家；（5）曾长期实行计划经济体制并实现快速增长，一度也落入"中等收入陷阱"的前苏联和东欧诸国。

很显然，亚洲四小龙属于第（3）类地区，中国大陆则是第（4）、（5）类的混合体：对外长期依赖出口，对内高度依赖政府投资刺激和发改委的计划半计划经济。

发改委的研究表明，就人均收入水平而言，"中等收入陷阱"落入者的增长回落，拉美国家出现在4 000—6 000国际元，前苏东国家出现在5 000—7 000国际元；而"成功追赶者"的增长回落，则出现在11 000国际元左右。前者是在高增长潜力犹存条件下出现"失速"，后者则是在这种增长潜力和后发优势基本释放后发生的。最重要的是，"中等收入陷阱"落入者，不论拉美国家还是前苏东国家，在推进工业化的体制、战略和政策上，都存在某些重大缺陷，如拉美国家封闭型的进口替代战略和前苏东国家的计划经济体制。由于在工业化起步阶段便存在这些缺陷，注定了经济增长达到一定阶段后不具有可持续性。而那些"成功追赶者"之所以成功，也正是由于避开了上述缺陷。课题组采取三种不同但可相互印证的方法进行测算，结论是我国经济潜在增长率有很大可能性在 2015 年前后下一个台阶，时间窗口的分布是 2013—2017 年。增速下降的幅度大约为 30%，如由 10% 降低到 7% 左右。

我国人均 GDP 按汇率法计算正好超过 4 000 美元，我个人更倾向于认为我国的"中等收入陷阱"正处在拉美这些失败国家的位置上。虽然我们还有巨大的经济增长潜力，但是一系列的制度缺陷，使得这些经济增长潜力发挥不出来或者说发挥得严重不够。

世上没有"中国模式"

后发国家比先发国家用更短的时间完成了大体相同的工业化城市化，而且越是后起的经济体，所用的时间就越短。这是世界各国的普遍规律。中国过去三十多年的经济高速增长，也是得益于这个基本规律，没有任何特殊性可言，更没有什么制度优越性在起作用。与先行国家相比，完成同样的经济增长任务，如果英美用了上百年，日本用了 70 年，韩国和其他东亚经济体用了 50 年，我国或者严格说是我国东部发达地区用了 30 多年甚至更短时间。这也不是什么"后发优势"所致，而是得益于技术进步和全球经济一体化带来的信息和其他各方面成本降低。

中国模式的发生有四个历史背景，每一个背景都不可复制。第一个历史背景是新中国成立后的前 30 年，计划经济和阶级斗争为纲使国民经济陷入崩溃边缘。

从人为导致的经济倒退，到让百姓回到正常的生活轨道，安居乐业，正常安排自己的生产和生活，那种"拨乱反正"带来的经济增速，想不高都很难。这在任何国家、任何社会、任何时代都一样，不见得是因为中国有什么独特的灵丹妙药。

第二个历史背景是人为阻止的城市化进程，改革开放以后产生了快速的补课效应。改革开放前的城乡二元身份体制，严厉阻止农民进城，甚至在饥荒时农民进城讨饭都不被允许。更有甚者，为了解决城市青年就业问题，我们还搞出了逆城市化的知识青年上山下乡运动。违背自然和社会发展规律的做法，自然会遭到规律本身的报复，它导致了两个严重的且都是不可逆的、不可挽回的后果：一是使中国广大农村的土地被过度开垦，加速了荒漠化进程。新中国成立后前半个世纪，我国的荒漠化面积增加了三百多万平方公里，达三分之一国土面积之多。二是大量农民在非正常年份饿死。《中国青年报》到 2010 年才有一个报道说计划经济时代曾有上百万人逃往香港。

城乡二元身份体制，就好比是一道江河上人为拦住的大坝，制造着城乡之间巨大的收入落差，为后来的城市化积蓄了巨大的能量。因此，我们也不必惊讶，改革开放和市场经济，农民不顾一切地进城、进城、再进城，给中国城乡带来了多么翻天覆地般的变化。

计划经济时代，不论是农村还是城市，住宅投资都极其匮乏。市场经济，特别是 1998 年以来的城市住房私有化以及人口在市场化条件下的自由流动，使住宅需求迅速扩大，国人的住房观念和住宅市场全面复苏。房地产市场因此当之无愧地成为了中国当下的支柱产业，支撑起中国经济的半壁江山。2010《国家竞争力蓝皮书——中国国家竞争力报告》指出，中国近 20 年的经济增长并非靠产业结构升级换代来获得，而是靠消耗资源和扩大投资，尤其是房地产业的膨胀。

大家都知道，在城市化过程中，住房作为人的一生中最大宗的商品，同时又是多数国人最大的财富和不动产，在全国范围内爆发出了井喷式的需求，盖一座房子加上装修以及各种家电家具的配置产生的 GDP，哪里是日常生活的吃喝玩乐可以比拟的！所以，等工业化城市化完成以后，GDP 增长率便成倍地下降，这也是世界各国的普遍规律。但这并不等于那里的人们比我们更不自由幸福。

第三个历史背景是经济全球化给中国提供了广阔的国际市场。用外向型经济替代国内需求不足，是后发国家的普遍选择，但有一个巨大的区别是，你是用高能耗高污染低人权低工资低保障等高昂成本换取低利润，还是用低能耗低污染高工资高保障换取高利润？成功追赶技术前沿国家的欧洲后发国家，和及时实现制度变革、发挥后发优势，并在创新驱动方面取得一定进展的东亚新兴工业化国家和地区，走的是后一条道路。很可惜，"中国模式"走的是前一条道路。

第四个历史背景是习惯于计划经济时代低货币化生存的人们，刚开始进入市场经济时能够接受低工资低福利。中国模式的基本特点是低工资、低地价、低环境成本、低利率、低保障。刚开始从计划经济时代进入到市场经济时代的人们，虽然拿的是很低的市场工资，但再低也比他们在计划经济时代高。所以民众普通能够接受。但是过了一段时间以后，他们猛然发现，原来资本所得和政府的收入所得要比他们的劳动所得高得多。如果是井水不犯河水倒也罢了，问题是此时他们在计划经济时代名义上的国家保障已经全然瓦解，而巨额资本和政府各种收入所得已经从全方位提高了社会生活成本，反过来像一座座大山一样压得他们喘不过气来。因此，不管是他们明白了真相也好，还是现实的生活压力逼得他们被迫"自卫还击"也好，要求更高的工资回报、更高的土地和房屋价格、更高更公平的社会保障、更高的环境补偿和生命健康保护，都是"中国模式"发展到一定时期的必然结果。这种必然性，必将终结中国模式本身。

"中国模式"的显著特点是政府竞争代替了市场竞争

中国模式的显著特点是"地方间政府竞争"。省与省之间，市与市之间，县与县之间，以至更低层面的政府之间，都进行着通过改进本地投资和发展环境而争取外部资源、促进自身发展的竞争。有一级政府，就有一个竞争主体。它的本质就是权力＋市场，或者计划＋市场。

中国模式的基本特点或曰本质，就是政府成为市场要素价格的主要制定者，为了国际和国内竞争的需要，将土地、资源、环境、利率、劳动力、社会保障、劳动保护等全方位的要素资源全面压低，形成"低要素、低人权"的价格优势，换取一时的经济增长。它的基本力量支撑，就是政府，就是政府公司化，政府的一切目标，是"以经济建设为中心"，政府成为投资主体。发展到后期，则是以经济建设和"维稳"为中心。这个发展态势，已经很明显地看出，中国模式发展到后来，必然形成政府和百姓、公民权利和公共权力之间不可调和的尖锐矛盾，乃至于不得不通过"维稳"保障"以经济建设为中心"的"顺利进行"。

张五常教授用很清晰的经济学理论解释了中国模式的运行规律和逻辑，在他2005年写下的《中国的经济制度》里，他的一个重要观察是，中国很多地区的地方政府之间竞争非常激烈，尤其是长三角一带，其激烈程度在世界任何其他地方都很难见到。这种地方政府间的竞争采用的依然是一种价廉者胜的市价准则。

显然，它们是为地方经济增长而竞争，因为只有地方经济搞上去了，地方财政收入才会增加，同时，地方官员的政绩才会得到相应的提升。

经济学家张五常提到的一个要点是，在中国的地区间竞争中，经济发展水平相对落后以及位置较为偏远的地区也要与发达地区进行竞争，但税收在中央和地方的分成比不变，它们就缺少了一种竞争手段。

但是张五常发现，原来县可以将给投资者的土地价格变为负值！尽管分成比不变，地方政府之间缺乏一种市价准则而竞争不起来，但加进地价这一调整变量之后，地区间竞争所采用的就是一个典型的市价准则了。经验上看，地方政府不仅可以免费提供土地，也可能会免费为投资者建造厂房（俗称"交钥匙工程"），或者将投资者上缴的若干年税收再返还给投资者，等等。特别是，地方政府为了营造一个良好的投资环境，还会大力投资建设公路、公共绿地、电力设施等。与企业间竞争类似，地区间竞争采取的也是一种价廉者胜的市价准则。

由于这种市价准则被运作在全国2 860个县之间，因而这种竞争的程度以及广度可想而知。这样去看，在如今的中国大地，不仅有着我们通常所理解的运作在个人与个人、企业与企业之间的市价准则，而且还有一个运作在各个地区政府间的市价准则。这种地区间竞争不仅为中国经济注入了强大的活力，同时也带动了传统层面的人与人以及企业间的竞争。这种运作在地区间的市价准则在任何一个国度都不曾发生过，由此也就不难理解为什么中国有着如此快速的财富增长了。

综上所述，中国模式最简单明了的解释就是政府公司化。在政府公司化的背景下，地方政府为了招商引资，不仅可以将土地价格变为负数，也可以压低当地的环境、劳动力、社会保障、劳动保护价格，形成"廉价环境、廉价劳动力优势"，形成"以资为纲"的法律与政策环境，形成"政令出不了中南海，法律落不到大地上"的奇特发展格局。

中国模式的另一个特点是发改委主导了项目审批权，导致各地都"跑部钱进"纷纷去争项目。而发改委的背后其实还有更大领导的长官意志。这其实还是计划经济那一套。中国要实施真正的自由市场经济，我看先要撤销发改委。

政府竞争僭越甚至代替了企业主体之间的市场竞争，其结果是市场信号被严重扭曲，导致一些过剩行业被扶持，形成产能过剩；一些亟须发展的行业却有可能被打压。

著名经济学家吴敬琏在2012创新中国高峰论坛上演讲时说，过去政府总是把它认定的最好的企业扶着，叫做"慈父主义"。其实这是害了企业，第一是害了这个企业，第二是它对一个企业给予倾斜，其实就打击了其他的企业，也许你扶起来一个企业，但却扼杀了成千上万个企业。

中国模式的发展陷阱

过去三十年中国模式的核心，就是强政府、弱社会。政府职能以经济建设为中心，政府公司化，直接与民争利。经济结构以出口和政府投资、政府消费为主导，民间消费和创新无力。过去这些年，经济学的主流的确是更多地注重了效率而忽视了公平；更多地关注了经济数字的增长而忽视了能源的过度消耗以及环境的污染与破坏；更多地关注了增长而忽视了包括产权在内的各项公民权利；更多地关注了经济总量的增长而忽视了百姓的幸福冷暖。北京工商大学教授、博士生导师胡俞越说：GDP 这东西，对于中央来说，是绩；对于地方来说，是地；对于老百姓来说，是屁；GDP有了新翻译：绩地屁。

以各级政府主导经济发展方向为特征的中国模式，只要政府下定决心，速度就很快，比如拆迁速度就比印度快得多，但它破坏的速度也很快，它的陷阱也非常多。

一是土地、能源、金融、劳动力、环境等资源要素价格全面扭曲，导致资源错配和结构失衡。比如，要素市场扭曲促成了"虚高"的出口竞争力和过高比重的资源消耗产业。

二是政府掌握了极大的社会资源，而且这些社会资源又可以通过市场变现，导致官员短期行为取代经济长期行为，公权私有化严重。新加坡国立大学东亚研究所所长郑永年在《中国权力交接班面临的挑战》一文中指出："从中央到地方，越来越多的领导人缺乏国家和社会的长远利益规划，做什么事情都是围绕自己任期内的利益。地方更是这样，他们对地方的长远利益根本没有兴趣，只为了自己的政绩而搞出很多政绩工程，大量浪费资源，很多地方，几代人的资源一代就消耗完了。"

三是国富民贫官富民贫的格局固化。《人民日报》2012 年 11 月 4 日一篇文章称，2002 年到 2011 年，城镇居民人均可支配收入、农村居民人均纯收入均增长 1.8 倍；此 10 年间，央企资产总额从 7.13 万亿元增至 28 万亿元，增长 2.9 倍。GDP 从 10 多万亿元，到接近 50 万亿元大关，增长 4 倍。文章没有说的是，大部分人的平均收入"被增长"了。同时，比居民收入增长更快的是财政收入增长和物价上涨。2002 年，全国财政收入 18 904 亿元（其中中央财政收入 10 389 亿元），2011 年全国财政收入 103 740 亿，十年增长 4.49 倍；即使 2012 年遭遇全国性的经济不景气，但财政收入仍然上涨。2012 年 7 月 15 日消息，财政部 7 月 13 日宣布，2012 年上半年全国财政收入达到 63 795 亿元。这一数字是 2002 年全年全国财政收入的 3 倍多。2002 年全国平均商品房价 2 130 元/平方米，2011 年是 5 381 元/平方米，十年上涨 1.53 倍——而且计算房价上涨要考虑房子越到后来越远离中心城区的因素，因此同类房屋实际上涨至少在 3 倍以上。经济增长到底是为谁增长、谁的增长？不言而喻，数字最直观。

四是环境污染和破坏的当代和代际成本都由普通百姓承担。

五是计划经济的"慈父主义"破坏竞争与创新，这个上面部分已经提到。

六是出口导向导致的国内通胀越来越严重，成为老百姓巨大的负担。这一切导致现有模式下中国经济增长的正面效应越来越低，负面作用越来越大。也就是边际效用迅速递减而边际成本迅速升高。正如中欧国际工商学院经济学家许小年所说："中国早已进入收益递减规律效应明显的阶段。中国投资的规模越来越大，但是投资所带来的增长却越来越少。"也正如经济学家吴敬琏所说：

改革开放以后，我们用出口和投资需求来弥补内需不足、消费需求不足。这样一种办法在一段时间里面取得了效果，特别是在 1994 年的外汇改革以后。但是到了本世纪的初期，这个起弥补作用的出口导向政策所造成的问题，也变得越来越明显。它正面的作用在消退，而负面的作用在积累，于是在近年来这个问题就变得越来越突出了，不管从微观经济方面，还是在宏观经济方面，所积累的问题就变成了我们进一步发展的一个强大的阻力，比如资源的耗尽，生态环境的破坏，一直到投资率不断的上升。

政府主导型经济导致周期性经济震荡。在传统政治经济学理论中，周期性经济波动一直被认为是资本主义经济危机的典型特征，并且决定着资本主义必然灭亡的命运。事实上，以政府为主导而不是以市场为主导的经济体系，由于大量要素资源价格被政府的强力人为扭曲，经济波动更频繁。改革开放以来，经济增长周期与政府换届一直保持着明显的相关性，不惜代价的高投入、高消耗、高污染、低效率、不协调的增长方式，带来的是经济的无效和频繁调整。

过去30多年的经济高增长基本上是靠投资拉动尤其是政府的投资拉动，其中充斥着被一些学者称为"腐败型投资"的政府投资项目。所谓腐败型投资，指的是投资不是按照经济规律来办事，不考虑投入产出比，投资目的不是为了增值，不是为了税收和百姓福利增加，而是为了官僚小集团乃至个人政绩服务。这也就是老百姓所谓的"政绩工程"。根据世界银行估计，"七五"到"九五"期间，中国投资决策失误率在30%左右，资金浪费损失大约在4 000亿到5 000亿元。以"国际化大都市热"为例，目前中国的600多个城市中，竟有183个城市提出要建国际化大都市。

各种政府投资都有可能明里为官员捞取政绩暗里为官员中饱私囊铺平道路，形成典型的权贵资本主义，导致财富迅速向权贵资本集中。

政府主导型经济在一些地方已经变成了典型的双向掠夺型经济：一方面是掠夺自然和资源，大量圈地却抛荒无数，或者留下半拉子工程，或者工厂竣工之时即是其停工之日，土地价值无法得到充分挖掘和利用；另一方面则是对普通百姓的掠夺。野蛮征地、野蛮拆迁业已成为基层官民的最主要矛盾。

我们现实中的市场，是被政府的力量强力渗透的市场，是一个诸侯割据的市场。在这样的市场中，市场的主体发生了扭曲、市场的价格发生了异化、市场的机制已经部分或完全失灵，最后必然导致某种程度上的"权力路径依赖"，即：权力造成的问题不可能通过市场手段来解决，而只能依赖更高一级的权力来解决。

真正的市场配置资源的机制没有确立，地方政府对微观经济的插手可谓易如反掌。在这种情况下，权力对微观经济的干预就如吸鸦片一样上瘾。土地可以低价、无偿甚至负值转让，企业的投资相当部分最后可以通过地方政府"命令"国有银行贷款来获得，企业实际上是在借鸡生蛋。瘦死的母鸡肥硕的蛋，生的蛋是企业自己的，母鸡却是社会公众和中央政府。所谓的市场主体和市场价格，其实都是被严重扭曲的。根本不能反映市场的本真状态。

但是，市场的最终作用总是要发挥出来，这只是一个迟早的问题。一旦产业链的高端（消费端）发生"崩盘"，整个产业链的全面崩溃就在一瞬之间，谁也逃不出"一哄而上，一哄而散"、"其兴也勃焉、其亡也忽焉"的命运。而最后为此收拾残局、承担风险的，不是"市场主体"，而是全体国民和中央政府——那些被从银行借钱的"债主"。这样的"市场投资主体"和地方政府，怎么可能通过市场的力量扼制其投资、逐利的冲动呢？

"通胀—治理整顿—再通胀—再治理整顿"实际上是政府主导型经济自身不可避免的恶性循环，而权力主宰市场导致的"权力路径依赖"，又进一步反过来扼杀市场主体的培育和市场机制的完善。20世纪八九十年代以来，一直都有过热倾向发生，从80年代各地竞相上马彩电、冰箱等家电制造业，到90年代汽车、钢铁成为投资热点，再到2000年开始直到现在的以电子信息、新材料、生物医药工程为代表的"高新"项目成为各地竞相争夺的焦点和招商引资的重点，再到今天的钢铁、电解铝、水泥三大行业的投资热和房地产热。产业不断"升级"。接下来是高铁和光伏产业。

周而复始的经济震荡已经一次又一次地呼唤：政府应该退出市场，否则周期性经济波动无药可治。

政府主导型经济只讲投入不论产出。所有的投资都要讲资本回报，唯独政府投资例外。因为花别人的钱不心疼，花别人的钱做自己的事最不心疼。高铁投资就是这方面的典型。为了短期政绩，借着中国人多地大，开创了世界历史上高铁大跃进的"奇迹"，2008年的4万亿元投资刺激，相当一大部分直接用在了高铁建设上。但是结果如何？大家都看到了，高铁技术像扶不起的阿斗，一个闪电就让它车毁人亡；铁道部门的腐败却层出不穷，从铁道部副总工程师张曙光，到原铁道部长刘志军，腐败级别动不动就百亿元计。很多人只看到高铁后面的安全事故，像2011年7月23日一样惊天动地，但更加无声无息也更加惊心动魄的，是不少高铁因为价格太高空荡荡没人坐，是全铁路系统连年亏损，但全国人民已经为它背上了至少2.3万亿元人民币以上的债务，仅此一项，13亿中国人平均每人为它背了1 770元的债务，而且这个债务还会随着一些高铁工程的上马以及利息的增加而不断增加。

互联网、城市化、高速铁路将深刻改变中国，这点毫无疑问。但是今天的我们对高铁建设不计成本地大干快上，同时又不考虑乘客的实际需求与承受能力，形成既不对投资者（实际上是全体纳税人）负责、又不对消费者负责的畸形怪圈。

俗话说：花别人的钱最不心疼。不少政府投资都是这样乱套的：用的是纳税人的钱，不惜成本和代价，甚至大幅度提高成本和代价（因为腐败成本也要计入其中），却既不用考虑投资风险，也不用考虑公共服务。市场招标通常是价廉物美者得，而政府招标却基本上都是价高者得。这种情形下的大量政府投资，事实上变成了少数人名利双收的"面子工程"和少数利益集团的"腐败型投资"，甚至是为投资而投资，一切只为了创造腐败机会。铁道部一部挂名张艺谋导演的五分钟的宣传片，业内人士认为十几万元就可以制作成功，却花了1 850万元天价。据参与宣传片拍摄内部人士透露，除张艺谋收取250万元酬劳（税后）外，该宣传片实际制作费（含税）也就六七百万，剩余700余万元被拿了回扣。

这么一看，该宣传片的总费用里，第一是回扣，第二是税，第三是张艺谋的片酬，第四才是制作费。你可以想象，在一些政府投资中，腐败的成本有多高。而腐败的程度，只能用"疯狂"二字来形容。

少数人摄取经济成果，多数人为环境和通胀买单。政府主导的经济一定是少数人主导的经济，这种经济形式一定会导致决策收益少数化、决策成本外部化，进而导致少数人摄取经济成果多数人承担改革和发展成本。中国模式的最终体现，就是少数人摄取经济成果多数人为环境和通胀买单。

不顾一切求发展，人人追求短期利益，导致中国社会阶层的分裂：上层在刮地三尺的掠夺性发展中杀鸡取卵式地榨取社会剩余价值，然后快速逃离；中层在通货膨胀中不断向下坠落；下层和子孙后代则被迫陷于自然环境和人心败坏的恶劣环境中苟延残喘。整个社会缺乏凝聚力与社会共识，离心离德、环境破坏、道德沦丧。社会底层不仅要承担低工资低福利低保障的成本，还要承担环境污染和破坏的隐形成本。而且，空气污染、水污染、土地污染的最终成本也要由全民共同承担，它由此导致的食品安全问题是整个国家和民族不堪承受之重。上层社会固然可以通过进口食品部分解决食品安全问题，但中下层社会显然不具备相应的支付能力。

中国模式长期的投资拉动和出口导向，也带来了全社会的通货膨胀问题。吴敬琏在2012创新中国高峰论坛上演讲时说，我们用来矫正内需不足的出口导向政策，一方面它的效益在衰退，另一方面它的负面影响变得越来越严重了。它最重要的影响就是外汇存底越来越多了，它在宏观经济上造成的影响就是货币超发。现在我们有 3.5 万亿美元的国家外汇储备，这是用 25 万亿元的中央银行货币买来的。而中央银行货币是一种高能货币，在中国，中央银行货币的货币乘数大概是 4 左右，这就意味着为 3.5 万亿美元的外汇储备创造的货币购买力大概是 100 万亿元人民币左右。这 100 万亿元人民币开始时表现在我们资金充裕，可是它经过一段时间的滞后期，就表现为资产价格、房地产价格飞涨，持续一段时间之后就表现为通货膨胀显现。

经济高增长的背后可能是财富零增长甚至负增长。经济增长和财富增长是两个完全不同的概念，这一点很多人不加区分。在经济活动中，财富增长和财富转移都可以体现为 GDP 的高增长，甚至很多时候，财富净损失也可以体现为 GDP 的高增长，比如环境污染和破坏，比如拆房子。

中国模式的两大典型特征，一是各级政府自己挖坑自己填，大建楼堂馆所、大搞基础建设投资、大搞开发区和新城建设，而不管其实际是否需要。目的是小集团有利益而且 GDP 非常好看。但这个过程很多时候不是在创造财富，而是在转移财富。中国建设银行董事长郭树清 2010 年接受《财经》记者专访时认为，全国城市规划和建设随意性很大，相当一大部分 GDP 靠拆迁。他用了一个新词，叫"拆毁性建设"。这种由马路反复修、房屋不断拆等创造的增加值，都要计入建筑业，计入 GDP，但实际财富和国民福利并没有增加。

中国模式的另一大典型特征，是在各地方政府纷纷不惜代价降低辖区内土地、环境、劳动力、劳动保护、社会保障等要素资源招商引资的"自我作践型竞争"中，少数人享受发展成果，多数人承担改革成本，眼前的经济增长目标代替了整体和长远的社会发展目标；地方官员的短期政绩凌驾于民众利益之上，导致经济发展以牺牲环境和公民健康、福利为代价，以牺牲公平正义为代价，成为"悲惨式增长"的典型注脚。悲惨增长是指当一国偏向出口的生产要素的增长而使产品出口增加时，不但没有带来该国的出口收入和福利水平提高，反而是降低了。中国模式越发展到后期，越是掉入"悲惨式增长"的陷阱而不能自拔。

中国经济增长的成就是在社会、资源和环境方面付出巨大代价的条件下取得的，这种模式今后是无法继续下去的。光看物质产品生产、固定资产投资、金融资产积累，中国确实在高速发展，但其他方面与发达国家的差距可能还没有缩小，生态环境、人力资本建设和创新能力培养等方面更是严重透支。中国有 3.5 万亿美元的外汇储备。但如果要恢复到欧美国家那样的生态环境，可能要花费超过这个数额十倍的代价。

诚如郭树清所言，除制度安排，现代经济增长有六个决定性要素，其中，资本、劳动力和土地等因素对中国经济规模扩展影响不大，但另外三个更具有决定性作用的要素——人力资本、知识积累和生态财富与发达国家的差距非常大。

中国模式不可持续。中国模式是一种以经济增长为中心目标的、以各级党委和政府一把手的威权体制为核心的、少数官员和权力资本阶层决策的经济增长模式。这种模式决策成本很低，决策效率很高，一定时期内发展效率也很高。但是很快，它的执行成本和发展代价也越来越大，并最终背离经济发展的根本目的——为了人获得更大的自由和幸福、为了人更好地发展；也会最终失去经济和社会发展的根本依靠——自由而富有创造力的人，以及和谐美好的自然环境。不仅经济增长难以持续，而且连经济增长的合法性、合理性都受到严峻挑战。成也萧何，败也萧何。它的生命力是不会长久持续的。因此，对中国模式的拥护者也不必为此沾沾自喜，以为自己找到了人类发展的光明大道；对中国模式的反对者也不必忧心忡忡，担心它真的会成为一种模式千秋万代并且向外推广。

经济问题的根本问题是产权制度问题（国家的起源就是为了保护私有财产）和在此基础上的公平交易与利益选择。民主说到底也是一种利益选择，一种利益妥协，一种用最小代价换取全社会最大收益和福利的共赢机制。在非民主机制里，一些人和利益集团的利益最大化往往以损害多数人的利益为前提和代价，这样的暴富往往来得特别快，去得也特别快。而在民主的机制里，任何人的利益都必须以不损害他人的利益为前提条件，这样就能最大限度地保护每个人的自由、权利和利益，保护每个人的创造性和积极性，保证社会的长治久安平稳发展。1998 年诺贝尔经济学奖得主阿玛蒂亚·森曾经写下《民主的价值观放之四海而皆准》。他指出，我们应该吸取一个重要教训，即许多经济技术官僚主张使用市场经济提供的经济激励机制，但却忽视了由民主政治所保证的政治激励机制。

更有论者认为，民主是低效率的。这种观点认为，公共政策的决策成本与参与决策的人数成正比，参与决策的人越少，成本越低，当公共政策由一个人决策时，成本最小。只有那些非常简单的事情，也就是社会可以承担巨大决策成本的事情，才可以实行最广泛的民主。如果是这样，那么在人类社会里，民主是没有希望的。事实上，在过去几十年政府间的竞争中，很多时候的确是由县一级的一把手们"一言兴邦"的。

事实上，美国政治经济学家詹姆斯·布坎南早在1962年就解决了这个问题。他和另外一个合作伙伴的研究结果表明，一项公共政策的制定不仅仅涉及决策本身的成本，而且涉及外部成本，也就是说决策者本人可能对不参与决策的人强加的成本。

他们认为，一项公共政策的外部成本与参与决策的人数成反比。参与决策的人越少，其外部成本就越大，当只有一个人作出决策时，其外部成本就最大。这时决策者可以把决策所引起的所有成本强加给外部人，而尽可能把收益留给自己。随着参与决策的人数的增加，外部成本会越来越小，因为每增加一个决策者，就多增加一个人来利用参与的权力制止对自己不利的决策（当然在现实生活中有些地方官员们各自在潜规则中划定各自的"势力范围"）。当所有的人都参加决策时，一项公共决策的外部成本也达到了最小化即零，因为每一个人都有权否定对自己不利的决策。

把决策的内外部成本两个分析结合起来，就会找到一个妥协的均衡点，即决策的成本与外部成本相等的点，这一均衡点就是民主范畴的均衡点。

当然，由于各类公共政策的属性不同，均衡点也各有千秋。比如紧急突发事件，因为时间上耽误不起，这时决策就倾向于集权；而在对全社会和个人有较大影响的事情上，公民的民主参与就显得重要，没有民主，社会为此付出的成本就大。结论是：必须通过宪法限制政府机构行使权力。布坎南后来于1986年获诺贝尔经济学奖，跟他的这一成果关系极大。

从布坎南的研究成果反思过去三十多年的中国模式，我们可以清晰地看到生态环境恶化和基层维稳压力越来越大的根源。

沉湎于"中国模式"将使中国被甩出第三次世界工业革命

当我们津津乐道于所谓"中国模式"，并且还想固化这个体制的时候，世界已经在静悄悄地发生着翻天覆地的革命性变化。

最近，英国最负盛名的经济学杂志《经济学人》刊登了一系列讨论

"第三次工业革命"的文章。文中断言，第三次工业革命对中国这样的制造业大国来说有着相当大的负面影响。有人甚至预言，"中国崛起"有可能被第三次工业革命所终结。

与我们一般对工业革命的划分不同，《经济学人》文章中所指的头两次工业革命是18世纪后半叶以英国纺织机械化为标志的第一次工业革命和以20世纪初福特汽车公司大规模生产流水线诞生为标志的第二次工业革命。

而第三次工业革命则是指以数字化制造及新型材料应用为代表的一个崭新的时代。近年来，信息网络的发展已经深入到生产、生活的每一个环节。而高技术合成材料如碳纤维、石墨烯、纳米等各种新型材料层出不穷。这种数字化制造最具标志性的新生产工具是"3D打印机"，又称"堆砌加工机"。它像打印机一样，一层层地把新型合成材料直接"印"出，或说是"堆砌"出一个产品来。这种模式将会取代传统的车、钳、刨、铣，颠覆性地改变制造业的生产方式。据说，波音公司的飞机中有2万多个零件就是通过这项技术生产出来的。它无需用传统的流水线大规模生产，只要通过电脑给出一个设计，3D打印机就可以按照指令"印"出产品来，成本也不高。这一革命将使生产走出大批量制造的时代，取而代之的是小规模地生产少量但多样化的产品。还有人认为经济和社会变革总是来自新能源与新通信方式的交汇。他们把新能源和互联网之间的结合看成是第三次工业革命的标志，提出了能源互联网的新概念。

这场新工业革命有两大特点：一是直接从事生产的劳动力会不断地快速下降，劳动力成本占总成本的比例会越来越小；二是新生产工艺能满足个性化、定制化的各种需求，要求生产者要贴近消费者与消费市场。这两大特点都会使传统的以廉价劳动力取胜的制造业发生根本性变化。一种可能的趋势是，过去为追逐低劳动力成本转移到发展中国家的资本，会很快移回发达国家中去。最近一些调查显示，已有近40%的美国企业准备把工厂从中国迁回美国。这种把"外包"给发展中国家的产品，又"内包"回发达国家的企业是第三次工业革命的新趋势。

无怪乎最近很多国外媒体又开始利用这一趋势唱衰中国。他们认为，作为全球制造中心的中国将是这一场新工业革命的最大受害者。随着劳动力短缺的出现，国内的劳动力成本不断上升，中国制造在传统的工业领域已经越来越不具竞争力。而在新兴的领域中，由于大量外资企业要迁回本国，这将使中国制造处于十分困难的境地。

国务院参事、当年大学扩招的"始作俑者"、友成企业家基金会副秘书长汤敏为此写了一篇《中国如何才能不被甩出第三次工业革命？》的文章，他认为：

18 世纪晚期开始的第一次工业革命时期，中国正处于康乾盛世后期，GDP 稳居世界第一。闭关锁国的中国那时没有赶上工业革命的班车，被远远地甩在后面，直到 1840 年后才感到被甩的痛苦。1913 年，以福特汽车公司开发的大规模生产流水线为标志的第二次工业革命兴起。而那时我们正在推翻清朝统治，忙着"你方唱罢我登场"，又被这场工业革命甩下。落在后面的中国，上百年就不断地挨打，差点被开除球籍。那么，我们如何才能不像一些人所预言的那样，在第三次工业革命到来时再次被甩出呢？

首先是要抓教育。新的工业革命需要大批的创新型人才。而当前以应试为主的教育方式真的不能适应这样的需求。当务之急是，如何才能改造出一批、创建出一批能够适应第三次工业革命的有全新机制的教育机构来。我们有一批人正在研究如何利用最新机制与技术手段，以更大的规模、更新的模式、更快的速度为更多的年轻人创造出好的教育环境来。最近以美国"可汗学院"为代表的网络远程教育 2.0 正在悄悄兴起。这种教育方式有三大特点：一是教育游戏化，以青少年更能接受的方法改造教育模式；二是实行真正的因材施教，视频教育不受时间、空间限制，不同的学生可以有不同的学习内容和学习进度；三是称之为"颠覆式课堂"（Flipped Classroom）教学法。一反传统的学生在校上课、回家做功课的方式，在新型的远程教育下，学生在家看视频课程，到学校与老师和同伴开展讨论，完成作业。这种以低成本、高水平、重实效为特点来提供多样化的课程方式，是未来教育发展的方向。试想一下，如果我国有数间这样的大学，他们能找到世界上最好的老师来提供世界上最新、最好的各种课程，再用远程的方式，把这样的课开到全国各个学校中，同时把这些课程提供给任何愿意继续学习的社会人士。这样，我们可以不局限于一地、一校，甚至是一国的教育体制与教师水平的限制，就能较快地大规模地培养出新型的人才。

第二是要有更好的创新、创业环境。不断创新是推动第三次工业革命的原动力。目前各地都提出了要建立创新型社会。然而，没有创业的创新是无本之木，只能是多几篇论文，多几个科技成果奖而已。相对发达国家来说，我国的创业环境还较差。从对青年人的普及创业教育，到国家政策对创业的支持，以及社会对创业失败的宽容度都很不够。

第三是政府角色的变化。在新工业革命到来的时候，政府要及时转变角色，否则很容易好心干坏事，在不知不觉中阻碍了企业的转型。在工业革命中企业将会有一个大浪淘沙的过程。一大批传统的企业、传统的行业要被淘汰。有死才有生。而政府的第一反应往往是去保护现有的产业和公司。政府会向旧工厂提供补贴，竭力挽回濒临死亡的传统行业。在我国，政府特别有可能会去帮助那些与政府有着千丝万缕联系的落后国有企业和近期内能提供很多税收的旧行业，结果反而是人为地阻碍了企业的更新和社会的进步。追求增长速度，热衷于规模的粗放式的增长模式，正好与小型化、个体化、多样化的新工业趋势相悖。对于新兴行业，政府习惯于直接选择赢家，大量的财政资金用于支持他们认为是好的新技术。

教育这一块我们不谈，但现有"中国模式"下的国富民贫、行政垄断和政府角色错位，实际上就是创新型社会的根本阻碍。

首先是政府在做强做大的短视之下，保护了大量专门靠资源和垄断利润吃饭的垄断企业，他们既制约了创新也制约了下游企业的成长和壮大。其次是国富民贫和政府掌握绝大多数市场资源的管理模式，给了政府官员极大的寻租空间，严重窒息了全社会的创业和创新精神。一个最典型的反映是国家公务员考试越来越热，已经成为名副其实的"中国第一考"。

很长一段时间以来，国家公务员考试总是人潮汹涌。国家统计局在重庆合川一个普通职位，吸引了9 470名考生前来报名，而前几年，最热职位都是在中央一级部门产生，且最多也不过四千多人去争一个岗位。有记者去合川进行了实地走访，结果发现，这个差事算是不折不扣的"苦差"——可能从事各种调查分析，每月下乡数次，而月收入也就2 000多元。腾讯网的"今日话题"做了个《万人争当月薪两千公务员的奥秘》专题，发现除了应届毕业生持续热衷于国家公务员考试，已经工作多年的社会人也对公职追求狂热。专题后面搞了个小调查：你认为公务员热主要原因在于以下哪个? 85%的人选择"有权有油水"，15%的选择"稳定和安全感"。

为什么万人争抢"苦差公务员",秘密已经昭然若揭!公务员热说明在我国:从事创造性劳动的人们,个人所获取的价值远不如从事分配性劳动的人;政府极大地掌握了社会上绝大多数财富和资源;是政府角色的错位。

一个国资委牢牢保护着央企的垄断地位,与民争利,窒息民间活力。一个发改委牢牢掌握着全国的产业政策和方向,仿佛有一个无所不能的神掌管着中国企业家的命脉和精神。北大教授周其仁有句话也说得非常精辟,而且通俗易懂。他说:为什么政府的能力是有限的?原因是我们在探索未知,政府没有这个能力知道未来会向什么方向发展。所以政府要去指定一个产业发展方向,指定一个技术路线,失败的概率几乎是百分之百,唯一的办法就是放手让千家万户的企业,让千百万人去探索。探索中失败的概率是很大的,但是因为你是千千万万的企业和个人在那儿探索,总有一部分人成功,它的成功就能够带动我们整个产业、整个国家走向一个成功的道路。

以自由看中国发展

今天的课程,主要分析了中国主流经济学界历来推崇的所谓"中国模式"的种种弊端,这个所谓的"中国模式"一度被中国主流经济学界捧为中国改革开放以来经济增长的奇迹,甚至说用西方经济学原理难以解释。如果它真是什么值得推广的模式,我想诺贝尔经济学奖和诺贝尔和平奖毫无疑问非中国人莫属了!

我们已经通过分析,认为它并没有什么独特之处,不过是几乎所有后发国家都有可能的一条道路。这条道路并非自始至终都一无是处,但是发展到后来,边际成本越来越高,边际效用越来越低,到今天,已经到了非改不可的地步。

当然,平心而论,就是中国最普通最底层的老百姓,和改革开放前相比,现在的日子确实要比原来过得好,甚至好得多。这又怎么解释?我的解释很简单:一是即使相对财富减少了,但大家的绝对财富还是大幅度增加了,每个人"自我游刃"的空间还是增大了;二是很多人虽然还不富裕,但是由于社会自由度的增加,比如择业自由和流动自由,每个人的机会还是增加了许多,机会就是预期,人们对未来的预期增加,幸福感自然也会增加。

从积极的角度看，改革开放以来，中国经济快速增长没有秘密可言，正如经济学家陈志武先生所言，它逃不出两个基本主线：一是市场经济主线使老百姓有了更大的自由选择；二是1990年开始尤其是1998年以来的资本化主线，将"死"的财富、土地、资源和未来收入，通过各种资本化手段调动起来，由此增加了创业资本，创造了就业机会，强化了财富再创造能力。

陈志武先生这一观点与诺贝尔经济学奖得主阿马蒂亚·森的看法以及《资本的秘密》作者赫尔南多·德·索托的观点互相印证。阿马蒂亚·森认为，衡量经济成就的标准应该从效率标准转向自由标准。德·索托也认为，穷国和穷人之所以穷，不是没有财富，而是其大量土地、房屋等财富由于产权模糊，无法成为可以进入市场流通的"资本"，进而严重影响了交易和财富再生。用今天时髦的话说，是有财产而没有"财产性收入"。德·索托领导的秘鲁自由与民主学会被《经济学人》列为世界上两个最重要的"智囊团"之一，其个人被《时代》和《福布斯》杂志称为世界上最具号召力的改革家之一。

今天的中国，也必须回到"以自由看待发展"的基点上，以尊重财产自由、人身自由和创造自由为发展的根本依托。改革开放30多年，中国的成就来自市场经济，归根结底是来自现代产权和人员流动制度下人和市场的解放。但过去几十年，我们只解放了极小部分的市场和资本，因为占全国土地和房屋三分之二以上的农地、农房没有自由产权，不能进入现代金融体系和自由交易体系，一方面导致农业不断碎片化原子化，另一方面导致边远地区农民土地、房屋财富不断贬值，无法变成进城创业的原始资本。而产权不明晰、不自由，导致乡以上政府机构可以肆意侵犯农民土地和房屋权益。

马克思说，每个人的自由发展是全人类自由发展的前提条件。这里的自由，就必须从人身自由和财产自由开始。今天的中国，财产自由、人身自由和民主一样紧迫，这些基础自由和选择领导人的权利、民主决策的权利一样迫切。否则，就像十多年来的乡村民主自治，没有财产自由和人身自由（迁徙自由）奠基，犹似空中楼阁，几十年几乎都在原地踏步，甚至在城市化进程中因为利益越来越巨大，对公民的财产乃至生命的侵犯也越来越恶劣。

告别"中国模式"，融入世界潮流

伴随着高速增长的经济陡然减速，伴随着中国社会的各种矛盾越来越尖锐甚至进入临界点，人们的不满情绪不仅没有随生活条件的改善而减少，反而有所上升。与此同时，中国模式论和改革失败论双雄并起。"中国模式论"者认为，中国的经济奇迹来自独特的"中国模式"，其基本特点是强大的政府干预和国有经济主导，完全不同于英美等西方发达国家和"华盛顿共识"所主张的自由竞争和私有企业制度。"改革失败论"者认为，中国当前的社会不公、社会矛盾都是市场化导致的，是企业家造成的，30多年市场化的改革政策基本上是错的，中国必须回到政府完全计划主导的道路上。"中国模式论"得到一些国内学者特别是御用学者和政府官员的信奉和追捧。"改革失败论"主要是国内一些左派学者的主张，在普通大众中也有相当多的拥趸，在民粹派学者和官员中有相当大的市场，甚至得到个别相当级别的政府官员的认同。

表面上看，"改革失败论"是对"中国模式论"的否定。但是，正如张维迎教授所言：这两种思潮看起来不同，但骨子里的本质却是一样的：都是迷信政府的力量，不相信市场的逻辑；迷信政治家的高瞻远瞩，不相信企业家的深谋远虑；迷信权威，不相信自由；迷信"国情"和"特色"，不承认普世价值。他们都反对真正的自由市场化导向的改革。二者的不同在于："改革失败论"者从否定过去的市场化改革开始，主张回到计划经济时代，甚至回到"文革"时代，由政府主导资源配置和收入分配，消灭私人企业家，由国有企业统治经济，或许外加一点空想的大众的"直接民主参与"；"中国模式论"者否定的是未来的市场化和民主化改革，主张固化现有体制和权力结构，依靠产业政策领导发展，用国有企业主导经济。

这两条道路，都是中国的死路！回到计划经济甚至"文革"，只会有共同贫穷而不会有共同富裕，而且，那种贫穷还同时意味着人身自由和安全的彻底消失。因为那样的制度和环境，容不得有任何不满与反抗。固守"中国模式论"，只会导致贫富差距继续拉大，阶层仇恨和矛盾加剧，人人都没有安全感，使整个中国在环境、道德与人心破坏中人人自危。

未来中国，只有真正实行自由市场经济，从价值观和经济、政治、文化等各项制度安排上全面与世界接轨，中国才有真正的崛起和未来。

清华大学教授、著名学者秦晖认为，中国要崛起，中国模式不能崛起。现在我们政府一年花的钱已经相当于3.7亿城镇居民、12.3亿农民一年花的钱。政府财政税收约等于民间可支配收入总额的一半。中国如按照目前的模式一直维持"低人权优势"下的发展，实际上也就是以自我剥削的方式成为别人透支的对象。中国应该改变，无论是自由还是福利都得向人家学习。政治自由的意义自不待言，经济自由也还要增加，要反垄断，改变"国进民退"的做法。不要以为这是什么了不得的思想解放。大家忘了这其实是中国共产党的老主张。1949年以前共产党把那时的国有资产叫"官僚资本"，而私营企业叫做"民族资本"。"官僚资本"被列为罪恶的"三座大山"之一，而那时的"国进民退"被共产党叫做"官僚资本摧残民族资本"。所以让"民族资本摆脱官僚资本的摧残"其实也不是什么"新自由主义"的专利。

告别"中国模式"，融入世界潮流，中国的改革前景依然巨大，因为有很多"后发优势"没有发挥出来，迫切需要通过制度改革解放未释放的社会能量。过去三十多年，以政府为主体尚且释放了如此巨大的能量，以公司和个人为主体释放的能量将会更大。

从自然界到人类社会，世界的发展有它自己的客观规律，不以任何人的意志为转移，也不因制度的不同而不同。规律即真理，任何个人、党派、团体和制度，都不可能改变规律和真理本身。只要是人类的一分子，任何国家和地区都没有什么特殊性，充其量只是发展阶段的不同而已。

中国应该排除一切意识形态干扰，什么东方西方，什么姓资姓社，什么国有私有，一切都要落实到有利于社会公平、正义与进步的制度建设上。只有去意识形态化，才能真正深入地研究规律和对策，从中央到地方，告别短期政绩思维，抛弃意识形态框框，认真研究和分析社会发展的本质规律，"为天地立心，为生民立命，为万世开太平。"这样做，才能居安思危，改革才能深入彻底切中要害，国家未来也才会更加繁荣兴旺安定和谐。

2012 年 11 月 11 日

第九讲
展望"十八大"后的中国改革

2012，是当代中国一个特殊的年份，是一个惊心动魄、跌宕起伏的年份。这一年发生了很多事：重庆王立军事件、保钓游行中的打砸抢烧事件，这两个事件的处理稍有不慎，中国就有可能堕入万劫不复的深渊。当然还有一个大事件，就是中国共产党"十八大"换届选举的顺利进行。

若干年后，如果我们再来回顾2012，同学们再来回想我今天在这里说的话，可能会更加清楚地知道，2012这个玛雅预言中世界末日的年份，对中国来说却有可能是其真正现代性的开端。在这个现代中国的黎明之前，很多人看不清方向，很多人不知道未来会怎样。

中共"十八大"透露的改革玄机

经过三十多年改革开放，中国又重新站在了命运的十字路口。本届政府是否能有效利用改革开放的成果，继续推进更深层次、更符合规律和价值需要的改革，决定着中国未来三十年乃至更长时间的命运，也决定着操盘手自己的命运。

我对中国的未来持谨慎乐观态度。我期待并相信"十八大"以后的新一届领导人有望把中国带进自由、和平、富强的国度，并因此获得诺贝尔和平奖。中国从什么时候开始真正站起来？我的看法是快则三五年慢则十内年应有大变革。但这个变革是循序渐进的，绝不会一夜变成艳阳天。

中国不会止步不前直至崩盘。一股强烈的危机感早已在从上到下的中国社会弥漫，尤其是在精英阶层里。不管是政界、企业界，还是普通百姓那里，不管是政府还是民间，举凡仁人志士，无不子归啼血呼唤改良。

代表承前启后两任总书记意见的十八大报告对此同样有呼应："当前，世情、国情、党情继续发生深刻变化，我们面临的发展机遇和风险挑战前所未有。""一些领域道德失范，诚信缺失"……说明中国领导人对当前的国内形势有清醒的认识，对于高风险是有强烈危机感的。

改革的最大障碍是在具体的路径和方法上缺乏共识。改革时不我待，这个判断估计上下左右一心；改革的方向，则左中右各成 N 派；落实到改革的具体路径和方法，我相信左中右各自只要有五个人就会争论得一塌糊涂，乱成一团，怎么吵都吵不出共识！

这就是今天的中国！问题已经积重难返，改革已经迫在眉睫，但朝野上下，都分不清什么措施是在改革，什么措施会是造成整个体制瞬间崩塌的最后一根稻草。

"十八大"前夕，《人民网》连续发文谈到政改，其中一篇《人民日报》文章说，迟迟未政改是因为理论准备不足，非惧怕民主，没有科学理论作指导，就不能保证正确的改革路径。这话自然召来很多讥讽，有人说这其实是在为拒绝改革找个台阶。另一方面却也说明，中共已经把政改提到了议事日程。

但平心而论，决策者有时的确有可能处在"当局者迷"的状态。他们周围遍布马屁精，有时真知真言水泼不进风吹不进。而长久以来的意识形态挂帅，谎言千遍成真理。首先是蒙蔽、遮住了很多真知真理，接着是蒙蔽了百姓也蒙蔽了他们自己。每个人都是受害者，始作俑者也不例外！

回头看，我们的理论从来不缺，从毛思想、邓理论到江代表再到科学发展观，我们不缺理论，缺的是理论的自由辩论和对规律本身的尊重。意识形态挂帅，真正科学的理论寸草不生。最后的结果往往是：前途是光明的，道路是没有的。不知道自己到底处在什么位置，不知道自己到底该往哪个方向走，更不知道自己该用什么方法往目标进发。

"十八大"报告提到这样的字眼："道路关乎党的命脉，关乎国家前途、民族命运、人民幸福。""全党要坚定这样的道路自信、理论自信、制度自信！"英国《金融时报》中文网总编辑张力奋在《"十八大"开幕式现场笔记》一文中对此作了如下精彩的解读：

在邓小平先生提出"不争论"后，很久没有听到中共全党有关道路问题的明确讨论了。熟悉中国政治文字的人，不难得出这个结论：来自党的最高领导人的呼吁，说明当下党内对这几个问题的自信是严重缺乏的。

大家都知道在中国的政治话语里，怎么说和怎么做往往是有差别的，有时差别甚至不是一般的大。连《宪法》的表述都多有矛盾，又何必过于在乎"十八大"报告的表述。在改革和革命赛跑的年代，大家还是要多关注事物发展背后的逻辑与规律，少纠缠字句。就像温总理不可能用强大的行政力量使房价降回"合理价位"，改革或革命的逻辑也不以任何人的意志为转移。"十八大"前夕，前国家领导人纷纷以八九十高龄高调出镜亮相，也许是对人事变更的关切，也许也是对改革的关切已经波及大佬们，也许连他们也已经觉得，改革是一件必然的事了。

不走老路，是给极"左"们看的，也是给大佬们看的，告诉大家文革和计划经济回不去；不走邪路，是给极右看的，同时也是给大佬们看的，明确表示激进的民主政治路线没戏。其实就是要走不激进的中庸之道。有点慢，但稳妥，不流血。

当下，不管极"左"还是极右，本质都是一样，激进，期待有强人迅速迎合民意，扭转乾坤，一朝变天。而极左和极右，都具有革命和流血的性质。激进的极"左"，像重庆，要全面清洗贪官和一切先富阶层，对所有的原始积累都要清算"原罪"。激进的极右，官员财产全面公开，也难免要流血，甚至血流成河，人人自危。有一次吃饭，一位在座的同道说，如果官员财产全部公开，丝毫不亚于一次革命，甚至比历史上最暴烈的革命还要暴烈。我赞同他的观点。在今天，在制度已经制造了很多贪腐的现状下，没有宽恕就没有改革。

我个人的立场，持右偏中。主张自由市场增量改革，这方面的空间真的还很大。第一大增量改革是土地改革，第二大增量改革是城市化，第三大增量改革是打破垄断。时间关系，这些方面暂时不展开来讲。

人类最惊心动魄的历史往往不在口号和宣言里，而在数字中。就像今日中国的矛盾积累，归根结底也在贫富分化这些看不见的"数字"里。

2012 年 11 月 8 日公布的中国共产党"十八大"报告，很多人看不到大张旗鼓的改革旗号，因此倍感失望。但是，要害往往在细节之中。虽然我们不能拿着放大镜去看这类通常大而化之的原则性表述，但透过一些关键性的细节还是可以参透机关！

我个人认为，"十八大"报告的最大玄机，在于中央首次明确提出居民收入倍增目标！报告提出，到 2020 年，实现国内生产总值和城乡居民人均收入比 2010 年翻一番。这是中共首次明确提出居民收入倍增目标。根据国家统计局的数据，2010 年，中国城镇居民人均可支配收入为 19 109 元，农村居民人均纯收入为 5 919 元。

这个目标看似平淡无奇，却是一个非得要一系列改革配套才能完成的极其艰巨的任务！

中国社科院经济和金融专家张跃文说，按照统计学规则，"十八大"报告提出的倍增目标应是扣除价格因素的实际倍增目标，虽然还很难确定届时的绝对数额，但它的实际购买力可以获得保证。

普通居民收入倍增首先意味着劳动值钱。在中国，每年由劳动力成本上升推动 CPI 上升 1.94%，低于这个水平的 CPI，就意味着整体经济仍处于总需求不足状态。要去除通胀因素，到 2020 年实现居民购买力翻倍，即使每年 CPI 保持在 3% 左右的增速，账面收入的增长也应该在 2.5 倍以上。

知历史可以知今天和未来。过去十年，是新中国成立六十多年来 GDP 增长最快的十年，但在贫富差距拉大、多数人收入"被增长"的前提下，居民收入增幅有限。

《人民日报》2012 年 11 月 4 日文章称，2002 年到 2011 年，城镇居民人均可支配收入、农村居民人均纯收入均增长 1.8 倍；此 10 年间，央企资产总额从 7.13 万亿元增至 28 万亿元，增长 2.9 倍。GDP 从 10 多万亿元，到接近 50 万亿元大关，增长 4 倍。

文章没有说的是，同期财政收入十年增长 4.49 倍（由 2002 年的 18 904 亿元到 2011 年的 103 740 亿元）；房价增长 1.53 倍（由 2002 年全国平均商品房价 2 130 元/平方米，到 2011 年的 5 381 元/平方米）。

也就是说，过去十年，在经济高增长的背景下，居民收入增幅不到 GDP 和财政收入增幅的一半。而"十八大"提出的目标，是在未来十年，居民收入增幅要和 GDP 增幅同步。

这里有两层含义：一是全面地大幅度降低经济增长速度，用增长质量取代增长数量；二是全面大幅度地进行分配结构改革，藏富于民。

要看到今天的我们已经面临经济全面下行的局面，只有通过转变经济发展方式，才能在发展的基础上实现居民收入倍增的目标。而要达到这样的目标，没有一系列比较到位的经济和政治改革，几乎是完全不可能的。

2012年11月8日，我发微博，对改革前景表示乐观："三十多年的'中国模式'已山穷水尽，不出两年必将见底，现在是惯性拖着。因此，未来的改革没有悬念。回想六十多年来，哪一次改革不是在穷途末路上被迫进行。今天也不例外。"

这不是一时心血来潮的"第六感觉"，而是深思熟虑后的判断。感受和思想的最大区别是，感受无法论证，"我也不知道为什么这样说，反正就是这种感觉"；而思想要多问个"为什么"，能够用逻辑清晰演绎。

时势比人强。改革是未来中国的主旋律。促成改革的原因有很多种，有时是被时势推着走拉着走；有时是决策者站得高看得远主动顺应时代潮流；有时是拖都拖不动拉都拉不走，这样就会有一些惊心动魄的惊涛骇浪，但是时代的潮流总在向前，青山遮不住，毕竟东流去。

"习李新政"的关键词就是"改革"。习、李主政后首次亮相透露出的执政理念，无不与改革密切相关：1. 物必先腐，而后虫生；2. 打铁还须自身硬；3. 我们的目标是人民的美好生活，而非GDP；4. 改革是最大红利；5. 不改革，要承担历史责任；6. 改革突破口是处理好政府与市场的关系。

2012年11月21日，国务院召开全国综合配套改革试点工作座谈会，李克强在会上强调，改革是中国最大的红利。现在离民族复兴只有几步之遥，要承担历史责任。

李克强说，我们不片面追求GDP，将来的发展可能会经历一个中速增长期，很难长久保持两位数，但是只要保持住7%的增长，到2020年实现小康就完全有可能。而实现这一目标靠什么？还是要靠改革。改革的空间和潜力仍然十分巨大。

李克强提醒大家，改革目前已进入攻坚区、深水区，下一步的改革，不仅是解放思想、更新观念，在很大程度上要触动利益。如果利益格局固化了，经济社会发展就缺乏活力。有些改革可能会有局部的、短期的阵痛，但从全局看、长远看，受益会更大、更持久，最终使人民群众得到更多实惠。这既需要政治勇气和胆识，同时还需要智慧和系统的知识。

在谈到下一步的改革步骤时，李克强重点强调："改革要既有顶层设计，又要尊重群众和基层的首创精神。"为了最大程度减轻改革阻力，李克强说："要善于在利益增量上做文章，在利益预期上做调整，同时稳妥推进存量利益的优化，调整改变预期利益，更加注重权利公平、机会公平、规则公平，使所有人都能通过自己的努力获得应有利益。"

在改革方向和突破口方面，李克强强调，深化改革，千头万绪，但不能眉毛胡子一把抓，要化繁为简，突出重点，积极寻找牵一发而动全身的突破口。找准了突破口，就会事半功倍。东中西部地区情况不同，突破口也要因地制宜。要更加尊重规律，转变政府职能，处理好政府与市场、与社会的关系，经济领域要更多发挥市场配置资源的基础性作用，社会领域要更好地利用社会的力量，包括社会组织的力量，把应该由市场和社会发挥作用的交给市场和社会。这也是改革的方向。

"改革如逆水行舟，不进则退。"说到这里，李克强的语调明显加重，"中华民族这一百多年来历经磨难，现在离民族复兴只有几步之遥，我们身上责任重大，必须往前走，必须勇于试，这是我们的责任所系。不干可能不犯错误，但要承担历史责任"。人民网总结李克强在座谈会上的讲话核心，如果用两个字概括，那就是"改革"；而用四个字概括无疑是"改革、改革"；若用六个字概括便是"改革、改革、改革"。

可以说，新一届中央领导班子，不仅具备改革的勇气，而且在改革的方向和方法路径上思路清晰，成竹在胸。

真知真理促真行。就像《实践是检验真理的唯一标准》大讨论促进了1978年以来的改革开放，新的改革也需要思想解放先行，通过全面开放媒体和思想的自由市场，发现真知和真理，促进改革向前行进。

1949年以来，中国历史上的每一次大变革，都是在前面的路已经走到尽头、已经走投无路的情况下被迫启动，今天也不例外。我们必须变革，毫无退路。在《2020我们会不会变得更穷》一书中，笔者把当代中国百年分为三个历史阶段：

再过三十年，我们回顾自1949年新中国成立后的100年历史，可能会发现一个奇异的现象：这100年里，以30年左右为界，中国当代史上发生了影响深远的三次浪潮：第一次浪潮，基于浪漫理想主义的计划经济浪潮，直到知识青年上山下乡、"文化大革命"都无法转移矛盾，社会和经济面临崩溃边缘，终于走上了大乱后的大治，进入1978年以后历史的第二个浪潮——以经济赶超为特征的行政主导的市场经济时代。这个时代的基本特征，是政府职能一切以经济建设为中心，实行权力主导下的不完全市场经济。中国的工业化城市化加上行政力量亲力亲为走在经济第一线，带来 GDP 突飞猛进的增长，甚至有"全球一枝独秀"之称。它的副作用是：经济增长以过度的资源开发和不合理的收入分配为代价，出口导向和政府投资导向型经济极大地推高了物价，资源为权贵主导，在高效率的同时，副作用是投资浪费也高效率，人人急功近利，杀鸡取卵、竭泽而渔，带来自然环境和道德人心的极大破坏，既得利益群体已经成为阻碍社会改革的最大障碍，社会矛盾突出，人人缺乏安全感。

如果把 1949 年以来的前三十年比作处处与人为敌的"斗争时代"，后三十年比做一切向钱看的"镀金时代"，那么从今往后的三十年，我们必须进入一个新的政府第三次职能大转型的、一切以人的自由、权利为指针的"进步时代"——政府职能从"一切以经济建设为中心"的时代向"一切以社会的自由、公平、正义、法治为中心"的市场自由、个人权利保障和社会法治时代，政府退出微观经济活动，致力于社会公平公正和社会保障等"守夜人"角色，实行完全的自由市场经济，实现中国经济社会从外需向内需、从高碳向低碳、从强国向富民的三大转型。

当代中国的第三次浪潮——自由市场和法治政府浪潮，将带来国人走向真正的富裕幸福、引领中华民族走向真正的繁荣富强。这是历史发展的必然，也是当代中国人义不容辞的使命。

在 2011 年 11 月 11 日的一篇文章《一起迎接中国的心灵和头脑时代》中，笔者这样写道：

当代中国，前 30 年是一个既没有头脑也没有肚子、既没有上半身也没有下半身的、精神和物质双贫穷的"工具人时代"；1978 年以来的 30 多年至今，则是一个一切向钱看、没有头脑和心灵的"下半身时代"，身体跑得太快，灵魂被撂在了身后；未来的 30 年乃至千年万代，则势必在全球化、互联网、城市化的时代潮流之下，中国人全面回归应有的"上半身时代"，即心灵和头脑时代。那样的时代，一定是规律和规则指导人类前进、心灵和心灵彼此互相温暖的时代，而不是为了目的不择手段、为了金钱财富可以毁灭自然、道德和人心等更宝贵财富的"一个人是另一个人的陷阱"的时代。

从自然界到人类社会，世界的发展有它自己的客观规律，不以任何人的意志为转移，也不因制度的不同而不同。规律即真理，任何个人、党派、团体和制度，都不可能改变规律和真理本身。只要是人类的一分子，任何国家和地区都没有什么特殊性，充其量只是发展阶段的不同而已！就像人总是要死的，不管怎么喊万岁都无济于事。

这世界，总是仰望星空的多，脚踏实地的少；理想设计的多，细节构建的少；夸夸其谈的多，深入肌理的少。都以为能够经天纬地，实不过是空想主义。多以为振臂一呼就能成丰功伟业，殊不知差之毫厘谬以千里！

袁裕来律师微博转何频的话说："这一代中国人，有必要承担为子孙后代打造民主、自由、公平的社会制度和环境的责任。这是这一代中国人的悲哀，也是光荣的机会，还是一个需要英雄和奉献的时代。历史的使命如此，我们逃不掉。"

中国完成现代性转型的几个根本标志。中国完成真正的现代化转型还有很长的路要走，从制度安排、社会观念和政治伦理三方面，我认为有几个根本性的指标：

在制度安排上，必须实现财产私有化（与国有和集体所有相对应）、经济市场化、社会法治化、政治民主化的"四个现代化"。财产私有化和经济市场化应该走在政治民主化之前；而社会法治化则是这一切的统领。

在社会观念上，全社会都认识到，一个国家和社会的主要矛盾，不应该是贫与富之间的矛盾，而应该是公共权力与公民权利之间的矛盾。对机会公平的重视和捍卫远甚于对结果公平的幻想。尊重规律、遵守规则成为机会公平的保证，"贫穷"和"多数"不再成为可以改变游戏规则的道德和真理制高点。在具体的操作上，是企业家、富人阶层和贫民阶层合流，联合防范公共权力过大造成对公民的侵犯；而不是权力资本合流，联合剥夺穷人；也不是权力和贫民阶层合流，联合剥夺或"再分配"最具创造力的企业家和富人阶层的财富。

在这方面，企业家和富人阶层首先承担着道义和实质责任。历史上，总是先有资本和权力合流对贫民的剥夺，然后才有贫民和权力的合流对富人的剥夺。资本和权力的合流，一定会最终导致权力和贫民的合流，资本家以与权力合流的方式迅速暴富始，也必将以遭到权力和贫民合流的清算而迅速瓦解终。最终的赢家只有一个：越来越恶的权力。而贫民和先富阶层都是牺牲品和棋子。

在政治伦理上，应该从意图伦理向责任伦理转化。意图伦理就是只要出发点是"好的"，哪怕不择手段，哪怕结果祸国殃民也是"皇恩浩荡"。责任伦理则要求权力必须严格在法律许可的范围内实施，政治家必须对造成的结果负责，因此官员道歉和引咎辞职成为常态。

这三个指标，是区分中国到底是野蛮国家、前现代国家，还是真正的现代国家的标志。

社会变革的三种力量

一个重复千遍成真理的说法是：当前政治经济体制改革的最大阻力是既得利益集团。我不这样认为。原因有二：一是现有的所谓"既得利益集团"恰恰是最不稳定的；二是现有的经济增长模式已经遭遇巨大的逻辑和发展陷阱，已经难以为继，这也使"利益集团"在更大层面上变得脆弱而不可持久。

中国改革最缺乏的是认清社会、经济、政治发展规律的智慧，以及在此基础上制定更加公正合理的游戏规则的勇气。有智才有勇，否则，那勇也是无益于社会和谐进步甚至效果适得其反的匹夫之勇。这话对朝野上下都适用。

决定未来中国走向的有三股基本力量：上层力量、民间力量和时势的力量。

来自领导者的顶层设计在一定社会阶段具有决定性的作用。美国宪政制度的建立，主要就是靠华盛顿、亚当·斯密、杰斐逊等开国元勋，那是真正的"一语定乾坤"，几千字的宪法和相关制度构建，为美国带来了数百年繁荣、稳定、进步的基石。诚如经济学家张维迎所说，在社会转型时代，改革如果要高效推进，开明政治家是成本最低、效果最优的选择。当然，强人政治、能人政治、贤人政治，都带有偶然性，可遇不可求。机会不好，强人就可能是双刃剑，很可能把国家的发展带向相反的方向，造成灾难。

顶层设计的正向力量有时来自个人威权，像当年蒋经国的"用专制结束专制"，像林肯当年的解放黑奴；有时也来自权力巅峰群体的博弈。有人认为权力巅峰阶层能够形成互相制衡，就是民主的体现，比如党内民主什么的。此等理解大谬矣！即便是权力高层彼此之间的实力比较平衡，出现争议的时候比较自然地倾向于采用内部民主和妥协的方式解决问题，但如果缺乏合乎社会发展规律的认知，如果制度设计缺乏对公民个体自由和权利的尊重与捍卫，所谓的互相制衡也更多只能局限于这极少数决策参与者之间的利益之争，而不可能有真正高屋建瓴惠及全体公民的伟大制度构建。

改革是社会合力的结果。顶层设计一以当十，民间社会思潮对政治精英、对政府决策同样具有强大的影响力。所谓有什么样的百姓就有什么样的政府，有什么样的思潮也就有什么样的政策。我对"顶层设计"的"官智"不是太乐观，一是利益牵扯，二是官员自身的学习能力和时间都有限，三是现有官僚体制下即使"智囊"也多以拍马屁见长。我对社会思潮代表的"民智"更不乐观，一则因为 1949 年以来的洗脑教育，基本上是一个民智不断退化的弱智化历程；另一方面，改革开放以来贫富的迅速拉大、中位数以下人群的迅速增加，在"社会下流化"过程中，伴随而来的是思潮下流化，很多人不相信自己不相信市场而更愿意相信有一个强力无边的救世主。

但是改革还有一个更为强大却无影无形的力量，那就是自然和社会发展的规律本身！这是最为根本性的力量。时势终归比人强，任何人，不管上至天子下至庶民，都只是社会发展规律和潮流中的一滴水、一粒沙。形势会逼着人一步一步往前走。即使跟不上时代成为时代潮流的阻碍者，也只是"万山不许一溪奔，拦得溪声日夜喧，到得前头山脚尽，堂堂溪水出前村"。

形势倒逼改革，这是我们半个多世纪以来社会发展的主旋律。石头摸不下去了，击鼓传花传不下去了，就非改不可。国有企业也好，"中国模式"也罢，别看它眼前日子多么滋润甚至堪称辉煌，都走不出自身的逻辑陷阱，到头来还是得被迫依赖民营企业和市场经济，而财产自由、市场自由，政府不再包打天下，不再权力无边，最终才有可能实现民主政治。这也是我对改革总体呈谨慎乐观的最根本原因。所有的腐败，所有腐败的枯枝落叶，都会零落成泥碾作尘，最终都会变成新生事物的营养。

当下之中国，不改革是负和博弈：多数中位数以下的人在经济增长中受到高通胀侵蚀，少数既得利益者同样必须和大多数人一样，要承受环境破坏与污染以及由此导致的系统性食品安全问题和空气、水污染问题的侵害，既得利益者的人身和财产安全同样不稳定。

而改革则不是零和博弈而是正和博弈即帕累托改进，因为增量改革的空间仍然十分巨大。所谓增量改革，就是指在基本不触动现有利益（不是利益规则而是实际已经到手的利益）的情况下，修改游戏规则，从而使未来的发展惠及多数曾经受侵害的群体，在不同利益群体之间实现更公平合理的分配。

未来中国经济增长潜力依然巨大，搞得好比过去三十多年改革开放的空间还大。这也不是因为我们有什么特别了不起的地方，更不是因为我们有什么特殊国情或制度优势，而仅仅因为我们还是穷国。我们的生产力还没有得到足够的解放，我们实现"人的城市化定居"的真正意义上的城市化才完成不到三分之一。从人均GDP看，2011年中国只有5 432美元，而美国、日本、英国等国家的人均GDP则分别为4.8万、4.5万和3.9万美元，都远远高过中国。我们的行政垄断还没有打破，户籍还没有开放，土地还没有归农民个人所有，还不能抵押贷款实现财富的资本化。这一切，都是"增量改革"的空间所在。

未来经济要么低速低质要么高速高质，没有第三条道路。2012年11月20日《经济参考报》报道：高盛资产管理部主席、"金砖"概念创始人吉姆·奥尼尔19日表示，中国经济增速适度放缓是有益的，未来中国经济将进入一个低速优质增长期。奥尼尔当天在北京举行的一个媒体视频见面会上表示，中国主动寻求经济减速是有益的，因为过去十年的超高增长模式是不可持续的。未来中国经济需要找到一种和以往不同、更多依赖消费的经济增长模式。

作为金砖概念的创造者，奥尼尔一直以来都看好金砖国家的经济前景，但他也指出金砖国家未来仍面临挑战。他表示，对中国来说，挑战在经济结构调整方面，俄罗斯需要转变对能源经济的过度依赖，印度则需加速经济改革进程。

必须纠正奥尼尔的一个说法：中国经济减速并不是主动选择的结果，而是一种被动呈现，很多人甚至还没有反应过来，还以为这只是暂时现象。事实是，现有的经济增长模式已经走不下去了，这种突然减速是因为我们的产能已经严重过剩而且外贸突然遭遇减速。

现有经济增长模式之下，在各级政府招商引资的大竞赛过程中，房地产用地大量补贴工业用地，导致住宅用地价格畸高，催生了巨大的房地产泡沫，而且搞得这个泡沫只能吹大不能破，一破，那就是地方债和金融系统一起破！

另一方面，则是工业用地价格被人为压低，导致产业同构、产能过剩现象极其严重，外需闸门一紧，经济应声而下。

多数经济学家预计，中国经济已经触底，未来增速将逐步小幅回升。而高盛预计，从2011年到2020年中国经济年均增速将为7.1%。虽然这一数字低于2001年到2010年的10.5%，但远高于未来十年全球4.2%的平均增速，也高于金砖国家6.6%的平均增速。到2020年，中国经济占全球国内生产总值的比重将超过15%。

现在的中国经济增长模式，是一种高速低质的增长模式。我的预计是：如果不改革现有的政府招商引资的投资增长模式，那么未来中国经济既不可能保持现有的高速低质，也不可能如奥尼尔所说的低速高质，而只可能是低速低质。如果彻底改革，形成自由市场经济，那么未来中国经济则是高速高质的增长模式。

中国这样一个尚在幼小的城市化、市场化初期，小树苗般的经济体，未来每年8%甚至更高的增长率根本不是什么奇迹，而要实现这样的经济增长目标，政府唯一要做的事情就是不管经济，只制定公平的竞争法则，解放市场、解放财富、解放生产力，这样，经济想不高速增长都难，想不可持续发展都难。

改革开放30多年的历史证明，凡是政府参与、干预比较多的行业，发展都比较落后，凡是政府退出比较多、市场化比较彻底的行业，发展得都比较好。比如中国的医疗、教育、铁路、电力、电信等行业，不但供给严重不足，而且产品及服务质量比较低下；而纺织、电器、电子科技等行业，不但产品琳琅满目，而且质量也在不断提升。其中根本区别就在于政府插手得更多还是更少。

当下中国，改革当务之急是实现"三大解放"：解放市场，解放财富，解放生产力。解放市场和解放生产力人们都谈得很多，不必赘言，解放财富是我的首创，有必要作一点解释。解放财富包含两个方面的内容：一是解放穷人的财富，比如农民的土地和农房应该私有化资本化。这点也几乎已是"人所共知人心所向"。另一方面的内容则被长期忽视甚至长期被舆论和政策"打压"，那就是也要解放富人的财富！经过三十多年的改革开放，我们既然已经走出了人人都几乎没有富余的共同贫穷时代，转而进入了一部分人有富余、一部分人有巨额富余的时代，就应该鼓励富人合理合法地花钱，要让财富像流水一样迅速流动，才能给更多的人带来致富的机会，而不是相反，禁止富人建豪宅，奢侈品消费被克以高额税收，个税累进税率比世界上任何国家都高，诸如此类，导致大量消费"外部化"，税收偷鸡不成蚀把米，穷人则失去更多的就业和上升机会。

人类对奢侈品的渴望，就像对爱情的渴望一样亘古不变。本人坚决主张国人应当转变观念，促进奢侈品消费和生产。但是我也坚决反对两类奢侈消费，一类是公款消费，第二类就是这种富二代的奢侈消费。这两类奢侈消费，共同特点就是：不凭自己的真本事吃饭，花别人的钱不心疼。公款奢侈消费是因为权力不受监督和制约；而富二代奢侈消费则多半是家长的教育观念和教育方法有问题，纵容孩子，导致他们不知珍惜，不知道幸福要凭自己的努力创造。"我爹有的是钱，我不花谁花?"一位学生振振有词地说。其父母情真意切的表白，则足以看出孩子如此心安理得的原因。他们说："我们辛辛苦苦这么多年，赚钱不就是给孩子花嘛!"在我国，有这种想法的父母着实不少。它导致我国奢侈消费年轻化日益严重，尤其是越来越多"富二代"正在成为奢侈品的拥趸。据世界奢侈品协会的报告显示，中国奢侈品消费者平均比欧洲奢侈品消费者年轻15岁，比美国的年轻25岁。有的孩子甚至以不读书或不回家相要挟，要求父母提供奢侈消费；而一些为人父母者，过度纵容，或者怕孩子被人瞧不起，从小助长孩子的虚荣心攀比心而不是自我奋斗之心。一些潜在的东西被激发，它不是学习的热情，不是奋斗的快乐与激情，而是不劳而获、奢侈消费的虚荣心。

有业内人士这样撰文阐述：奢侈品代表的是一种生活方式与人生态度，拥有奢侈品绝不仅仅是一掷千金地拥有某些物品或享受某些服务，而是追求最美好事物的全过程。它分为三个阶段：一是创造财富的奋斗过程，二是追求唯美的选择过程，三是精致生活的体验过程。

追求奢侈品要享受的是自我奋斗、自我犒赏的过程，而不仅仅是拥有奢侈品这个结果，这才是正确的奢侈品消费观，也是奢侈品消费的精髓所在。

要福利还是要自由？贫富差距拉大的社会和时代，重新洗牌的社会情绪总是格外强烈。洗牌的方式有打碎了重来的革命，也有倡导福利模式的。革命固不可行，福利模式也未必真是福音。

2012年11月20日《光明日报》刊登了全国人大常委会委员郑功成4月23日在中央党校的一篇演讲，标题是《30年后中国可进入福利社会》。

在中国今天这个权力远远没有被关进笼子的时代，过度强调福利相当危险，不仅福利不可得，自由也将不可得。

改革开放三十多年，政府一直强调"发展是硬道理"，承诺只要蛋糕做大，百姓日子就会好。但事实上，蛋糕是越做越大了，百姓的相对份额却越来越小。过去十年间（2002年至2011年），GDP增长4倍，政府财政收入增长4.49倍，城乡居民收入才增长1.8倍，而且还是在贫富差距拉大基础上的收入增长，多数人的平均收入"被增长"了。而在社会福利上，的确是免除了义务教育阶段的学费，农村地区搞了极低水平的新农合医疗保险，一些地方60岁以上的老人能够领到每月50元左右的养老金。但是比起因农民在征地、孩子异地上学赞助费、医疗垄断价格高昂、土地和农房不能自由买卖导致大量荒芜所造成的巨额损失，这点"施舍性保障"只能以"微不足道"来形容。

清华大学教授秦晖先生在《改革出路：限权力＋发福利》一文中说：

中国现在和世界其实都处在一个关键点，就是所谓的"逆水行舟不进则退"。

中国的出路依然在于渐进式的和平转型，其中的要义不外乎两点：一是限制政府的权力；其次老百姓要大力向政府要福利。做到这两点，理想中的宪政与民主就会到来。这两个方面，我觉得都可以不断施加压力。在每一件事情上逐渐地改进。最终让现行体制所存在的最大问题，就是权力太大责任太小的问题，不断地受到压缩。当压缩到权力和责任对应的时候，中国的政治体制变化就到来了。

我是一直主张中国要加快民主进程的，当然我讲的加快民主进程倒并不见得说一开始就要搞什么竞选之类的，加快民主进程是非常广义的判断。比如说放松言论管制、放松各个利益集团之间的博弈，让工会和商会自己谈判等。

这些年来改革方向经历了或左或右、一放一收的几度调整，然而在某些特权利益集团影响下无论向左向右都会发生扭曲：向左则自由受损而福利未必增加（典型案例是李庄爆料说重庆"打黑"，没收上千亿元，国库入库才9.3亿元——作者注），向右则福利丧失而自由未必增进。政府变"大"时扩权却难以问责，政府变"小"时卸责却不愿限权（典型如教育、医疗，民众责任市场化而政府又不放弃行业垄断——作者注）。政策一收就容易侵犯平民私产而公共财富却未必得到保障，政策一放则公共资产严重"流失"而平民私产却未必受保护（典型如国企改革中的管理层收购——作者注）。左时"公权"侵夺个人领域却无心公共服务，右时放弃公共产品却不保护个人权利。

中国经济的钱到了"两个人"手上，一个是极少数人，另一个是国家手上。我们的政府可以任意花钱，但不想给老百姓花钱就不给老百姓花钱的状态如果不改变，就永远不会有真正财政透明的动力。现在搞一些财政透明，我觉得那都是假的，因为我们所谓的财政外的收入很大。真的要透明得政府有动力不是民众有动力。政府怎么才能有动力呢？他每挣一分钱我们都要问责。只要压力不断地提高，财政公开、预算透明就不是我们要求政府，而是政府主动恳求社会，因为他的责任负不起了。我觉得无痛的转型就以这个时候为起点。

在我的印象中，中国的右派是比较倾向于限制政府权力保障公民自由的，而左派则比较倾向于扩大政府权力并以此扩大公民福利。但后者常常事与愿违，而且，左派们常常将自己和右派贴上意识形态的道德标签，导致右派孤立、左派得逞。这个标签是：右派是资本家和富人的走狗，左派才是民众利益代言人。

事实远非如此。只要权力没有被关进笼子，只要权力没有得到法律和民众及时、有效的监督与制约，则不论多么狂飙激进的运动，向左也好向右也罢，民众乃至企业家的自由和权利皆不可得。我们现在就是这样一个既没有自由也没有福利的时代。政府向右的时候，一切法律和政策服务于"保障投资环境"，普通民众的权利和环境遭殃；政府向左的时候，以打黑和调控为名没收资本家财产、限制财富流动，但穷人并没有因此受益。

真正的限制政府权力，也还得从保障自由开始！秦晖说"真的要透明得政府有动力不是民众有动力。政府怎么才能有动力呢？他每挣一分钱我们都要问责。"但问题是，如果上至富豪下至贫民每一个公民的财产自由、市场自由都没有，你有什么力量问责政府？如果公民的言论、出版和集会自由都没有，你有什么方式监督和问责政府？就像羊监督狼，理想美妙现实骨感。

综上所述，今天的我们，要自由远远比要福利重要千万倍！

即使权力得到严格限制与约束，在我们这个人口众多、地域差别极大的国家，自由也仍然远比福利更重要。不说郑功成所说的"30年后中国进入福利社会"太遥远、存在很多变数（比如计划生育当年的承诺就是"只生一个好，政府来养老"，最后却不能兑现；当年的国企低工资低福利也是以终生保障为承诺，后来却来了个"减员增效"，数千万国企员工在没有任何保障之下凄然下岗），就是有福利保障，也未必如想象的公平又到位。

中共中央总书记习近平在新常委第一次记者见面会上说："人世间的一切幸福都是要靠辛勤的劳动来创造的。"至理名言。人世间的一切美好，都只能依靠自己勤劳的双手、智慧的头脑去争取、去创造，不能坐等政府或者什么救世主赏赐。有一个故事说的是穷人与富人的区别：富人回家见到一个要饭人，富人不予理睬，他认为要饭人越是要得着，就越不想去致富，因为他还活得下去，财富都是被穷逼出来的。女儿不信，他当即给了穷人1 000元让其另寻发展，可半个月后，穷人又站在了那里，与以往无异。救人要救心，救心要靠自救，否则上帝也没办法。

"天下没有免费的午餐"，这是弗里德曼的至理名言。天上不会掉馅饼，这是中国人的古训。如果政府给你提供一点什么福利，你的同胞或者你自己，一定会在别的地方被收走什么。因为政府并不能创造财富，它要分配财富的时候，只能先从别人手上拿走一些，拿走的方式多种多样，税收、通胀、土地差价，等等。而且，拿走和分配的时候，都要额外地养活一些专门从事征税和分配的人，养活这些公职人员，还不仅仅是工资福利，还有办公大楼、办公费用、腐败成本以及监督腐败的成本。

这样的大福利体制下，世界上不仅养活了大量靠救济和福利生存的人，也养活了大量以分配为己任的人，从事财富生产和创造的人必然相对减少，社会的总财富自然也就相对减少。

因此，自由比福利更重要。只有放开各种产权限制、市场限制，允许自由流动和迁徙，全面解放财富和生产力，让人民群众充分发挥自己的聪明才智，社会才会在"我为人人，人人为我"的互相服务中不断增进福利与财富。土地、农民、迁徙，我们还有太多的自由没有被松绑；银行、教育、医疗、交通、航空、通信，我们还有太多的领域太落后，还没有打破垄断，还没有让人们自由地进入这些领域去服务大众。只要放弃绳索获得自由，我们的财富和福利必将飞速提高。

三代中央领导组合

人有阴阳不同的正反两面，历史也有显而易见却不易为人关注和察觉的阴阳不同正反两面。

1998 年以来的三代中央领导组合，表面上经历了一个强——弱——强的过程演变：

1998 年到 2003 年的江泽民总书记和朱镕基总理组合，是一个强势组合，1998 年 3 月至 2003 年 3 月任总理的朱镕基，人称"经济沙皇"，早在他任副总理的 1994 年，就主持了分税制改革，1998 年任总理以后，更是当年就推动了城管制度、国企"减员增效"、城市住房私有化三项改革。这四大改革影响都非常深远，分税制和土地财政及国强民弱"国富民贫"、国企改革和"国进民退"之间，关系非常密切。著名经济学家许小年先生一个简单的图表可以把这些看得明明白白真真切切：

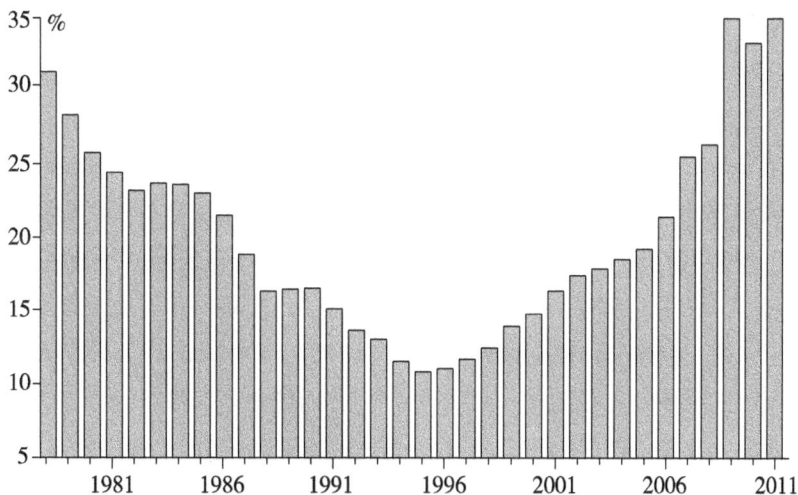

财政收入/GDP 重回计划时代（含卖地收入）

这个图表统计了从 1978 年改革开放到 2011 年财政收入（含卖地收入，不含国有企业收入、罚没款、社保基金、俗称"费大于税"的费收收入等项）占 GDP 的比重。分税制开始前后几年，中央政府一些部委甚至都发不出职工工资。它直接导致为中央聚财的 1994 年分税制改革。由于惯性作用，1995 年的财政收入和 GDP 之比达到史上最低，但 1996 年起就开始迅速拉高，到 2011 年终于回到甚至超过计划经济时代。

这个图表，也可以直观明了地清晰验证欧洲共同体创始人让·莫奈在《欧洲联盟》中说的一句名言：人终有一死，我们会被他人取而代之。因此我们不能传承个人的经历，因为它将随我们而去，我们能够留下的只有制度。

制度的影响是长远而且深刻的。胡温时代的国进民退，基本上是上一任留下的制度遗产；投资型政府的狂飙突进，也是因为上任给他们创造了良好的物质条件。

2003 年以来胡锦涛总书记和温家宝总理的组合，表现出来的是一个相对弱势组合，两人都是平民出身，个人的气场就略逊一筹，虽有浓烈的家国情怀和自我责任意识，但也正如温总理到处子归啼血般呼吁自由、民主，实施起来却举步维艰。从中亦可知，在一个公权力掌握社会上绝大多数资源的时代，自由、民主这些高远的目标，实施起来有多么困难。洛克所说的那条政治学真理，有必要在各种场合不断地重复常识，他说：权力不能私有，财产不能公有。往前推一点点，就可以导出这个结论：财产公有必权力私有。30 多年的中国村民民主实践，虽有法律保障却难以成功，足以证明这个常识和真理。

在 2012 年底 2013 年初权力交接的最后一棒，胡温组合却表现出非凡的勇毅。若干年后再来回头看，就像我们今天看江朱组合留下的制度遗产一样。到时我们将会发现，胡温组合在两件事情上表现出的果敢和坚毅，表现上虽然不是以制度的形式固定下来，但它确实是一笔异常宝贵的重要遗产，一是对重庆事件的果断处置，彻底堵死了中国走计划经济和"文革"回头路的可能；二是在党的十八大上，胡锦涛同时卸下总书记和军委主席的职务，实现"裸退"，终结了老人政治。两件事，善莫大焉，功莫大焉。

诺丁汉大学当代中国学学院院长姚树洁认为，政治改革可以有两条途径。一是有计划、有步骤的修正；二是冒进性的和激烈的变革。对执政者而言，第二条不可走，而走第一条却障碍重重。平民出身的胡锦涛执政 10 年，不是不想改，而是无法改。而无法改的最大障碍是来自既得利益集团的高层内部，尤其是老人干政。十八大以后，胡锦涛全身而退，为习近平扫清老人干政的障碍。胡锦涛顾全大局的高风亮节是习近平可以放开改革的重要前提。下一步的改革应该是这样的：从党和政府部门退下来的干部，不能进入人大和政协，让人大和政协，更加接近老百姓，而不是党和政府高官权力的衍生物。

有人称"裸退"是政治的实质性进步：孙中山、蒋介石、毛泽东没有解决限任制问题，甚至邓小平也没有彻底解决限任制问题，而在胡锦涛这一代领导人这里解决了。开创了60多年来执政党领导人"到站下车"、"全身而退"的首例，使"裸退"有了重大历史意义。

这些评价客观公正，一点不过头。在历史的洪流中，每个人都是历史的创造者，又都是被环境制约者。这样的环境，包括周围的环境，也包括自身的学识与胆略。这方面，应该有所体察。

接下来的新一代中央领导习近平总书记和李克强总理的组合，又会是一个相对强势的组合。温和敦厚，但内心笃定，方向感应该比前两任强。因为经历了计划经济和政府主导的权力市场经济两种并不能算是成功的模式，未来道路的选项其实也不多。习近平总书记在上任后带领新常委参观国家博物馆"复兴之路"专题展览时指出："道路决定命运，找到一条正确的道路是多么不容易。"可以看得出来，新的中央领导组合对方法和路径的重视超过以往。这绝对是值得重视和欣慰的一件大事。我们有多少学术研究、理论构建和政治口号，都是陷于这样的误区：目标是美好的，前途是光明的，道路是没有的。

选择好具体的方法、路径，点滴推进，比任何激动人心的口号重要得多。千里之行始于足下，万丈高楼起于平地。这也符合习先生本人的性格。他说他做事情喜欢温火烧水，小火烧温水，慢慢地把水烧热，他说他做事就是这个风格。凤凰卫视时事评论员何亮亮评价说这个话是他的心里话，因为这不是他当领导人之后才说的话。

但经济上必然又呈现出政府财政逐渐弱化的情形，因为中国经济发展又到了一个新十字路口，到了需要民营经济和内需经济才能救中国的转折点。因此，经济、政治方面的改革将会有逐步、稳妥而积极的推进。

中央和地方关系

数千年的中国官僚体制，都没有能够彻底解决对官员的评价和制约问题。自上而下的监督评价体系，永远解决不了信息不对称和官僚集团错综复杂的官官相护问题；同级的评价与监督，又难免党同伐异。举目世界，大凡成功实现了对权力、对官僚集团的监督与制约的国家和地区，无一不是通过两种方式来实现的：一是自下而上民众对官僚的民主监督；二是公开透明的新闻舆论监督。

我们今天也在上下左右都感叹"政令不出中南海"，大家都义愤填膺，很多人脑海里不假思索浮现的就是"上面英明地方官僚腐败"几个字。但上级真英明的话怎么治不了贪官呢？官员贪腐和政令不通说明这个社会体制机制有问题，而最有权力改变不合理体制机制的，不是下级官僚，而是国家最高权力机关。

除了中央以外，各级政府和官僚的日子也未必轻松，中间层官僚的夹板受气也在情理之中。自上而下的，是经济发展和维稳这一对矛盾的压力；自下而上的，是环境破坏与污染以及征地拆迁中的民众压力。不论自上而下的压力还是自下而上的压力，都使中间层官员对未来预期的不确定性增加，反过来加剧他们的短期行为，又反过来制造和积累矛盾，埋下一个个定时或不定时炸弹，使未来的不确定性愈发增加。恶性循环！

地方政府和地方官员的短期行为，又必然导致"好处由地方官员得，责任由中央托底"的一种状况持续累积。地方官员多数异地任职，任职时间极其有限甚至异常短暂，只要在任内不出大事，我走后哪管洪水滔天，于是乎，政府投资无极限、招商引资无极限、腐败无极限，开发区无极限、小城镇大跃进无极限、地方债无极限；政治账、经济账、现实账、历史账，最后通通都要由中央埋单。而名义上是中央埋单，最终都是通过各种形式由全国人民埋单。

比较典型的表现是环境破坏和污染，以及被称为中国式次贷的相当危险的地方债。地方政府为招商引资而大幅度降低环保成本，已经使过度追逐经济增长的危害不仅需要由当代人来承担，也要由子孙后代来承担，空气、土壤、水污染进而导致系统性的食品安全与健康问题，已经成为国人不堪承受之重。

十八大高调倡导生态文明，也是有的放矢，因为我国的环境破坏与污染已经相当严重。中国的土壤污染现状严峻，且是全球最严重的国家之一。在过去30余年中，中国已发展成世界第二大经济体，但也付出了沉重的生态代价，虽经治理迄今仍是"局部改善，总体恶化"，环境问题引发的群体性事件也与日俱增。2006年7月起，环保部和国土部联合开展了一项名为"全国土壤污染状况调查"的工作,这是中国首次开展的土壤污染普查,目的是摸清全国土壤污染家底,以便展开防治、立法等诸多迫切的工作。据《2010年中国环境状况公报》显示,截至2010年底,已"组织完成全国土壤污染状况调查总报告和专题报告"。

就是这样一个已完成总报告和专题报告的调查,在两年间却将结果冷藏起来,至2012年底未正式公布。下一步有关部委进行污染土地修复、受害者救助与索赔、污染责任追究、土壤污染立法、预防新污染等,因此既无据可依,亦难获主动。

历时多年的土壤污染调查结果被冷藏,从另外一个角度可以说明,"地方请客,中央埋单"的经济增长方式,可能已经让中央和社会公众买不起单了!

中国式次贷同样如此。各地方争相"跑部钱进",让发改委审批项目,然后大肆贷款大肆征地,谁都在赌,地方政府不会破产,再低级别的也不会,因为上一级政府不会见死不救,最终中央政府一定有办法兜底。当然,如果真的难以收拾,中央政府一定要出面兜底!但那也是中央政府的信用和全国人民在兜底!

在这里,中央也不是无辜者,甚至可以说地方的很多问题根源在于中央这根指挥棒,就像高考指挥棒决定了基础教育一样。问题出在地方,根子却在中央。如果不是政府职能"以经济建设为中心",如果财政收入在各级政府间的分配更加公平合理更加责权利对等,地方政府和官员也许不必如此玩命地发展经济,官民矛盾和环境污染不至那么大;地方官员也不会因为权力与金钱的高度结合,而获得那么多的贪腐机会。如果制度设计好了更好、更及时有效的法律监督、民众监督和媒体监督方式,官员的贪腐可能也会更多地被发现在摇篮中,而不至于到积重难返不可收拾而身败名裂。

在中央、地方和民众三个级层里,地方官员的日子似乎是最好过的。其实不然。反腐的达摩克利斯剑一直悬着,同僚的妒忌、排挤、告密还有树倒猢狲散等等恶性竞争一直存在着,环境和民众的压力也一直在倒逼着。而在具体的施政过程中,他们又"人在江湖,身不由己",天天在金钱美女堆里混,你当官员都是金刚不坏身?对于制度和政策的改进,他们基本上没有多少博弈和进言的机会,同样充满了无奈,乃至于很多时候,觉得自己竟然跟这个体制没有多少关系似的,身在曹营身在汉,移民海外添篇章。

我们常说实干兴邦空谈误国，但现在的问题是各级官员太实干猛干了，要让他们停下来，让老百姓自己干。政府主导的权力市场经济，和市场主导公民主导的自由市场经济的区别是，前者是政府和官员在干，法律被突破是常有的事，社会上谁的预期都不明朗，很多人对未来充满了不确定性的恐惧。后者是百姓在干市场在干，法律和公平成为政府职能的主要底线，从上到下从官到民，每个人的预期都在法律上白纸黑字写着，非常明确。

很多人认为现在各项实质性的改革措施很难推进，就是因为阶层的利益固化。但正如经济学家华生所说：

> 要看到，我们国家现在所谓的权贵不是卡扎菲家族，也不是苏哈托家族。现在的高官阶层，在卸任后根本不可能把国库背回家去，但其中很多在任内确实得到了不少好处，但跟他们曾经管理的资源来说是九牛一毛，远远称不上权贵。所以，你去跟退下来的老干部谈话，会发现他们很多都是牢骚满腹，意见很大。包括大型国企的领导人，他们到点也要退休回家。他们其中有人在任内可能捞了一点，但是相对于他们曾经掌控的超大型国企，这些人在任期捞的全加上，一般也远远抵不上市场化的经理人收入，哪里能称为权贵。这说明，这些体制内的既得利益阶层是非常飘忽的，是不稳定的，会有新老更替带来的流动性，这种流动性会带来不稳定性，会导致方方面面的问题。中国是有权贵资本的问题，但你肯定不能说中国的主要资产已落入那种固化的权贵家族。

包括各级官员、央企负责人在内，他们的"既得利益"都是短暂的，甚至是飘忽的。这种短暂与飘忽，比稳定的利益集团更可怕。因为手中掌握的资源过大，利益又极不稳定，因此不负责任的短期行为就格外盛行。一旦退下来或者失势，包括身居高位者也难免自食其果。

也因此，上上下下的改革愿望是客观存在的。但多数人不知道怎么改也是客观事实。怎么改比要不要改更重要。百年中国，我们从不缺乏宏大的价值、高远的理想、嘹亮的口号，缺的是基于"自发秩序"的细节构建和牵一发而动全身的点滴推进，缺的是日积月累、积跬步以致千里的韧劲与耐心！

从源头上，应该改革政府与市场的关系。市场的还给市场，政府的还给政府！财产权利和市场权利还给民众个人和市场本身，政府只管公共事务，这是源头上解决腐败的治本之策，也是经济结构转型的基础。这个基础一奠定，生产力和社会财富将会获得极大解放，经济的繁荣、社会的和谐、民富国强的社会愿景，一点也不会遥远。

至于中央如何制约和评价地方官员的问题，现行的文官体制几千年都解决不了，只有代之以现代国家的治理体制。先通过司法独立和新闻自由来破解，再逐步实现县级民主直选。市以上的民主，可以先做实人大，让代表专职化，改变现行政协、人大的官员养老院现象。各级党委的行为必须像政府行为一样可诉。宪法司法化实践化。

普通民众的权力幻觉

今天的中国，盛世的繁华下面隐藏着惊涛骇浪甚至是巨大的旋涡。如果我们重读美国著名学者孔飞力的《叫魂：1768年中国妖术大恐慌》，会发现今日中国的社会结构与社会情绪，在某些方面与二百多年前的中国社会有惊人的相似之处！在中国的千年帝制时代，乾隆皇帝可谓是空前绝后的一人。他建立并巩固起来的大清帝国达到了权力与威望的顶端。康乾盛世时代的国家财富总量在世界顶端，人均财富是世界人均财富的两倍。然而整个大清的政治与社会生活却被一股名为"叫魂"的妖术搞得天昏地暗。在1768年由春天到秋天的那几个月里，这股妖风竟然冲击了半个中国，百姓为之惶恐，官员为之奔命，连乾隆也为之寝食难安。

在孔飞力著名的历史学著作《叫魂》中，专门有一节《普通民众：权力的幻觉》：

作为现代中国的前奏，叫魂大恐慌向中国社会的观察者们凸显了每个特别令人难过的现象：社会上到处表现出以冤冤相报为形式的敌意。叫魂案从一开始就带有这种令人不快的特征。在叫魂幽灵的发源地德清，慈相寺的和尚们为把进香客从与他们竞争的那个寺庙吓跑而欲图挑起人们对妖术的恐惧。更有甚者，他们虚构了一个容易为人们相信的故事，即一伙石匠试图用妖术来加害于自己的竞争对手。这是一场戏中戏，每一出都用民间的恐惧来做文章。除了丑恶的妒忌，还有无耻的贪婪：县役蔡瑞为从肖山和尚们身上勒索钱文，也编造出了可信的罪证。

一旦官府认真发起对妖术的清剿，普通人就有了很好的机会来清算宿怨或谋取私利。这是扔在大街上的上了膛的武器，每个人——无论恶棍或良善——都可以取而用之。在这个权力对普通民众来说向来稀缺的社会里，以"叫魂"罪名来恶意中伤他人成了普通人的一种突然可得的权力。对任何受到横暴的族人或贪婪的债主逼迫的人来说，这一权力为他们提供了某种解脱；对害怕受到迫害的人，它提供了一块盾牌；对想得到好处的人，它提供了奖赏；对妒忌者，它是一种补偿；对恶棍，它是一种力量；对虐待狂，它则是一种乐趣。

在这样一个备受困扰的社会里，人们会对自己能否通过工作或学习来改善自身的境遇产生怀疑。这种情况由于腐败而不负责任的司法制度而变得更加无法容忍，没有一个平民百姓会指望从这一制度中得到公平的补偿。在这样一个世界里，妖术既是一种权力的幻觉，又是对每个人的一种潜在的权力补偿。即使叫魂这样的事其实从来没有发生过，人们仍然普遍地相信，任何人只要有适当"技巧"便可通过窃取别人的灵魂而召唤出阴间的力量。这是一种既可怕又富有刺激的幻觉。与之相对应的则是真实的权力——人们可以通过指控某人为叫魂者，或以提出这种指控相威胁而得到这一权力。施行妖术和提出妖术指控所折射反映出来的是人们的无权无势状态。对一些无权无势的普通民众来说，弘历的清剿给他们带来了慷慨的机会。（当代中国的历史中充满了这种幻觉权力进入社会的例子。我还记得1982年在北京与一个老红卫兵的谈话。他当时是一个低收入的服务工。他感慨地说，毛泽东的"文化革命"对于像他这样没有正式资格循常规途径在社会上晋升的人来说是一个黄金时代。毛号召年轻人起来革命造反。这一来自顶端的突然可得的权力使他的野心得到了满足。他抱怨说，现在的社会样样都要通过考试，他再也没有希望从现在这个最底层的位置爬上去了。）

这种"受困扰社会"（impacted society）为反常的权力所搅扰，它和莱斯特·瑟罗（Lester Thurow）所描述的20世纪美国"零和社会"在某一方面是很相似的。这两种社会都发现，它们所面临的基本问题已无法通过增进生产来解决，而需要"对损失进行分摊"。

"受困扰社会"的特殊政治就是在这种情况下产生的。在帝制后期的中国，绝大多数人没有接近政治权力的机会，也就不能以此通过各自的利益相较去竞争社会资源。对普通臣民来说，仅仅是组成团体去追求特殊的社会利益便构成了政治上的风险。有时，人们便会到旧的帝国制度之外去寻求这种权力；其结果就是造反和革命。但对大多数人来说，权力通常只是存在于幻觉之中；或者，当国家清剿异己时，他们便会抓住这偶尔出现的机会攫取这种自由飘浮的社会权力。只有非常的境况才会给无权无势者带来突然的机会，使他们得以改善自己的状况或打击自己的敌人。即使在今天，让普通民众享有权力仍是一个还未实现的许诺。毫不奇怪，冤冤相报（这是"受困扰社会"中最为普遍的社会进攻方式）仍然是中国社会生活的一个显著特点。

今天的中国同样既是"盛世"也是一个"受困扰社会"，更是许多人尤其是中位数以下的大量人群（他们可不止人数的一半）迫切希望"对损失进行分摊"的社会。会不会进入"零和社会"甚至"负和社会"，取决于我们的智慧和勇气。

在"受困扰社会"里，一些民众在政府招商引资过程中环境权利和土地财产权利受到了损失（当然也有期待征地拆迁的），一些民众在物价房价快速上涨过程中利益受到侵蚀，从而产生"受害妄想症"，他们迫切希望一切推倒重来。平时权利得不到保护，像没有出气口的高压锅，只要有一个出气口就想发泄出去。哪怕这种发泄只是图一时之快，很快就会自食其果两败俱伤。这便是权力幻觉的由来。

在一切狂暴的群众运动里（本质上其实多是"运动群众"，尤其在今天这个高速公路和信息高速公路，以及民众不能合法持枪的力量对比悬殊时代，传统意义上的大规模革命已不复再有，真有大规模的群众运动，大部分也是群众被运动的结果），民众对权力的幻觉都存在。它可以是对反革命的杀戮，可以是对黑分子的批斗，可以是对"卖国贼"的残忍，可以是对日货法货的打砸抢，可以是给任意仇人冠以罪名后的疯狂报复。这种权力为"冤冤相报"提供了广阔自由的舞台。

著名电影导演冯小刚在凤凰卫视《锵锵三人行》节目里说：

咱们不是太能看得了别人比咱们好，你要是活的比咱好，你就稍微收着点，你要再把你活的好劲给散出来，咱就不舒服，所以你看就会出现，前一段打砸那一段，阿玛尼店给砸，那店主出来说，别介，兄弟，说我这不是日本的品牌，我这意大利的……我觉得，再搞"文化大革命"的可能性特别大，我始终认为再来一次（的可能性）特别大。而且再来文化大革命，可不是像过去的时候给你拐一牌子搬着你斗你，这一次我一定把你弄死，让你翻案？我让你翻不了案，而且我觉得对现在的很多人来说，他是有快感的。我觉得我会看到那么一天，我现在不断地在各种饭局吓唬他们，吓唬有钱的。说你们就等着吧，你看看，就是抗日（指保卫钓鱼岛的反日游行——作者注）再过两天，如果没管，就转成抗富。然后就冲到你们别墅区里头，把你们家砸了，把你的东西拿走了，然后我吓唬他们，我说你们呀，你们开好车的这些，你们一定要准备两辆小面呀，桑塔纳呀，那时你跑的时候你开桑塔纳，大奔人家得给你弄了。

作家李承鹏的一段话，典型地反映了当下某种焦灼急躁的社会情绪："你找了块空地，喊一声'反腐败'。每个人都崇敬地看着你。你又大喊'抓贪官'。人们恨不得立马找砖头行动。你继续说'首先找出贪腐的根源'。大家眼神开始迷离。你再说'用民主来监督权力'。下面就有人骂'傻X公知'。你说'这是先进国家的经验'。原本伺候贪官的砖头砸来，骂'狗日的肯定拿了美分'。"

底层民众之缺乏耐心（急于重新分配而不是制定新规则新秩序，哪怕是看着有钱或有权阶层倒霉而自己什么也得不到，也有某种心理上的安慰和快感）和上层政治精英阶层太有耐心（耽于维持现状而不思制度变革以实现"增量改革"），都有可能给社会带来意想不到的危害。

今天，传统意义上的革命是不会再有了。但要防止权力借民粹进行"秋收"，那样会扼杀、剿灭和吓跑社会上最具创造性的力量——企业家阶层。通过法治的确立，限制权力为所欲为，平等地保护富人和穷人的权利与利益，是社会走向大治、中国走向复兴的基石。

历史的节点：以大赦换自由民主

参考消息网 2012 年 11 月 26 日报道：外媒称，腐败或许是中国老百姓对执政者最大的不满，而中共新领导人习近平上台后就把反腐作为他的首要话题。

据美国《基督教科学箴言报》11 月 23 日报道，习近平近日在新一届政治局首次集体学习时警告说，如果对腐败问题不加控制，"最终必然会亡党亡国"。他还说："对一切违反党纪国法的行为，都必须严惩不贷，决不能手软。"

美国哥伦比亚大学政治学教授吕晓波说："控制腐败对任何政权来说都是巨大的挑战。"他补充道，"意识到这是个问题并把这当做工作要点并不一定就意味着能成功"打击腐败。

不过，中国的一些反腐专家说，这回或许有理由多一点希望。中国人民大学反腐败与廉政政策研究中心主任毛昭晖说："在很长一段时间里，所有力量都放在经济发展上，那是首要任务。"他认为，随着其他政治重点的出现，"这种情况正在发生变化"。

报道称，在中国，送礼是传统文化的支柱之一，中国目前行贿之风蔓延到社会的上上下下。专家称，根据官方数字，5年来约有66.8万党员因为腐败受到处分，而这只是冰山一角。中国的观察者大多认为，下一步最有可能是出台某种"阳光法案"，要求官员公布收入和财产。尽管目前还不清楚这种申报将在多大程度上得到可靠的核实。有高级官员曾说，他们愿意公布财产。

随着经济转型、政治转型、社会转型等一系列客观要求，我个人相信执政党的工作重心也会发生转移。反腐败被提到执政党更重要的议事日程上，应该不会有悬念。但如果对腐败问题仅仅停留在"反"字上，停留在对于过去的"清算"上面，既不可能达到理想效果，也与反腐败的初衷——预防和减少腐败不在一条道路上。

反腐败的最终目的，是要防范腐败，要铲除腐败的土壤。腐败的土壤不除，再严厉的反腐败都只能像割韭菜，割完一茬又疯长一茬，永远割不完。多少人失去自由，多少人人头落地，社会还是不见好。

而铲除腐败的土壤，本身就是经济体制和政治体制改革的核心内容：减少权力含金量：减少管制，财产自由市场自由；加强监督与制约：司法独立，民主宪政，扩大差额选举，公开政治竞争并由民众选择，新闻自由，等等。

这里有一个死结：如果经济体制改革和政治体制改革的核心内容由现有的权力阶层来推动，那么，对于官员们的过去要不要清算？如果要清算，他们肯定没有动力来推动，那么有动力推动的群众有没有能力和力量来推动？如果由群众来推动（假设他们有这个力量的话），肯定是先来一轮清算，亦即革命，而在清算过程中得到好处的人们，会不会很快就忘了当时要改革的初衷？——不幸的是，过去的革命历史就是常常这样演变的。"能力"的短板在此突显无遗！

很多人天真地认为，只要实施公务员财产和收入公开的"阳光法案"，反腐败就能水到渠成万事大吉。但只要"清算"的阴影在，没有多少人能够如实申报并公开自己的财产，其最终能不能得到核实，谁来核实，都是问题。在"清算"阴影下，不管是上级还是专门反腐败机构来调查核实，还是由媒体代行民意进行调查核实，最终都会形成强烈的反调查，而反调查的办法之一，就是不断拉拢腐蚀调查者。这样，前腐未及清算，后腐已接踵而至！腐败的面积和程度反而都有可能不断深化。

我们今天羡慕中国香港地区廉政公署40年来可以做到对腐败"零容忍"，但有多少人知道，在历史转变的最关键节点上，他们到底做了些什么？著名学者吴思在文章中写道：

20世纪六七十年代，香港警察贪污成风，仅收取"黄赌毒"的贿赂，每年就达十亿港元。1974年，香港廉政公署成立。廉政公署成立10个月，接到有关贪污的投诉5 958宗，涉及大量警员。1977年9月，廉署对尖沙咀警署重手出击，不到一个月就逮捕了260余人，其中高级警务人员22人，几乎将该警署一锅端。逮捕行动从尖沙咀开始，向周边警署扩散。众多警察意识到，廉政公署不仅断他们的财路，还威胁他们的人身安全。

1977年10月28日，数千警察到湾仔警察总部请愿。游行至廉署执行处总部，近百名警察闯入闹事，拆下廉署招牌，砸毁廉署大门，围殴五名外籍廉署官员。一些警察要求撤销廉政公署。香港警察同声相应，闹事可能进一步扩大。

港督不能答应这些要求，但警察闹事将使香港社会陷入混乱。两难之中，港督麦理浩决定让步。1977年11月5日，麦理浩发布"局部特赦令"：除了已被审问、正被通缉和身在海外的人士，任何人在1977年1月1日前所犯的贪污罪行，一律不予追究。

特赦令一出，多数警察安全了。有些警察得寸进尺，要求将反贪部门并入警务系统，市民和舆论则对港督的让步不满。麦理浩召开立法局会议，通过了《警察条例》修正案：任何警员，如果拒绝执行命令，将被立即开除，不得上诉。对警察们来说，再闹下去收益已减，风险大增，于是偃旗息鼓。

赦免个人罪行，换来了社会稳定，保住了制度改良。在后来的岁月里，廉政公署发挥了重大作用，香港成为全世界最廉洁的地区之一。

也就是说，在历史的关键节点上，是大赦换来了制度改良！今天的中国站在经济和政治体制改革的重要历史关头，同样需要大赦的智慧和勇气。吴思先生提出用转型交易的办法，特赦贪官促政改，个人表示十分赞同！他在文章中写道（以下括号内的宋体字句为作者所加）：

具体做法是：在某个特区设定一套政改的指标，例如乡镇县市等级别的直选，差额选举，政治人物公开竞争，人大代表专职化，司法独立，媒体开放等等。一旦验收达标，该地区就实行特赦。官民的政治经济罪过，无论已发觉未发觉，皆在赦免之列。我认为，某些政改的反对者有钱有权，但缺乏安全感，以特赦为悬赏，将使他们转变立场。

按照"得其所应得，付其所应付"的正义标准，贪官应该得到惩罚，赦免是不正义的。但是，第一，我们讨论的不是赦免贪官，而是一项政治交易。交易正义与否可以计算出来。第二，正义总是处于特定情境之中，除了正义，还有生命、财产、制度改良、社会稳定等诸多价值，需要综合考量。

我们讨论的不是单方面赦免，而是有得有失的政治交易。赦免罪恶固然不公正，却可以避免更大的不公正——恶人更加得势，良民更加受害。马克思主义者普列汉诺夫说，道德里总是包含算术的。

美国政治学家、哈佛大学教授萨缪尔·亨廷顿在《第三波——20世纪后期民主化浪潮》中描述了各国威权政府向民主宪政转型的历史，他发现一种矛盾：追求正义和真相，有时可能威胁民主。因此，他建议民主派遵循这条准则：如果官方主导的转型过程启动，不要试图因为其侵犯人权罪而惩治威权政府的官员。这种努力的政治代价将会超过道德上的收获（第五章第二节）。

转型成功后，正义也不能脱离全局考虑。南非转型后，图图大主教主持真相委员会，以真相基础上的和解，代替了惩罚性正义。他说："我们不得不在正义、责任、稳定、和平、和解等需求方面进行平衡。我们完全能够实现处罚性的正义，但南非将躺在废墟之中。"（图图：《没有宽恕就没有未来》）

（民众的主要诉求不一定是反腐败，而是要求自身权利免受侵犯。）从频频发生的群体事件看，无论是上街还是上访，民众的主要诉求不是反腐，而是维护自身的公民权利，寻求司法公正，参与环保决策，罢免和选举村官。同时还要求媒体的公正报道。这些正是政治体制改革的内容。

转型完成后，民意得到了更多的尊重，公民社会也逐渐壮大，以前的赦免往往遭到质疑。那时，如果公民组织坚持不懈地追讨正义，他们会在精神和物质方面得到补偿性正义。如果他们坚持追讨真相，就能找到部分真相。至于惩罚性正义，在政府主导的转型社会中，目前尚无追讨成功的先例。

（时间会慢慢地淡忘罪恶抚平仇恨）。各国的常见现象是：时过境迁，过去的恩怨越来越远，民众对此越来越淡漠，清算和宽恕之类的话题在不知不觉中消失了。

（官方主导的转型代价最小，收益最大，见效最快）。在亨廷顿笔下，世界史上的三类转型与清算的关系非常清晰：官方主导的转型不会有清算；民间主导的转型会有清算；官民协商的转型比较折腾，通常以揭露真相代替清算。这种现象由实力对比及成本收益决定，沉重而坚硬，不以人的好恶为转移，可称为"转型清算律"。承认这条规律，就没有理由怀疑特赦承诺。

承认这条规律，还能回答为什么贪官会支持转型的问题：官方主导的转型成功了，民间主导的转型中的清算风险就永远解除了，连移民或逃亡后的引渡风险都不必承担。（这其实是一个多赢：消除官员的短期行为和对政治经济改革的恐惧心理，同时将他们的财富留在国内造福社会。）

胡星斗教授根据中等腐败国家的腐败金额通常占 GDP 的 3% 推算，2009 年中国的腐败金额约为 1 万亿元。胡教授又据此推算腐败受到惩罚的概率只有 1%，再根据 2010 年最高检工作报告，推算出 2009 年县处级官员的腐败比例为 48%，厅局级 40%，省部级 33%。

推算未必属实，却可以勾勒大体轮廓。一年如此，十年是什么情景？腐败的比例不好累计，以金额累计，10 年就有 10 万亿元左右。倘若严格执法，100 万元就够死刑了，10 万亿元包含了 1 000 万个死刑。如此规模的财产和人命，将引发怎样的对抗？

没有宽恕和赦免的大规模反腐败，不仅必将遭到激烈的抵抗和侵蚀，政改的愿望也将如镜花水月难以得到执行；同时，没有宽恕和赦免，也显示出对生命和人性缺乏最基本的体恤和温情。每个人都是父母所生，每个人生命都只有一次，每个人都是环境的产物，每个官员都只是一个国家大机器下面一枚小螺丝，甚至连螺丝都不是。以前官场大量的腐败和对民生民瘼的漠视，主要是不良制度造成的问题，权力含金量太大，又不受监督和制约，就像一个血气方刚的男人，天天放到美女堆里，美女们还时不时上来挑逗你，却要让你坐怀不乱纹丝不动，这是以圣人甚至以非人的标准要求人。而很多官员之所以成为官员，成为公务员，有自主的选择，也有命运的安排，有必然性也有偶然性，他们并不必然比其他职业的人更高尚或更卑鄙。坏制度可以把好人变坏，好制度可以把坏人变好，追究制度，改良制度，显然比追究个人更重要。这一根本的转化，既是在政治上实现"增量改革"的必然和必要，也包含了对人性弱点的承认和怜悯。

　　一个睚眦必报，一个怨怨相结，一个冤冤相报的国家和民族是没有未来和希望的。没有宽恕就没有和解，就永远只会有无休无止的清算，只会陷入不断的仇恨、剥夺与被剥夺的恶性循环中。

期末作业

　　一直在犹豫要不要给同学们布置期末作业也就是假期作业，因为上学期布置的期末作业我没有收到任何一篇文章，也许你们给老师了，没有给我。但想来想去还是要布置，这是我的责任，因为很多东西，思考比听课更重要，过程比结果更重要，方法比结论更重要，只有经过你自己认真思考和仔细求证，知识和方法才会变成你自己的智慧和财富，任何人无法越俎代庖。你自己才能帮助你自己。

　　两个题目：

　　1. 假如由你来设计预防和打击腐败的全套方案，你会怎么设计？如何执行？

　　2. 假如由你来设计中国未来的改革路线图，你会怎么设计？说明理由，并详细说明改革可能遇到的现实约束条件及破解方案。

2012 年 12 月 29 日

附录
大城市化与青年未来

寻找自己的时代坐标

A. 大判断和小判断。一个球。大家只看这个球，周边的环境都不看，你能判断它会滚向哪里吗？不能。很多时候，事物就像一座山，我们身在其中，当我们身陷其中的时候，我们往往只看到自己，看不到山的真面目，不识庐山真面目，只缘身在此山中。因为我们把自己看得太重要了，自己就是一切，忽视了周围的环境和条件。只有当我们跳出三界之外，看清楚这座山，才能知道自己在山中的位置，进而确定自己该往哪个方向走。这就叫有准确的大判断才有准确的小判断。古人说不谋全局者，不足以谋一域。就是这个道理。

B. 还是这个球。我们就像这个球，时代像一辆高速行驶的列车，我们的脉搏，必须紧紧地与时代同步，否则，高速列车在往前疾驶，我们则不断地往后滚，终有一天，被甩出这辆列车。一个球，会往哪里滚，只盯住球体本身是无法正确判断的，必须充分考虑球周边的环境和条件。一个人不能眼里只看见自己。要想对社会有所贡献，必须使他的才能比别人更适合时代的需要。若想不成为时代的弃儿，首先必须清晰地判断时代发展的方向。

C. 今天是个什么样的时代？今天的时代，节奏越来越快，世界越来越不确定。其实你还是跳出三界之外来看，站高一点看远一点，不局限于眼前的、个体的一时一事，会发现时代的时间轴和空间轴其实很清晰。早在2000年，美国经济学家、诺贝尔经济学奖获得者斯蒂格利茨（Stiglitse）就断言：影响21世纪人类社会进程两件最深刻的事情，第一是以美国为首的新技术革命（我们已经看到了互联网的巨大威力），第二是中国的城市化。

互联网第一次在人类历史上以技术进步的形式挑战意识形态，自由平等的普世价值成为人类共同价值观；史无前例的中国城市化运动给中国的进步和发展带来了极大的机遇和挑战。正是在这样的时空轴上，我们每个身在其中的人，在努力地从中寻找自己的位置和坐标。

你现在的位置在哪里？你未来的方向向何处？这是我们每个人都必须静下来思考的问题。方向明确，才会事半功倍。有一个漫画，说的是方向错误，速度越快越悲催。漫画画的是一个人在挖地道，这个地道通向的不是光明，而是一座厕所！所以在你准备出发前，千万要做一个大判断：这个时代到底是怎么样的，你在时代中目前处于什么位置。

由于历史和现实制度等方面的原因，当代中国的城市化进程来得特别迅猛，很多人都有措手不及之感。城市房价飙升、乡村迅速衰落。由于新中国成立后很长一段时期人为阻止了城市化进程，导致乡村环境恶化、城乡贫富差距也大。基本生活资料等要素资源放开以后，城市化的"补课效应"也特别迅猛。这种种情形，就像筑三峡大坝，大坝筑得越高，水位也越高，一旦开闸放水，水势也就越大。

中国的城市化客观上受到两个因素的强烈引导和制约：一是自然环境因素，我把它称为自然地理线，即著名的胡焕庸线。我将在后面作详细介绍。二是我所总结的人文社会线，即百万人口线。

笔者十余年来一直呼吁中国应着重发展大中城市，这也是不以任何人和组织的意志为转移的自然历史规律。中国的权力关系和制度文化传统是，越到基层，越到人口稀少的地方，经济、文化和社会资源的权力单极化控制和垄断特征就越明显，"关系社会"的羁绊也越重，各种拉帮结派的窝里斗内耗也越显其威力。

这种情况，只有在100万人口以上的大城市才略见改观。城市越大，内耗越小，竞争的公平性、个人的自由度就越大，城市的聚集效益和经济效率也越高。虽然超大城市的交通不便和高房价等抵消了其中一部分效益，但是，比起人与人之间过于复杂的人际关系损耗和过于严密的权力资源控制而言，这些因素几乎可以忽略不计！

爱国和天下一家其实很具体

在城市化问题上，我们犯了一个极大的错误，这个错误至今还在坚持，就是过于相信物资的流动、财富的流动，而不相信人的流动。事实上，人的流动才是一切流动的根源。

我们曾经虚妄地追求地区均衡发展的乌托邦，以为人的意志可以把人口、资源流动这些异常复杂的社会系统工程统统纳入自己的规划调整范畴。但不论是当年的知青上山下乡，还是今天的西部大开发，"三大差别"都没有缩小而是在加大。2010 年是中国实施西部大开发战略十周年。官方数据显示，十年来，西部 12 省市区先后建设了 120 个重点工程，总投资约 2.2 万亿元人民币。但绝对差距仍在扩大。国家发改委副主任杜鹰称，2000 年，西部和东部的人均 GDP 相差 7 000 元，如今，这一差距拉大到了 21 000 元。国务院西部开发办原副主任李子彬坦陈，"再经过 100 年（西部地区）也不一定能够和东部地区拉平"。

古今中外，世界上没有任何一个国家是可以做到地区性的均衡发展的，唯一能做的是"人的均衡发展"，而人的均衡，也只是人的权利方面的自由与均衡发展，比如：平等的受教育和社保权利，自由迁徙权利的保障等等。

我们曾经以为，大城市应该关起门来阻止更多的人进入，才能解决大城市资源尤其水资源紧张的矛盾。但人类是一个整体，中国是一个完整的家园，东部大城市关起门来，各地新增人口只能就地消化，在水土流失和农业人口增加、人均耕地面积少的双重作用下，土地越种越瘦，许多地方陷入"越穷越垦、越垦越穷"的恶性循环。人类不适合居住地区的大规模开发，带来生态和环境的严重恶化。

不论从古代风水还是现代科学角度，大江大河的发源地、中西部地区都是中国的后山圣地，应当以生态保护为主。保护中华民族的"龙脉"，应该是中西部/江河上游地广人稀，谨慎开发；东部，江河中下游尤其是下游大城市化。人类如果违背自然规律，结果一定招致自然的惩罚。大江大河和生态脆弱的中西部和东北地区滞留过多人口，必然导致过度开发进而导致生态和环境灾难，也直接对下游大中城市的水资源、水环境保护等构成威胁。

今天我们到处都大谈东部产业向西部转移、西部大开发什么的。中国的大江大河都自西向东流，西部是中国的神山圣水，破坏了西部，东部绝不会有好日子。有人说，西部人也要生存发展。是的，但绝不是产业西移而是人口东移，开放东部大城市。没有天下一家胸怀，谁都别想好！

在这里，中国是一个整体，爱国和天下一家其实很具体，就是爱自由，并且爱她的人民，两者结合起来，就是为她的人民争自由和权利。在城市化的背景下，就是自由迁徙的权利。自由迁徙，我们的环境才会变好，我们的城乡差距才会缩小，社会才会越来越趋向于自由、平等。大家都涌向一线城市，为什么不开放一线城市的户籍制度，造成了那么多的流动儿童和留守儿童悲剧？5 800万留守儿童和数千万流动儿童，他们没有平等的受权利教育、尤其是没有平等的高考升学权利，对于城市的未来意味着什么？

"人口与资源矛盾论"是当代中国最大的理论和决策失误

我们曾经以为资源短缺是我们的主要发展瓶颈。但在发展经济学中，很多学者都注意到一些资源丰裕的国家却往往发展停滞。于是有一个名词被大家记住了，叫"资源的诅咒"（resourcecurse），这通常指一些矿业资源丰富的国家和地区，比如有丰富的石油或煤矿，却非常落后，经济水平低，政治腐败。以资源短缺论，世界上几乎没有一个发达国家和地区，没有一座发达城市是靠自己的资源优势成功的。"从世界范围看，在自然条件差不多的地区，人口越稠密地区经济越发达，这就是规模效应。人口规模优势和密度优势使得'人多力量大'，能够主导世界市场，更容易获取全球资源。比如日本自然资源缺乏，但是能够获取全球资源，而一些资源丰富的国家，反而只能廉价出卖资源。今后如果资源短缺的话，最先出现问题的是资源输出国，而不是消费国。"（易富贤）中国的香港、台湾地区自然资源也都很缺乏，但是它们都发展得很好，一度成为亚洲四小龙中的重要成员。另外两小龙是韩国和新加坡。

从富可敌美国的苹果公司及其 CEO 乔布斯的创业奇迹和"能量黑洞",我们更加可以清晰地看到,资源对于一个企业、一个个体乃至于一个国家来说,并不是最重要的,甚至是相当不重要的。

美国财政部最新公布的数据显示,截至 2011 年 7 月 27 日,美国政府运营现金余额为 738 亿美元。而苹果发布的财报显示,截至上一财季末,其所持有的现金和有价证券总额,已经高达 762 亿美元。也就是说,作为全球最大的科技公司,苹果当前持有的现金储备,已经超过了全球经济实力最强的美国。这一数字,还超过了 126 个国家的国内生产总值之和。说它富可敌国一点也不为过。与美国债务总额突破 14.3 万亿美元相比,苹果的债务为零。

苹果和乔布斯的伟大秘密在于,他有一股魔力能够洞见未来的技术趋向,并且能够"创造"用户自己都不了解的需求,并且通过对细节和美的惊人苛求,成功地将概念、技术、设计等一一实现,从而做出让用户都无法想象、无法抵御的产品,以至于闹出卖肾买 iPhone 等人间"惨剧"。让用户体验到"意想不到的惊喜体验",才是其对"用户至上"的最新诠释。

也就是说,因为苹果公司和乔布斯把所有的注意力都集中到人而不是物资的身上,才引得世界各国的人们自愿自主地将自己的能量(金钱、关注、热爱)奉献给它,甚至到了不惜卖肾的地步;因为市场化的奉献(提供无与伦比的产品和服务)而获得巨大能量的企业主体,又必将以另一种方式持续获取来自世界各地的另一种能量——代工企业等的资源、劳动等付出。在这里,世界最一流的公司,需要的只有两点:智慧的创造性的头脑和对于潜在客户的无限忠诚!而这一切的基本出发点只有一个:最完美地服务于个人。

正是基于此,使他成为了一个在全世界范围内巨大的"能量黑洞",源源不断地在全世界范围内吸收能量。而苹果公司尽管已经富可敌国,却只是从乔布斯家的车库起步,至今仍然偏居在乔布斯的故乡——加州的帕洛阿尔托市。

由此生发开去,任何一个个人、一个企业乃至一个政府、一个国家,只要真做到完美服务于每一个潜在的"市场个体",其自身,想不成为超强无敌的"能量黑洞"都难。眼里盯住资源,永远没有前景;眼里盯住人,尊重人服务人,一切皆有可能。

我们一度认为人口过多是我们经济不发达、环境破坏大的主要原因。但我们的很多问题，生态问题、环境问题，具体到水资源问题，等等，都不是因为人口太多，而是因为人口分布不合理，违背了自然规律和社会规律。近代以来，中国占世界人口的比例是不断下降的，近两百年时间内下降了一半，意味着中国人均资源相对世界平均水平升高了一倍。2011 年 10 月 31 日，世界迎来第 70 亿人口。与此同时，中国占世界人口的比例也由新中国成立初的四分之一降到了现在的五分之一。但过去半个多世纪，中国的人类活动对大自然的破坏，远高于世界平均水平。中国科学院有关部门通过卫星遥感，对我国西部 12 省区的土地承载力（每平方公里土地上生长的绿色植物所能养活的人口数量）进行了评估。结果表明，西部有 1/5 的土地承载力处于超负荷状态，如内蒙古科尔沁沙地、陕西北部、甘肃的河西走廊、云南、四川、贵州等地，都处于超负荷状态。西藏的南部和西部、新疆的伊犁谷地及南部绿洲、青海东部等地则处于满负荷状态。这些严重超载已经造成很多地区自然生态环境恶化，如科尔沁地区土地沙质荒漠化，陕北高原水土流失，云贵高原喀斯特地区出现石漠化。有人计算了一下，中国目前适宜生存的好地方只有国土总面积的 1/3。半个世纪以来，荒漠化及严重水土流失地区的面积各增加了约一倍半，中国等于丢失了大约 350 万平方公里土地。可见自然界的破坏力有多么强大！而造成破坏的主要原因不是别的，正是人类的过度活动、过度开发开垦造成了各种各样的"开发性破坏"或曰"破坏性开发"，使自然生态没有休养生息的时间和空间。中国科学院《1999 年中国可持续发展战略报告》中有这样一条信息：中国人每年搬动的土石方量是世界人均值的 1.4 倍。中国的人类活动具有明显的破坏性，高出世界平均水平的 3.5 倍。

计划经济时期形成的城乡壁垒森严的二元户籍制度，将农民死死锁定在他们的出生地上，不能自由流动，即使生态环境已经使生存和发展成本变得很高甚至根本不适合生存，也不能迁移，因为居民没有自由选择居住地的权利。只好通过改造自然，改造国土来暂时改善自己的生存条件，无形中、长远上又加大了对自然的破坏。在卫星上看地球，别的地方都是墨绿一片，中国版图则一片焦黄格外刺目。这不是另一种形式的卖国吗？

因为我们没有尊重自然规律和人口流动的自由和权利，才导致现实这么一种后果。1935 年，著名的人口地理学家胡焕庸提出黑河（爱辉）—腾冲线即胡焕庸线，首次揭示了中国人口分布规律：宋代以来，自黑龙江瑷珲（也就是现在的黑河，可以看北极光的地方）至云南腾冲（腾冲历史上是世界上最美丽的珠宝——翡翠进入中国的第一站，是毛泽东的老师、马克思主义哲学家艾思奇的故乡，同时也是二战期间美国支援中国抗战极其著名又极其危险的驼峰航线之所在）画一条直线（约为45°），线东南半壁36%的土地供养了全国96%的人口；西北半壁64%的土地仅供养4%的人口。

自1935年以来，我国人口分布的基本格局基本不变。以东南部地区为例，1982年面积占比42.9%，人口占比94.4%，1990年人口占比为94.2%。从1935年到1990年，经历了55年时间，我国东西部所占全国人口之百分比仅仅有1.8%的增减变化。新中国成立后人口沿胡焕庸线的分布只改变了一点点，西部生态就已经发生了巨大变化，恶化得非常厉害。其中的主要问题，并不在于单纯的人口增加，而在于人口增加以后，分布的规律被破坏。半个多世纪以来史上最封闭、落后、僵化的户籍制度难辞其咎。"大自然是不会犯错误的，是永远正确的，错误永远是人犯下的。"（歌德）我们曾经坚信人定胜天，相信人类的力量能够改造自然。但自然是不可战胜的，自然界有它自身的规律，此之谓天道。

改革开放以来，人的流动开始变成一个挡也挡不住的潮流。与此相适应的是，大量的乡村环境随着人口的迁移也迅速好转。一二十年前光秃秃的山岭现在很多变得郁郁葱葱。统计数据也能说明问题：

始于2007年结束于2009年的第二次全国土地调查初步汇总发现，5年来的耕地面积有了大幅增加。全国实际耕地面积为20.26亿亩，建设用地约为5.36亿亩，较之2008年度全国土地变更调查数据（18.28亿亩），耕地面积多出近2亿亩，建设用地多出4 000万亩左右。城市化进程使耕地增加而不是减少，这是常识。因为城市化使人均用地面积大幅度减少，城市越大，人均用地面积越少。

拼爹时代，自由的价值高于一切

没错，这是一个拼爹的时代，没有个好爹似乎寸步难行。但同时也是个坑爹的时代，走不出爹的人最终不少要坑爹。

对于青年的未来，我们不必那么悲观。中国是个讲人情讲关系的关系社会，并不是今天才这样。今天已经有大城市化、有局部的自由市场可以呼吸，以前的关系，比今天更加铁桶一块。比如说知识青年上山下乡时代，很苦，要想回城，必得贿赂村干部。今天，你可拔腿就走，像徐志摩一样潇洒，挥挥手不带走一片云彩，到大城市寻找自己的天空。

我上大学那会儿，有两个校友，比我早一两届毕业，大概是88、89年前后，一个男的叫罗玉川，据说父亲是省部级干部，牛得很，但他毕业后就是不愿意听从老爹的安排，非要去中央电视台，哪怕是一开始不拿工资试用也行。另一个是女的，叫朱红，家里关系也很过硬，也不愿意听从家里的安排，而要赤手空拳自己打天下。找了几十家单位都没人要。那时候的本科生，可没有像今天那么多。当时很多媒体都有报道，轰动一时。这就叫做志气。当人类满足了基本的物质需求以后，自由的价值就会远远超过物质本身，成为人类的永恒追求，它有时甚至超过名望、地位等外在的东西，是人幸福感的最基本源泉。

人是要有点精神有点志气的。更要紧的是，打拼自己的人生比拼爹其实是一件更有智慧的事情。

关系网就像蜘蛛网，它的格局就那么大。人一旦钻进关系网中，互相牵扯，很多时候就很难挣脱出来，作茧自缚。而人生本来是有无限可能性的。拼爹有效但是有限，爹再有本事，也有他的一亩三分地，出了这一亩三分地，就不是他的地盘了。再说，爹是一张会过期的船票，政治权力也好，靠攀附得来的财富也好，往往都是暂时性的，一时威风凛凛，过时就不行了。所以古人说："靠山山倒，靠树树倒，凡事靠自己最好。"《幽梦影》说："今日少一攀附，他日少一掣肘。"

有人说得好：体制是逼仄的，但环境和心灵依旧是自由的。无论是来自豪门还是来自寒门，在心灵上都享有同等的自由，而这正是向命运突围最有力的武器。

人的心灵应该像玫瑰和天空一样开放。而拼爹造就的心灵恰恰有时是封闭的，为了小圈子小团体的利益，近亲繁殖，导致"物种退化"。

拼爹的时代我们拼自由。权力、资源是可以垄断的，但知识、自由和智慧永远无法垄断。人的一生，最大的借力是借势，而不仅仅是借人。能够判断和把握历史发展方向的人，才真正无敌。把有限时间和聪明才智用于罗织关系网，不如用来扎扎实实学习和工作。你只要肯付出，肯努力，有见识的人、志同道合的人终究会走到一起，形成真正"强强联合"的市场力量。

21年前，大学毕业的时候，我是逃跑似地离开北京的。我不喜欢北京的大且不方便。在大城市的时候向往中小城市，到了中小城市向往着乡村。我向往的是宁静诗意的小城，我甚至雄心勃勃地要回乡村，为父老乡亲干一番事业。然而现实击碎了我的梦。地方财政为吃饭发愁，少一个是一个，巴不得大中专毕业生们都黄鹤一去不复还。

这样就到了一个地级市。宁静安详的闽中小城，一晃就过了十年与世无争、诗酒唱和的日子。直到换了一家单位，有了潜在的"同行竞争"，树欲静而风不止，你的到来，成了一些人眼中的钉子心中的假想敌，平静的生活从此被打破。也许，在过去若干年里，你的"不争"，你的悠然自得，恰恰成全了你的"故莫能与之争"。而一个人只要用心，只要专注于某件事，十年磨一剑，总不会是荒田遍野颗粒无收吧？

而在一个行政对资源的控制力无远弗届的地方，如鱼得水的便只有两种人：一是攀附权势者，二是拉帮结派者。你不想攀附权势，又不想拉帮结派，你只想着要一个人的江湖，最好的办法就是抽身便走。

人到中年才回到北京，方才知道什么叫做海阔天空。一位在人大读书的小老乡说：在北京，什么样的想法都能找到知音！

大城市的魅力大抵都是如此。溪水都一往无前地奔向大海，原来大海有大海的无穷秘密。当你还是一滴水的时候，必须融入大海才不会使自己干涸。自由的生活、一个人的江湖，只有到大城市寻找，那里边，市场配置资源的程度比任何地方都要高。"大隐隐于市"，古今亦然。

越到中小城市，爹的作用越重要；越到大城市，个人奋斗的价值越彰显。有一段时间一股"大城市房价太高，导致白领纷纷逃离北（京）、上（海）、广（东）、深（圳）"的说法甚嚣尘上。去年，更有一股所谓真正的逃离北上广潮流。但是今年，媒体的舆论风向又大转，标题纷纷又从"逃离北上广"变成了"逃回北上广"。似乎应验了《围城》里的那句话："城里的人想出去，城外的人想进来。"

调查显示，京、沪、深、广等一线城市工作的职场人想逃离的首要原因是：房价太高，生活成本难以承受，这个比例达到61.7%。其次是工作压力太大，生活节奏过快，比例将近五成。此外，还有超过三分之一的职场人认为一线城市生活环境恶劣、空气污染严重、交通拥挤令人难以忍受。

但调查还显示,社会发展的总趋势是奔向北上广而不是逃离北上广。2010 年,智联招聘根据简历库数据,对过去 3 年大学毕业生就业所在地以及迁移状况进行了数据分析。分析数据显示,高校毕业生的初次就业工作地主要集中在北京、上海、广州、深圳四座城市,比例分别为 29.7%、14.9%、5.6%、3.9%。毕业 3 年后的工作地也基本集中在这四座城市,比例分别为 30.4%、18.6%、5.0% 和 3.3%。

这个数据最能说明真实情况:高校毕业生初次就业集中在北京、上海、广州、深圳四大城市的比例高达 54.1%,毕业三年后在这四大城市就业的更是高达 57.3%,人们不是在逃离北上广,而是在不断奔向北上广!

一线城市的高房价确实是很多职场人需要背负的经济压力;而大城市的生活节奏快、工作压力大也是不争的事实,但是,大城市的机会成本更低,竞争更自由、更公平,也是不争的事实。

2010 年 5 月 29 日,国金证券首席经济学家金岩石先生在他的博客文章《正视“不公平的合理性”》一文中写道:

> 在最近的一期“头脑风暴”节目中,我作为现场嘉宾参与讨论了“80后——幸福在哪里?”主持人(零点调查公司董事长袁岳先生)请现场观众们决策,在积累了一定财富后选择在哪里生活?投票结果是:大城市,77%;中小城镇,17%;乡村生活,6%。

对于多数人来说,大城市尽管有高房价、生活节奏快等这样那样的压力,但通过个人奋斗仍然有可能突破这些瓶颈;而到了小城市,可能面临的是权力和关系织成的天罗地网终身笼罩着你,不能自由地呼吸,甚至不能有足够尊严地生活着。或者奴役别人,或者被别人奴役。

做理性的建设者还是感性的威胁者?

毫无疑问,我们中的绝大部分同学将来都会到一二线城市去工作和生活。但是理想很丰满,现实很骨感。将来很多同学一开始都要面临着收入不高但房价很高的现实。在这种坚硬的现实面前,我担心一些同学会一叶障目,过于夸大房价的局部影响而看不到中国社会的全局,从而无意之中使自己站在了社会威胁者而不是建设者的行列中。

余以为先生 12 月 6 日凌晨发表博文，认为中国最大的威胁来自年轻知识分子。文章说：

数据显示，2012 年中国普通高校毕业生规模达到 680 万人，比上年增加 20 万。加上前两年 200 万未就业人数，今年累计有近千万大学生要找工作。这批年轻人寒窗十六年后，他们的工资可能还不及未上大学就出去打工的同乡。政治体制改革滞后使中国产业升级困难，文化、金融等知识产业在政治高压下蹒跚前行，经济繁荣只增加建筑工地和生产线上的就业机会，农民工短缺和大学生失业，这种结构型错位不仅缩小大学毕业生起薪与农民工工资差距，而且可能成为未来社会动荡的主因。难怪最近北京的精英们大唱警惕民粹主义，也许中国真会南美化，但动乱主体不是农民和农工，而是年轻知识分子，社会动荡的导火索不是现在的经济萧条，而是未来的通货膨胀。

中央党校教授周天勇也说：未来 10 年，农村因高中毕业率提高，每年有几百万人转移；大中专每年 1 000 多万人毕业，仅年轻人就业年需 1 500 万人左右岗位。

笔者基本赞成余以为先生的观点，并且认为年轻知识分子的"威胁"不仅是将来时，而且已经成为"现在进行时"。这从中国社会的最焦虑最显性的矛盾焦点之一——房地产领域，已经表现得非常明显。一些民粹立场的知识分子甚至为此火上浇油，不从根本的经济和社会体制改革入手，回避体制改革，开出头痛医头脚痛医脚的"药方"，结果不是在解决问题，反而是在恶化社会经济状况、激化和恶化社会矛盾。

当下，行政垄断导致中国的高端服务业一直得不到良性发展，而高端服务业又是吸收大学生就业的主渠道。在当前，五成以上的大学毕业生被迫流落到北、上、广、深四大都市街头，高企的房价和大学生民工化的生存环境形成尖锐刺激和反差，使当代年轻的大学生成为"个体能量很小，群体声音很大"的怒吼的一群。

这种怒吼实际上已经在局部影响决策。笔者在《楼市喧嚣里沉默的大多数》一文中已经牵涉到这个问题：

久而久之，形成对相对于全国而言范围较小的大中城市高房价如过街老鼠人人喊打、对范围更大的中小城市高房价却无媒体监控的奇特格局。

这种格局并非始自今日，而是可以说历来如此。与此相应的，还有调控以后中小企业的生存窘境以及农民工失业等的状况，也都很难得到媒体全面、系统的呈现……如是，在楼市问题上，信息的不对称会越来越严重，舆论向事实真相之外的偏离也会越来越严重。

造成这种格局并随时有可能影响决策偏离"全局轨道"的原因，就是年轻知识分子收入低而又在一定程度上掌握了话语权——不论是实际的语言表达能力，还是他们成为各类媒体的主力军，他们都是善于社会表达的主流人群。年轻的编辑记者们更是利用手里的公共话语权自我加冕，自认为公众利益的代言人，实际上眼里看到的只是自己所处的大城市房价。因某种程度上迎合年轻知识分子这一"怒吼的一群"之情绪而导致的可能的"过度调控"，事实上已经形成"满盘皆输"的局面——即使不谈宏调殃及池鱼加剧民间高利贷和中小企业生存危机及农民工失业危机，就购房本身来说，已经形成了对投资投机者有利而对真正的刚需不利的局面：

一二线城市限购导致三四线及其以下城市短期内房价飙升，恰恰有利于投资投机者短期获利，却不利于刚需长期持有；即使在如此严厉的调控政策下，今年房价总体仍然上涨，任志强估计全国平均房价会上涨5%至5.5%。主要就是未调控城市上涨带动了全国平均房价上涨。

一二线城市限购的确带来了局部调价下调，但整体幅度有限。而在房价调控背景下，银行为防范风险提高了首套房首付，由20%提高到30%，这对许多原本囊中羞涩的刚需购房族来说，是个巨大压力；与此同时，由于存款准备金率大幅度上调导致银行资金链紧张，又刺激了钱价上涨，各地、各银行纷纷将首套房贷利率也在基准利率上上调了5%到10%。从原有的基准利率上优惠30%（七折）到上浮5%到10%，这又是个巨大的变化。2011年全年3次基准利率上调，贷款100万元20年期，如果按此前7折利率计算，月供将增加422元；按基准利率计算，月供将增加653元。对于短期投机和中短期投资的投机和投资客来说，增加成本有限；但对于长期持有的刚需一族来说，成本则增加了很多。《北京晚报》报道说，中原地产三级市场研究总监张大伟给记者算了一笔账，以贷款100万元30年为例，贷款利率上浮10%，每个月要多还580元，与之前7折利率优惠政策相比的话，每月更是要多还1 800多元，30年下来多还近70万元。根据他的计算，房价如果下跌20%左右，购房者的购房成本和房价下跌前基本上是一样的。房价下跌 20% 以内，银行受益，而买房的人却没有任何好处。只有当房价下跌 20% 以上，购房者才能真正享受到实惠。

而要房价整体下调 20% 以上，只怕就业、中小企业、地方债、银行债务都已是不堪承受之重。全国 10 多万亿元地方债，42% 今明两年要还。楼市严厉调控，土地卖不出去，拿什么来还？土地债务的风险就是中国金融的风险。而如果中央买单，一笔勾销银行的地方债，那就只有一个办法，就是印钞票，结果导致一方面大量失业，一方面资产价格被推高也就是房价全线上涨。这是多么奇怪的现象?!

与此同时，房租的全线上涨也提高了大学毕业生在城市的生活成本。但就是在这样的背景下，被高房价一叶障目的还大有人在，回避整体改革而只一味呼吁打压房价的人往往获得"振臂一呼应者云集"的拥护和支持。

在这样的现实面前，我希望大家站在全局的高度看问题。

首先，中国人拿着世界上最低的工资、忍受几乎世界上最高的物价，显然不仅仅是房价不合理。那么功夫就在房价之外：大量行政垄断企业提高质次价高的服务，攫取了大量的财富却只提供了极少的就业机会——全社会 90% 以上就业由中小和微型企业提供，只占全民 8% 左右的垄断企业员工连年分配了 55% 至 60% 的工资性收入；1995 年算起（即分税制以后），税收每年以 GDP 增幅 2 倍的速度增长，国富民穷；政府投资和采购就像药品集中招标一样，将 80% 的成本耗散在腐败的中间食利阶层；巨额政府投资带来的天量债务倒逼货币超发，引发越来越厉害的通胀。因此，我们必须一再呼吁从根子上解决问题。保持独立思考独立批判的精神，打蛇要打七寸。

其次，从国际环境看，中国的房价还不算太高，日本东京、俄罗斯乃至于越南的河内、胡志明市、印度的孟买等世界各大都市，房价相对于年轻人的收入来说都高不可攀，甚至高到他们怎么也够不着、于是根本不去想的地步。比如孟买的房价 2008 年就达到人民币 6 万元一平方米。

第三，风物长宜放眼量。年轻人站得高一点看得远一点，就好比在飞机上的万米高空看地下，很多曲曲折折的路，离远一点看，都直了，顺了，没有那么可怕。年轻时收入低，是世界通例，只要努力去追寻自己的梦想，努力学习，努力工作，等大家三四十岁、四五十岁的年纪，世界就一定是你们的，高收入也一定是你们的。

第四，要学会理财。现代社会是个金融社会，也是个信用社会，如果不会理财，就是读到博士也可能受穷。理财的第一步，是合理安排开支。第二步是要充分利用现代金融制度，把自己的命运和时代的命运、国家的命运联系在一起。比如说房屋按揭，很多人认为这是自己在替银行打工，所谓按揭就是把你按倒在地，然后一层层揭你的皮！这其实是个非常落后的想法。房屋按揭的本质，是把年轻人的人力资本也金融化，把他们在不同年龄阶段的不同收入做一个相对平均的安排。那样你就可以提前过上自己想要的幸福生活。

如果说过去十年是房地产的黄金时代，由于人口的聚焦、货币量仍要持续增加等各种因素，大城市的房价上升至少还有白银时代20年，将来等你们有了首付和月供能力，及时在大中城市买了房，若干年后，比如退休时期或临近退休，你将自己房屋变现，可以到中国任何一个地方生活都轻松自如。

有一个经济学家叫李稻葵，2010年央视年度经济人物，他在年初第一个站出来支持限购，但现在他开始反过来呼吁房地产应该软着陆，不能硬调。

2012 年 12 月 20 日

图书在版编目（CIP）数据

定位中国：认清我们的时代和时代中的我们 / 童大焕 著. —北京：东方出版社，2013.11
ISBN 978 -7 -5060 -7016 -4

Ⅰ.①定… Ⅱ.①童… Ⅲ.①国情教育—中国—青年读物 ②成功心理—青年读物
Ⅳ.①D643 -49

中国版本图书馆 CIP 数据核字（2013）第 275548 号

定位中国：认清我们的时代和时代中的我们
(DINGWEI ZHONGGUO：RENQING WOMEN DE SHIDAI HE SHIDAI ZHONG DE WOMEN)

作　　者：童大焕
责任编辑：徐　玲　袁　园
出　　版：东方出版社
发　　行：人民东方出版传媒有限公司
地　　址：北京市东城区朝阳门内大街 166 号
邮政编码：100706
印　　刷：北京外文印务有限公司
版　　次：2014 年 2 月第 1 版
印　　次：2014 年 2 月第 1 次印刷
印　　数：1—8000 册
开　　本：710 毫米×1000 毫米　1/16
印　　张：16
字　　数：246 千字
书　　号：ISBN 978 -7 -5060 -7016 -4

发行电话：(010) 65210056　65210060　65210062　65210063